_____ 님의 소중한 미래를 위해
이 책을 드립니다.

직장인을 위한
고민처방전

직장인을 위한 고민처방전

전재영
지음

원앤원북스

원앤원북스 우리는 책이 독자를 위한 것임을 잊지 않는다.
우리는 독자의 꿈을 사랑하고,
그 꿈이 실현될 수 있는 도구를 세상에 내놓는다.

직장인을 위한 고민처방전

초판 1쇄 발행 2017년 5월 4일 | **지은이** 전재영
펴낸곳 (주)원앤원콘텐츠그룹 | **펴낸이** 강현규 · 박종명 · 정영훈
책임편집 민가진 | **편집** 김효주 · 김현진 · 심보경 · 이광민
디자인 최정아 · 김혜림 · 홍경숙 | **마케팅** 김가영 · 김서영
등록번호 제301-2006-001호 | **등록일자** 2013년 5월 24일
주소 04591 서울시 중구 다산로16길 25, 3층(신당동, 한흥빌딩) | **전화** (02)2234-7117
팩스 (02)2234-1086 | **홈페이지** www.1n1books.com | **이메일** khg0109@1n1books.com
값 15,000원 | **ISBN** 979-11-6002-065-6 03190

이 도서의 국립중앙도서관 출판시도서목록(CIP)은 e-CIP홈페이지(http://www.nl.go.kr/ecip)에서
이용하실 수 있습니다.(CIP제어번호: CIP2017008624)

내 자신에 대한 자신감을 잃으면
온 세상이 나의 적이 된다.

• 랄프 왈도 에머슨(미국의 대표 사상가) •

당신의 회사생활은
행복하신가요?

거리에서 마주치는 직장인들에게 "당신의 회사생활은 어떤가요?"라고 물어봤을 때 "너무 행복해요." "출근하는 발걸음이 늘 설렘으로 가득 차 있어요!" "하루하루가 오늘과 같았으면 좋겠어요."라고 대답할 수 있는 사람은 과연 몇 명이나 될까? 안타깝지만 이렇게 답하는 사람은 손에 꼽을 수 있을 것이다. 그래서 나는 더욱더 "직장생활이 요즘만 같았으면 좋겠어요." "요즘처럼 이렇게 살맛 나는 회사생활은 처음이에요!" "일을 한다는 것이 얼마나 행복한지 모르겠어요."라는 말을 대한민국 직장인들로부터 들을 수 있는 날이 오기를 기대한다.

　우리가 마주한 대한민국 직장인들의 현실은 착잡하기 그지없다. OECD 국가 중 산업재해 사망률 1위, 실업증가율 1위, 자살률 1위, 이혼증가율 1위가 대한민국의 슬픈 현실을 보여준다. 더욱 안타까운 점은 직장인들이 감당하고 있는 마음의 짐이 넘쳐나고 있음에도 불구하고 상대의 고충을 서로 공감해주고 위로해주기에는 직장 내 현실이 너무도 각박하고 다들 바쁘다는 것이다.

직장인들은 하루 중 대부분의 시간을 회사에서 보낸다. 그런데 그 공간에서 소외감을 느끼고, 해결되지 않는 불편한 감정을 묻어둔 채 지낸다면 개개인뿐만 아니라 회사 입장에서도 상당한 손실을 입을 수 있다. 역으로 생각하면 직장인들이 스스로 마음을 챙길 수 있다면 근로자와 회사가 생산적인 행복을 누릴 수 있는 길이 어렵지 않다는 말이 된다.

상담실을 찾아오는 직장인들의 고민은 대부분 남들이 이해 못할 만큼 특별하거나 유별난 이야기들이 아닌 경우가 많다. 직장생활을 하면서 누구나 경험할 수 있는 갈등과 고민들이다. 사실 어느 누구도 세상의 모든 문제로부터 완벽히 자유로워질 수는 없다. 다만 정도의 차이가 있을 뿐이다.

대부분의 직장인들은 이런 고민이 있어도 아닌 척하거나 혼자서 해결하려고 한다. 하지만 그럴수록 진실한 자신과 점점 멀어지고, 다른 사람들과의 친밀한 관계도 어려워진다. 심지어 자신의 육체적·정신적 건강까지 해칠 수 있다.

사실 직장 내에서 자신의 고통스러운 감정을 누군가와 나눈다는 것은 결코 쉬운 일이 아니다. 그러므로 이 책에 담겨 있는 사연 속 주인공들은 고통 앞에 절망하고 포기한 사람들이 아니라, 고통에 맞서 치열하게 살아보고자 노력하는 용기 있는 사람들이라고 할 수 있다.

직장인들의 고민에 대해 기업상담자로서 써내려간 답변들은 결코 그들의 고민에 대한 '정답'을 보여주고자 함이 아니다. 만일 그랬다면 이 책을 내놓을 용기가 선뜻 나지 않았을 것이다. 사실 상담실을 방문하는 직장인들의 고민은 일상의 사사로운 고충에서부터 심각한 고민에 이르기까지 정도와 유형이 다양하다. 때문에 내담자의 문제 유형에 따라 상담자의 개입 정도와 방식 또한 다를 수밖에 없다.

어떤 것이 문제인가를 두고 보더라도 문제가 있음에도 무엇이 문제인 줄 모르는 경우, 문제가 아닌데도 문제라고 생각하는 경우, 어느 한쪽이 문제가 아니라 상호 간에 모두 문제가 있는 경우 등 워낙 다양해 문제를 한 마디로 단정내리기는 쉽지 않다. 더구나 내담자들이 호소하는 문제의 배경에는 타고난 기질, 성격, 감정, 관계, 트라우마, 콤플렉스 등 여러 원인들이 복합적으로 작용하다 보니 경우에 따라서는 일회성의 상담으로 해결책을 제시하는 데 한계가 있을 수도 있다.

그럼에도 불구하고 이 책에서는 다양한 각각의 사례에 대해서 단순하고 상식적인 수준에서의 해결책들을 모색하는 방식을 취했다. 그 이유는 무엇보다도 여러 가지 문제들을 일상적인 회사 생활에서 발생하는 문제들로 단순화하고 그에 따른 조언을 제시하는 것으로 한정했기 때문이다.

오랫동안 앓아온 마음의 병이나 기질적인 원인, 관계에서 입은 깊은 상처 등의 문제들은 좀더 전문적이고 장기적인 심리치료라는 접근을 요하는 문제인데, 그런 접근에 대해서는 별도의 작업을 요구할 수 있음을 미리 밝혀둔다.

 각 장마다 소개되는 사연들에는 직장인들의 인생에 대한 고민, 꿈과 사랑의 모색, 희망과 절망의 애환이 담겨 있다. 퀼트 조각과도 같은 직장인들의 고민 사례들은 오늘을 치열하게 살아내기 위해 주어진 고통을 감내하고, 변화를 모색하고자 하는 직장인들의 의지와 희망의 표현이다. 따라서 이 책을 접하는 독자들이 사례 속 주인공들이 겪은 고통의 내용만을 보기보다는 그들의 고통 이면에 담겨 있는 더 잘 살고 싶다는 소망과 의지를 함께 읽어 내려갔으면 좋겠다. 그리고 이 시대의 직장인들이 얼마나 치열한 삶을 살아가고 있는지 많은 사람들이 함께 공감하길 바란다. 또한 직장인뿐만 아니라 사회 속에서 살아가는 이 시대의 모든 사람들이 자신을 위로하고 살펴보며, 더불어 자신의 행복도 챙길 수 있기를 간절히 원한다.

 이 책 속에 담긴 사례들은 가상이기는 하지만 그동안 내가 만났던 내담자들의 고민을 나름대로 편집하고 재구성해 만든 것이다. 따라서 이 사연들이 직장 내 현실과 완전히 무관한 이야기라고 볼 수는 없을 것이다. 그동안 상담자인 나를 믿고 자신의 아픔과 상처, 분노와 절망을 가감 없이 함께 나눠주었던 내담자들이 없었다면 상담자로서의 지금의 '나'도, 그리고 이 책도 탄생하지 못했을 것이다.

끝으로 기업 상담자의 길을 가는 데 귀한 가르침을 주신 상담
학계의 여러 선생님들과 선배님들, 기업체의 인사관리 담당자들
에게 깊은 감사의 마음을 전한다. 더불어 항상 응원과 지지를 보
내준 가족에게, 이 책을 보고 특히 기뻐할 재하언니, 현기, 주현,
현승에게 사랑의 말을 전한다.

전재영

대부분의 사람들은 고민이 있어도 아닌 척하거나, 혼자서 해결하려고 한다.
하지만 그럴수록 진실한 자신과 점점 멀어지고,
다른 사람들과의 친밀한 관계도 어려워진다.
심지어 자신의 육체적·정신적 건강까지 해칠 수 있음을 명심해야 한다.

직장 상사와 트러블 없이 잘 지내는 방법

 직장인에게 적응과 변신은 최고의 미덕이다

5장 행복을 꿈꾸는 직장인, 힐링이 필요하다

 6장 방황하는 직장인을 위한 고민상담소

7장 일하고 사랑하며 인생을 즐기자

8장 가정이 행복하면 직장생활이 즐겁다

인간은 관계를 지향하는 존재입니다. 사람이라면 누구나 타인으로부터 인정받고 사랑받고 싶어하는 욕구를 가지고 있습니다. 그런 점에서 직장에서 일과 관계는 떨어질 수 없는 불가분의 관계를 이룹니다. 일과 관계, 이 2마리의 토끼를 잡으려면 직장생활을 어떻게 해야 할지 이 장에서 자세히 살펴봅시다.

1장

일만큼 중요한 것이 인간관계다

사람 사귀기가 생각보다 참 힘듭니다

Q 처음으로 하는 직장생활이어서인지는 몰라도 사람들을 사귀는 것이 너무 힘이 듭니다. 학교에서 공부만 할 때는 대인관계를 대수롭지 않게 여겼는데, 막상 직장생활을 해보니 그게 아니더군요. 처음에는 대인관계를 그냥 무시하고 지내려고 했는데, 그러면 그럴수록 회사생활도 재미없고, 저만 이상한 사람이 되어가는 것 같습니다.

솔직히 저는 사람들과 사무적인 관계 이상의 친분을 맺기가 힘들고, 사람들을 만나면 무슨 말부터 해야 할지 도무지 모르겠습니다. 처음 만날 때는 주변 사람들과 조금 이야기를 해보다가도 나중에 가서는 어울리지 못하고 외톨이가 되어버립니다. 제가 문제가 있는 거겠죠?

공부나 일은 알려준 대로 하면 어떻게 될 것 같은데, 사람들의 성향은 워낙 다양하잖아요. 그러다 보니 한 사람 한 사람 맞추면서 지내야 된다는 생각만 해도 피곤하고, 꼭 이렇게 살아야 되는가 하는 생각에 오히려 짜증만 납니다. 그리고 제가 누군가를 위해 뭔가를 해준다고 해서 상대방도 저에게 그러리라는 보장도 없잖아요. 일을 배우는 것보다 사람 사귀는 것이 정말 더 힘든 것 같습니다. 어떻게 좋은 방법이 없을까요?

- 회사 사람들과 잘 어울리지 못하겠다는 김 사원

A 『어린왕자』에 이런 글귀가 나옵니다. "세상에서 가장 어려운 일은 사람이 사람의 마음을 얻는 일이란다." 이 말처럼 다른 사람의 마음을 얻는다는 것은 참 어려운 일이지요. 그만큼 대인관계는 끊임없는 연습과 노력을 필요로 하는 일입니다. 그러니 현재 관계가 힘들다고 해서 자신을 너무 심하게 자책하지는 않기를 바랍니다.

완벽한 관계를 기대하고 출발하는 것 자체가 어쩌면 '자기 오만'일 수 있습니다. 스스로는 100% 완벽한 준비가 되었다고 생각한다 하더라도, 자신의 노력을 받아들이는 상대의 몫을 감안하면 관계에서 100% 만족이라는 것이 어쩌면 비현실적인 기대일지도 모릅니다. 따라서 관계에서 '완벽'한 관계를 기대한다는 것 자체가 역으로 관계를 지속적으로 이어가는 데 부담과 긴장을 줄 수도 있습니다.

지금 김 사원님에게 대인관계가 늘 긴장되고 피곤한 '일'처럼 느껴지신다면, 자신은 타인 앞에서 늘 '흠 없는 사람'이어야 한다는 생각에 스스로가 너무 얽매어 있는 것은 아닌지 살펴보셨으면 합니다. 이를테면 '다른 사람들이 나에 대해 불편한 생각과 감정을 갖게 되면 어떡하지?'와 같이 외부의 생각과 평가에 매어 있다 보니, 있는 그대로 자연스럽게 타인에게 다가서는 것이 어렵고 긴장되는 일이 되어버린 것은 아닐까요? 대체로 처음 하는 일이 어색하고 서툰 것처럼, 새로운 사람을 사귈 때 어색한 분위기를 경험하는 것은 자연스러운 일입니다.

사람을 사귀는 데에도 연습과 훈련이 필요합니다. 사람들을 만나는 과정을 통해 그들은 나와 어떻게 다른지, 어떤 생각을 하면서 생활하는지 등 호기심 어린 마음으로 상대방을 알아간다고 생각해보시길 바랍니다. 그 과정에서 상대방과 서로 한두 마디 건네다보면, 뭔가 나와 통할 것 같은 사람을 만날 수 있겠지요. 이러한 과정 속에서 가랑비에 옷깃 젖듯이 자신도 모르게 친밀한 관계가 서서히 형성되어 가는 것입니다.

하지만 여기서 염두에 두어야 할 것이 있어요. 내가 사귀고 싶은 모든 사람이 모두 나와 통할 것이고 내가 믿는 대로 그 사람도 그렇게 행동할 것이라는 생각은 '순전히 나만의 기대'라는 것입니다. 왜냐하면 다른 사람이 김 사원님에게 호감을 보이지만 김 사원님이 그 사람을 불편해할 수 있는 것처럼, 김 사원님은 상대방이 끌리지만 상대방이 김 사원님을 불편해할 수도 있기 때문입니다. 그렇다고 상호 간에 불편한 감정을 느꼈다고 해서 상대방을 섣불리 단정 짓거나 자신은 사람들을 사귈 능력이 없다고 미리 비하할 필요는 없습니다. 오히려 상대방이 나의 어떠한 면을 불편해하는지 들어보고, 만일 오해하고 있다면 그 점에 대해 김 사원님의 입장을 밝혀 서로 오해를 풀고 넘어가려는 지혜가 필요합니다.

불편한 감정을 개방하고 주고받는 과정에서 우리들은 상대방에게 비쳐진 '나'를 알게 되고, 또한 상대를 알게 됩니다. 그러면서 사람에 대한 이해의 폭도 넓어지는 것이지요. 사람들과 관계를 맺는다는 것은 곧 내가 알고 있는 나를 표현하고 타인을 통해 몰랐던 나를 알게 됨으로써 그 안에서 자신이 거듭 성장하고 변화될 수 있는 기회를 만나는 것입니다.

Summary

- 완벽한 관계를 기대한다는 것 자체가 관계에 대한 부담과 긴장을 불러일으킬 수 있습니다.

- 서로 상대방에게 취약한 존재임을 깨달을 때 관계가 상대적으로 편안해질 수 있습니다.

- 사람을 사귀는 것도 연습과 훈련이 필요합니다. 만남을 통해 타인이 나와 어떻게 다른지 호기심 어린 마음으로 상대방을 알아간다고 생각하는 자세가 중요합니다.

회사에서 친구가 적은 것도
문제인가요?

Q 제 성격에 대해서 이야기를 좀 할까 해요. 처음에는 몰랐는데 요즘 들어 제 성격에 약간의 문제가 있는 것은 아닌가 하는 의심이 들 때가 많습니다. 사실 저는 친구가 많은 편이 아닙니다. 저는 여러 명의 친구보다 한두 명이라도 진정한 친구를 사귀면서 지내는 것을 편하게 생각하거든요. 그래서 저랑 친한 사람한테는 정말 잘해주지만, 제 맘에 안 드는 사람은 정말 차갑게, 아니 건방지게 보인다고 할 정도로 냉정하게 대하는 경우도 없지 않아 있는 것 같습니다.

그래서 인생을 살아가면서, 또 사회생활을 하면서 자기가 만나고 싶은 사람만 만날 수 없으며, 좋아하는 사람한테만 잘해주면 안 된다는 이야기를 주변 사람들에게 많이 듣습니다. 그렇기는 하지만 일부러 불편한 자리에 나가거나, 나에게 불편하다고 느껴지는 사람과 계속 만나는 건 여전히 어려워서 피하고 있습니다. 그래서 사람들에게 제가 더 무심하게 느껴지는 것 같습니다. 정말 제가 이상한 건가요?

－ 회사에 친한 사람이 적다는 이 대리

A 여러 가지 복잡한 마음이 들겠지만, 그래도 주변 사람들을 통해 나에 대해 새롭게 알게 되는 것은 반가운 일임에 틀림없습니다. 물론 여러 사람과 두루두루 잘 지내는 것은 좋은 일입니다. 그렇지만 그렇지 않다고 해서 크게 문제되지는 않아요. 타인에게 위협을 주거나 상처를 주는 식의 적대적인 관계를 만들지 않는다면, 그리고 자신의 스타일에 대해서 스스로 괴로워하지만 않는다면 소수의 몇몇 사람하고만 친하게 지내는 대인관계 방식도 나름대로 괜찮습니다.

사람들마다 각자 자신의 색깔이 있듯이 자신의 성향대로 관계를 만들어 가시면 됩니다. 어느 것이 잘났고 못났고는 다른 사람들의 평가이지, 내가 거기에 휘둘릴 필요는 없습니다. 타인의 평가에 휘둘리지 않으려면 자신이 선호하는 관계 스타일의 장점에 대해 많이 알고 있어야 합니다. 예를 들어 소수의 친구와 사귀기를 편하게 생각하는 사람들은 관계에 대해 더 깊이 생각하고, 한 사람에게 많은 에너지를 쏟으려고 하지요. 그렇기 때문에 한번

맺은 관계는 쉽게 깨지 않으려 하는 편입니다. 이것이 이 대리님처럼 소수의 사람과 관계를 맺는 대인관계 방식이 지니고 있는 장점입니다.

사람들마다 자신이 선호하는 관계 스타일이 다를 수 있습니다. 자신을 둘러싼 모든 사람들이 서로의 다른 관계 스타일을 알아주면 다행이지만, 꼭 그렇지 않다고 해서 타인에 대해 너무 실망하거나 타인과 다른 자신을 비난하고 질책할 필요는 없습니다.

다만 관계에서는 '소통의 노력'이 필요합니다. 상대방이 나와 똑같을 수는 없지만 적어도 자신이 상대방과 어떻게 다른지, 서로가 어떤 상황을 더 선호하고 어떤 상황에 처했을 때 불편해하는지를 상호 간에 주고받을 수 있는 기회를 열어두려는 태도야말로 소통하고자 하는 의지의 표현이라고 할 수 있어요. 주변 사람들이 이 대리님을 무심하다고 보는 이유는 아마도 이 대리님이 자신과 다른 생각을 가진 이들과 감정을 나누고자 하는 개인적인 노력을 하고 있지 않다고 생각하기 때문인 것 같습니다. 즉 주변 사람들의 서운함의 목소리일 수도 있다는 것이지요.

현재 주변에서 이 대리님의 입장과 상황을 알아주지 않아 속상한 것처럼 이 대리님을 둘러싼 다른 사람들 또한 이 대리님 같은 마음을 취할 수 있다는 것을 헤아릴 수 있다면 상호 간의 극단적인 오해와 갈등의 수준을 좁힐 수 있을 것입니다.

사람들을 만나면서 느끼는 갈등에서는 불편한 감정 자체가 문제가 아니라 '각자가 경험하는 불편한 감정과 생각을 상호 간에 어떻게 주고받느냐?' 하는 태도의 문제라는 것을 이번 기회를 통해 생각해보셨으면 합니다.

주변 사람들이 이 대리님에게 해준 조언과 충고로 인해 스스로를 심하게 깎아내릴 필요는 없습니다. 그렇다고 주변 사람들의 조언과 충고를 무시하라는 것은 아닙니다. 중요한 것은 상대방이 자신에게 건네는 조언과 충고 가운데 진정 나에게 필요한데 스스로가 불편한 나머지 미리 체념하고 포기해버린 것은 없는지 살펴보고, 불편하지만 자신에게 꼭 필요한 부분이라면 개선하기 위해 하나씩 노력해보는 것입니다. 이 또한 '용기'일 수 있습니다.

관계에서 타인을 향한 자신의 진심은 아무런 노력 없이 무작정 기다리기만 한다고 해서 타인이 알아주는 것이 아닙니다. 주고받는 과정에서 비로소 진심이 드러나는 것입니다.

Summary

· 개인마다 관계를 맺을 때 선호하는 스타일이 각자 '다른' 것이지, 그것이 잘못된 것은 아니라는 점을 기억합시다.

· 각자 선호하는 스타일이 다르므로 그에 따른 소통의 방식을 배우고 실천하려는 노력이 중요합니다.

요즘 같아서는 퇴사하고 싶은 마음밖에 없습니다

Q 학교 다닐 때는 단짝도 만들 수 있고 마음을 쉽게 터놓을 수도 있었는데, 회사는 너무 다른 것 같습니다. 선배는 선배라고 무게 잡고, 동기들은 동기들대로 서로 경쟁하고 견제하고…. 서로 배려해주고 도와주면 일도 더 잘할 수 있을 것 같은데, 다 제 생각 같지는 않은가봅니다. 사실 저도 내성적인 성격이라 그냥 마음속에 있는 생각을 툭툭 털어서 말하는 편은 아닙니다. 정말 제 마음을 알아주는 사람이 한 사람이라도 곁에 있으면 회사생활 할 맛이 날 것 같아요. 저는 어떻게 하면 좋죠?

– 마음 터놓을 동료 하나 없다는 박 사원

A 회사생활이 무척 외롭고 힘드셨겠어요. 사실 박 사원님 말씀대로 학교 다닐 때는 내내 같은 공간에서 똑같은 생활을 하니 자연스레 단짝친구가 생길 수 있지요. 하지만 회사생활은 다릅니다. 회사라는 새로운 환경에서는 좀더 적극적으로 관계를 확장시켜 바라볼 필요가 있습니다. 사람들의 외모가 각각 다른 것처럼 관계를 대하는 입장 역시 사람들마다 다르기 때문이지요.

단짝친구처럼 허물없이 자신의 사생활을 털어놓을 수 있어야 친한 사이라고 생각해 본인이 먼저 다가가는 사람들이 있는가 하면, 어떤 사람들은 자신이 먼저 적극적으로 다가가는 것이 어쩌면 개인의 사생활을 방해하는 것은 아닌가 하는 생각에 다른 사람이 먼저 다가올 때까지 기다려주는 것이 상대를 존중하고 아끼는 것이라고 생각하는 사람들도 있을 수 있답니다. 그런데 이러한 2가지 유형이 관계에서 갖는 공통점이 있습니다. 바로 '누군가가 자신을 인정해주고, 알아주기를 기대하는 마음'이라는 점입니다. 다만 그 마음을 우리들 각자 자신이 선호하는 모습으로 표현하다 보니 관계에서 오해와 선입견이 생기는 것이지요.

그럼 어떻게 해야 할까요? 먼저 타인이 나에게 왜 그렇게 무관심한지 평가하기보다는 상대방의 입장에서 이해해보려는 노력이 필요합니다. '다른 사람들은 왜 인간다운 관계에 관심이 없을까?' 하는 데 초점을 맞추면 '나'는 없고 '내가 생각하는 타인'만 남게 됩니다. 그러니 상대방이 자신과의 관계에서 무엇을 원하는

지, 그 과정에서 자신이 얻고 싶어하는 것은 무엇인지 함께 보여주고 나눌 수 있는 시간을 공유할 수 있어야 합니다.

둘째, 관계에 대한 기대 때문에 피곤하지 않으려면 '타인에 의해서만 전적으로 자신의 행복이 좌지우지되지 않을 것이다.'라는 마음가짐을 갖는 것도 중요합니다. 즉 관계에서의 외로움이나 오해로부터 스스로를 지키려면 자신의 행복의 기준이 타인이 되어서는 안 된다는 말입니다. 그렇게 하려면 대인관계 이외에도 내가 하고 싶은 일, 놀이, 가족 등 자신을 만족시켜주고 채워줄 수 있는 소소한 일상거리를 많이 가꾸고 만들 필요가 있습니다.

셋째, 사람에 대해서 너무 많은 것을 기대하지 않도록 유의해야 하며, 그렇다고 한 번의 실망으로 섣불리 관계를 단정 짓거나 포기하지도 말아야 합니다. 이해관계에 얽혀 있는 직장생활을 하다보면 본의 아니게 주변 동료나 선배들의 행동에 많이 실망하고 외로움을 느끼게 되는 상황들이 더러 있을 수 있습니다. 하지만 그들이 지닌 장점을 보려고 노력하고 그들이 왜 그러한 행동을 할 수밖에 없는지 생각해보면 그들에게 다가설 수 있게 될 것입니다.

한편으로 직장 내 주변 사람들에게만 머물지 말고 새로운 사람들을 자꾸 만나보시기 바랍니다. 많은 사람을 만나는 것 자체가 중요한 것이 아니라 여러 사람들을 만나면서 나와 맞는 사람, 나와 말이 통할 것 같은 사람을 계속해서 찾아가는 것이 중요합니다.

관계 속에서 참된 행복을 가로막는 비극은 바로 '나'일지도 모릅니다. 관계 안에서 경험하는 거절과 오해가 있다고 하더라도 그것이 자신의 인생에 큰 문제가 되지 않는다는 담대한 태도도 필요합니다. 원래 그런 것이 인생이고, 그것 또한 나와 다른 그들의 세계이니, 그 안에서 그들을 인정하고 스스로가 취할 수 있는 최선의 노력만 다할 수 있으면 됩니다.

Summary

- '타인이 나를 왜 그런 식으로 볼까?'에 초점을 맞추면 '나'는 없고 '내가 생각하는 타인'만 남게 됩니다.
- 지속적인 관계를 이어갈 때 피곤하지 않으려면 '타인에 의해서만 전적으로 자신의 행복이 좌지우지되지 않을 것이다.'라는 마음가짐을 갖는 것이 중요합니다.
- 상대방에 대한 한 번의 실망으로 섣불리 관계를 단정 짓거나 포기하지 말아야 합니다.

**회사 사람들을
정말 못 믿겠어요!**

Q 사람들이 무서워질 때, 다른 사람들은 어떻게 하나요? 전 요즘 몹시 혼란스러워서 사람들과의 관계를 모두 정리하려고 부단히 노력중인데요, 이게 생각만큼 잘되지는 않네요. 정말 믿었던 사람인데, 정말 믿을 만한 사람이라고 생각했는데…. 이런 기분은 정말 처음이에요. '아! 그랬구나….' 하는 안타까움뿐이에요.

평소 가깝게 지내기도 했고, 적어도 서로에게 편안하고 뭐든지 털어놓으면 받아줄 수 있는 사이라고 생각했습니다. 그런데 아니었나봐요. 그 사람들은 제 앞에서는 저를 아주 많이 걱정해주고 생각하는 척하다가, 돌아서면 다른 사람에게 저와는 안면을 몰수할 정도의 말들을 한다는 겁니다. 저를 이해한 척하더니 다른 사람들과 함께 저를 욕하고 있었던 것이지요.

전 도저히 모르겠어요. 어쩌면 그렇게 속 다르고 겉 다를 수 있는 지…. 게다가 더 화가 나는 건 약자 앞에서만 강한 사람들이라는 거예요. 사람이 조용히 있으면 쉽게 보고 괴롭히다가도 한 번 들고 일어나면 갑자기 당한 의외의 기습에 어쩔 줄 몰라 하며 벌벌 기고…. 결국 아무 말도 못하고 자신의 잘못을 인정하는 그런 사람들! 내가 믿었던 사람이 이런데 어떻게 세상 사람들을 믿고 살겠습니까? 너무 화가 나고 분해서 이제는 모든 사람을 믿을 수 없을 것 같아요.

― 더이상 동료들을 믿지 못할 것 같다는 오 과장

A 내가 믿고 지냈던 사람에게 배신감을 느끼면 당연히 사람에 대한 불신이 생기겠지요. 이해할 수 있습니다. 앞에서는 전혀 내색하지 않다가 뒤에서 다른 모습을 보이는 사람을 어찌 진정한 동료로 생각하고 함께 지낼 수 있겠습니까? 저라도 많이 분하고 화가 날 것 같아요.

그런데 분명한 것은 모든 사람이 다 그런 것은 아니라는 거예요. 지금은 내가 받은 상처 때문에 모든 사람이 다 그럴 것처럼 생각되지만 정말 모두가 다 그런 것은 아닙니다. 다시 한 번 강조하지만 '모두 다'는 아니라는 점을 반드시 명심하셔야 합니다. 그래야 관계에서 '희망'을 가지고 살아갈 수 있어요.

이번 일이 사람들에 대한 회의와 실망으로 이어졌을 수도 있었겠지만, 그것을 통해 배운 것은 없는지도 곰곰이 생각해보시기 바랍니다. 아마도 이전보다 사람을 대하는 태도가 보다 깊어지고 넓어졌을 것입니다. 또한 지금부터는 사람들마다 각자 다른 깊이로 만날 수 있을 것입니다. 이 사람은 여기까지, 저 사람은 여기까지, 이렇게 각각 다른 깊이로 관계를 맺고 자신을 보이며 마음을 주는 것이 필요하다는 생각이 드셨을 테니까 말입니다.

사람마다 그 사람이 어떤 사람인지 생각하고, 그에 맞게 처신을 하는 것은 잘못된 태도가 아닙니다. 그래야 인간관계에서 상처받지 않고, 또 각 사람들과 탄력적인 만남의 관계를 만들어갈 수 있으니까 말입니다.

그동안 관계에서 이상적이고 아름다운 모습만을 기대했다면 이번 일이 더욱 쓰라리고 아쉬운 경험으로 남으셨을 것입니다. 그러나 안타깝게도 이 세상에는 결함이 있는 사람들도 분명히 많이 존재합니다. 그만큼 우리 인간은 완벽하지 않고 불완전한 존재이기 때문이지요. 불완전하고 완벽하지 않기에 사람과 사람의 만남에는 늘 노력과 이해가 필요할 수밖에 없습니다.

지금 당장의 기분만으로는 현재 처한 상황이 분하고 화가 나시겠지만, 그렇다고 모든 사람을 포기하지는 마세요. 자기 생각대로 되지 않는 것이 관계입니다. 항상 충족될 수 없다고 생각하면서 거리를 두려는 노력도 필요합니다. 이번 일이 오 과장님 마음속에서 관계에 대한 불신을 불러일으켰을 수도 있습니다. 하지만 중요한 사실은 오 과장님 자신이 관계에 대한 믿음을 포기하지 않는다면 얼마든지 또 다른 관계에서 인연을 이어나갈 수 있다는 것입니다.

Summary

• 사람들의 특성에 따라 각자 다른 깊이로 만날 수 있다는 탄력적인 관계 방식이 필요합니다.

• 지금 당장은 상대방과 관계가 불편하다 할지라도 자신이 먼저 상대방과의 관계에 대한 믿음을 포기하지 않는다면 얼마든지 회복할 기회가 있습니다.

회사 사람들을 얼마나 믿어야 할까요?

Q 저는 사람들이 저를 대할 때의 표정이나 말에 신경을 많이 쓰는 편이에요. 그 사람과 특별한 일이 없는데도 절 대하는 행동이 안 좋으면 계속 신경이 쓰이고, 하루 종일 손에 일이 잡히지 않아요.

저는 믿을 만하다고 생각한 사람들에게 속내를 터놓고 이야기하는 것을 좋아해요. 사람을 한번 믿으면 너무 쉽게 믿어버리는데 그것이 상대방을 부담스럽게 하는 걸까요? 한 선배랑 그렇게 지냈는데 요즘 저를 대하는 태도가 좀 심드렁하니까 괜히 그 전에 제 속 이야기를 한 것이 후회되기도 해요. 그리고 제가 평소에 사람들을 잘 웃기는데, 그것 때문에 저를 가볍게 보고 막 대해도 되는 사람으로 보는 것 같아 기분이 나쁘더라고요. 사람들을 어느 정도 믿고 친해져야 하는지 마음이 심란합니다. 좋은 말씀 부탁드려요.

– 동료들을 얼마만큼 믿어야 할지 모르겠다는 성 사원

A 어떤 사람과 친하게 지내야 하고, 그 사람을 얼마만큼 믿어야 하는지에 대한 기준은 없습니다. 하지만 몇 가지 조언을 해드리자면 첫째, 혹시 모든 사람이 자신을 좋아해주기를 바라는 것은 아닌지 한 번 생각해보세요. 물론 모든 사람이 나를 좋아해주고, 내가 모든 사람과 친하면 좋겠지요. 하지만 어찌 그럴 수 있겠습니까? 나를 싫어하는 사람도, 나와 안 맞는 사람도 있을 수 있어요. 모든 사람에게 다 좋은 평판을 들어야 한다는 생각, 모든 사람과 다 친해야 한다는 생각을 버리세요. 그러면 마음이 조금 편해질 것입니다. 마음이 흐르는 대로 하되 상대가 나를 싫어한다고 생각하거나 또는 내가 싫어서 먼저 상대를 적으로 만들거나 포기하지는 마십시오. 왜냐하면 인간관계란 언제 어디서 다시 인연이 되어 만날지도 모르고, 지금은 불편하고 서먹해도 시간이 흐르면 달라질 수 있기 때문이지요.

둘째, 사람들과의 관계는 깊이의 문제입니다. 모든 사람들이 다 나를 좋아하고 내가 모든 사람을 다 좋아할 수는 없습니다. 그렇다고 나를 좋아하지 않고 내가 싫어한다고 해서 사람들과의 관계의 끈을 놓아버려서는 안 되겠지요. 다만 똑같은 깊이로 모든 사람과 관계를 맺는 것이 아니라 사람마다 다른 깊이로 관계를 맺어나가는 것을 받아들여야 합니다. 예를 들어 이 사람과는 이 정도의 깊이로 이 정도의 이야기만 하고, 저 사람과는 조금 더 깊은 이야기를 하겠다고 생각하는 것이지요. 그러면 사람들을 대하는 것이 편해지고, 또 사람들이 나에게 대하는 태도에 대해서도 어느 정도 이해가 갈 것입니다.

마지막으로 상대의 입장을 생각해보시기 바랍니다. 상대방의 태도가 어제와 다른 것은 '나' 때문이 아닙니다. 그 사람 나름의 이유가 있을 수도 있으므로, 내가 무엇을 잘못했다거나 하는 이유 때문에 상대방이 그렇게 반응하는 것이라 단정할 수는 없습니다. 혹시 그렇다고 해도 내가 잘못한 것이 없다면 신경 쓸 필요가 없고, 실수를 했을지라도 상대방이 말을 하지 않고 일방적으로 나에 대한 태도를 바꿨다면 그 사람 역시 좋은 사람이 아닐 가능성이 많으니 크게 신경 쓰지 마세요.

Summary

- 자신을 싫어하는 사람도 있을 수 있고, 자신과 안 맞는 사람도 있을 수 있습니다.
- 모든 사람과 다 친해야 한다는 생각을 내려놓고, 자신의 마음이 흐르는 대로 하되 본인이 먼저 상대를 적으로 만들거나 포기하지는 말아야 합니다.

회사 사람들과 어울리는 것이
제게는 숙제입니다

Q 전 사람들하고 어울리는 게 두렵습니다. 친하지 않은 사람이라면 더욱 그래요. 남들도 그렇겠지만 저는 더 심한 것 같습니다. 예를 들어 회사 사람들과의 모임이 있으면 어떻게든 피하고 싶어요. 뭐가 두려운 건지 저도 잘 모르겠어요. 제가 생각하기에는 그 사람들이 저를 안 좋아하는 것 같다는 생각이 들어서인 것 같아요. 그 사람들의 마음속에 안 들어가봐서 잘 모르겠지만… 그냥 형식적으로 친한 척하는 것 같습니다.

사실 저는 제 자신을 평가할 때 부정적으로 평가하는 편이에요. 그래서 제 말투나 행동 속에 항상 비관적인 생각이 들어 있지요. 그리고 제 외모를 보고 주변에서 차갑게 생겼다는 말을 많이 해요. 전혀 아닌데 그런 말을 들을 때마다 속상합니다. 제가 소심한 면도 많고 말주변도 없어요. 이렇게 쓰다 보니 저의 단점만 줄줄이 늘어놓는 것 같네요. 하여튼 저는 모든 대인관계가 부자연스럽습니다. 어떡하면 좋을까요?

– 자기 자신을 단점투성이라고 보는 전 대리

A 인간관계에서 다른 사람들이 자신에게 호의적으로 반응해줄 것이라고 기대하기보다는 나를 좋아하지 않고 부정적으로 평가할지 모른다는 생각 때문에 현재 주변 사람들과 함께 지내는 데 불편함을 느끼고 있으시군요. 전 대리님의 말을 정리해보자면 주변 사람들이 실제로 "나는 네가 싫어."라고 하지는 않았지만 그럴지도 모른다는 부정적인 생각이 사람들에 대한 두려움을 낳고, 그러다 보니 관계에서 더욱 긴장하게 되고 주변 사람들과 자유롭게 경험할 수 있는 기회를 스스로 제한하고 있다는 고백이네요.

세상을 긍정적으로 보고 자신에 대해 자신감을 갖는 사람들 중에는 실제로 못난 부분이 없어서 자신감이 있는 사람이 많지 않더라고요. 자신의 부정적인 부분보다 긍정적인 부분에 눈을 돌리다 보니 자신감이 생기는 것이었지요. 지금부터라도 자신의 부족한 면, 못난 부분에 주의를 기울이기보다는 자신이 가지고 있는 강점과 자원에 주목해보시기 바랍니다. '나한테 그런 건 없어.'라고 생각하지 마세요. 적어도 한두 가지는 분명 있을 것입니다. 자신감은 누군가 대신 찾아주는 것이 아니라 자기 안에서 자기 스스로 찾아가야 합니다.

또 다른 오해는 전 대리님이 생각하고 느끼는 대로 다른 사람들이 자신을 대한다고 생각하는 것입니다. 이러한 마음 구조를 가진 경우 다른 사람들로부터 나쁜 취급을 받으면 '나는 나쁜 사람이다.'라고 느끼기 쉽습니다. 그리고 자신도 자신을 나쁘다고 느끼기에 자신이 나쁜 대우를 받는 것은 당연하고 앞으로도 계속 그런 대우를 받을 것이라고 생각합니다. 하지만 나와 주변 사람들이 다르다는 것은 반드시 장애가 되는 것은 아니며, 관계라는 것은 우열을 따지는 것도 아니고 그럴 필요도 없다는 것을 깨닫는 것이 중요합니다. 사실 자신과 타인을 자세히 들여다보면 못난 부분과 잘난 부분이 뒤섞여 있답니다. 그것을 알아차릴 수 있으면 좀더 자신을 관대한 마음으로 수용할 수 있으며, 나와 다른 타인의 생각과 감정도 수용할 수 있는 마음의 여유도 생기게 됩니다. 즉 누구나 부족하고 못난 부분을 가지고 있지만 그래도 하나같이 다 소중하고 가치 있는 존재라는 점을 깨달을 수 있었으면 합니다.

자신의 주의를 사로잡는 주변 사람들의 생각과 부정적인 느낌에 빠져들기보다는 '지금-여기'로 주의를 돌리도록 노력하시기 바랍니다. 이것은 자신의 생각과 감정의 틀 속에서 벗어나 현재 자신이 누릴 수 있는 것을 온전히 느끼고 경험할 수 있는 능력을 키우며, 더 나아가 매 순간이 마지막인 것처럼 현재를 소중하게 사는 것을 뜻합니다. 그래야 지금처럼 자신과 타인에 대한 불편한 생각 때문에 주변을 맴돌지 않으며 불편함을 안고 관계 속으로 직접 뛰어들 수 있습니다. 이처럼 다른 사람들과 감정, 생각, 그리고 느낌을 주고받는 관계경험을 통해 우리는 한 순간에서 다음 순간으로 조금씩 변화되고 성장해나가게 됩니다.

Summary

• 자신감은 실제로 못난 부분이 없어서가 아니라 자신의 부정적인 부분보다 긍정적인 부분에 눈을 돌리다보니 생기는 것입니다.

• 관계라는 것은 우열을 따지는 것도 아니고 그럴 필요도 없다는 것을 스스로 깨닫는 것이 중요합니다.

• 자신의 주의를 사로잡는 주변 사람들의 생각과 부정적인 느낌에 빠져들기보다는 '지금-여기'로 주의를 돌리도록 노력합시다.

조직 내 계산적인 인간관계에 진절머리가 납니다

Q 회사생활을 하다 보면 계산적으로 인간관계를 유지한다거나 행동을 하는 사람들이 있잖습니까? 예를 들면 연예인들이 웃음을 주기 위해 일부러 바보같은 행동을 하고 노래를 못 부르는 척하며 계산해서 행동하는 것처럼, 저 사람이 나한테 이득이 되니 저 사람하고는 사귀고, 이 사람은 내게 도움이 안 되니 멀리하는 등 계산적으로 행동하는 사람들이 좋게 보이지 않습니다. 그렇다고 이와 반대로 그냥 자연스럽게 자신의 감정대로 행동하는 사람들을 보면 좀 경망스러워 보이지만 믿음이 가요. 사실 저 같은 경우는 후자에 속하는데, 그래서인지 전자의 계산적인 사람들을 보면 '저 사람들은 분명 날 배반하고

속일 것이다.'라는 게 은연중에 내포되어 있어 그런 사람들과 사귀기가 싫습니다. 과연 어떤 타입의 사람이 좋은 건가요?

— 계산적인 인간관계를 맺는 사람들이 싫다는 강 과장

A 일단 자신과 성향이 다른 사람을 보면 왠지 불편하고, 더 나아가 그 사람이 '이상하게' 느껴질 수도 있습니다. 어쩌면 강 과장님에게는 불편하고 이해가 안 된다고 느껴지는 유형이 '계산적인 사람'인가 봅니다. 즉 강 과장님은 계산적이지 않고 감정적으로 행동하는 성향이라서 자신과 다르게 계산적으로 행동하는 사람들을 보면 '저 사람들은 날 배반하고 속일 거야.'라는 생각이 들어 그런 사람과 사귀는 것을 꺼리시는 것 같습니다.

이러한 상태는 이전에 그런 유형의 누군가 또는 여러 명으로 인해 실제적인 피해를 입었던 경험이 있거나, 아니면 강 과장님이 가지지 못한 부분을 상대방이 가지고 있어 이를 역으로 상대방의 탓으로 돌려 자신을 정당화하려는 '투사'적인 반응일 수도 있습니다. 그래서 더욱 그러한 유형의 사람에게 자신의 부정적인 감정을 이입해 지독하게 그 유형의 사람을 싫어하거나, 강 과장님 스스로 피해 의식을 느끼시는 게 아닌가 싶습니다.

내가 그 사람을 어떻게 바라보느냐에 따라 계산적인 사람이 '현실적이고 깔끔한 사람'으로 비쳐질 수도 있고, '이기적'인 사람으로 비쳐질 수도 있습니다. 그런데 현실적인 사람과 이기적인 사람으로 구분해본다고 하더라도 강 과장님이 지적하는 계산적인 유형의 사람들을 나쁜 사람들이라고 볼 수는 없습니다. 일반적으로 인정되는 어떤 부도덕한 일을 저지르고 남에게 크게 피해를 입히지 않는 이상 누구나 자신의 성격이나 가치관에 따라 행동할 수 있기 때문이지요.

요컨대 사람마다 성격과 성향, 가치관은 다를 수 있기에 어느 타입이 좋다, 나쁘다고 판가름할 수는 없답니다. 서로의 차이를 인정하고 배려해주는 관계가 될 수 있다면, 2가지 성향의 사람들이 공존할 수 있습니다.

이번에는 다른 안경을 쓰고 그 사람들을 다시 한 번 들여다보시기 바랍니다. 제 말이 야속하게 들릴 수도 있겠지만 어쩌면 '저 사람들이 날 배반하고 속일 거야.'라는 생각은 강 과장님 내부에서 나왔을지도 모릅니다.

Summary

- 어떤 유형의 사람이 싫다면 이는 이전에 그런 유형의 사람에게 실제적인 피해를 입었거나, 자신이 가지지 못한 부분을 상대가 가지고 있어 자신의 부족함을 상태의 탓으로 돌리는 투사적인 반응일 수도 있습니다.
- 우리들 자신이 어떤 색안경을 쓰고 타인을 보는가에 따라 상대방에 대한 자신의 마음가짐도 달라지기 마련입니다. 그것을 깨달았다는 것만으로도 관계의 깊이는 달라질 수 있습니다.

싫은 사람을 보지 않고
회사에 다닐 수는 없나요?

Q 요즘 들어 일이 싫어 회사를 떠나는 게 아니라 사람 때문에 괴로워 회사를 그만둘지 고민을 많이 했다던 선배님들의 말이 자주 떠오릅니다. 자기 혼자 똑똑하고 능력만 있으면 뭐합니까? 요즘 저를 힘들게 하는 사람이 바로 저런 사람입니다. 저도 그 사람이 능력 있고 똑똑한 것은 아는데, 사람들 보는 앞에서 저를 무시합니다. 게다가 무시를 넘어 인격모독에 가까운 말을 할 때도 있습니다. 그 사람이 동료라면 뭐라고 말이라도 할 텐데 상사이다 보니 앞에서 뭐라고 말도 못하고 벙어리 냉가슴 앓듯이 살고 있습니다.

이렇게밖에 살 수 없는 건 괜히 상사의 마음을 거슬리는 말을 했다가 역으로 제가 피해를 입을까 두렵기 때문이에요. 정말 이럴 때는 어떻게 하면 좋을까요? 제가 편해지려면 이런 상사가 없는 곳으로 조직 이동을 하는 수밖에 없는데, 그게 쉽지 않아 답답할 뿐입니다. 그 상사가 변하지 않는 이상 그 어떤 해결책도 보이질 않아 이렇게 조언을 구합니다.

– 인격모독을 하는 상사 때문에 괴롭다는 윤 대리

A 불편한 마음을 끌어안고 살아가는 윤 대리님의 마음이 오죽할까 싶습니다. 그저 상사와 윤 대리님의 성향이 달라서 힘든 것이 아니라 상사의 인격모독으로 힘든 상황이라면 윤 대리님이 아닌 다른 분들도 마음이 편할 수는 없을 거예요.

그 상사가 윤 대리님뿐만 아니라 다른 팀원들도 무시하고 인격적인 모독을 서슴없이 하는 분이라면, 상대방이 자신의 언행으로 불편할 수 있다는 사실을 스스로 알아차리지 못하거나, 안다고 하더라고 쉽게 고칠 수 없는 부분이라고 생각하면서 팀원들이 자신에게 맞춰주길 기대하고 있을지도 몰라요.

그 상사가 윤 대리님에게만 무시하는 어투와 인격모독을 하는 것은 아닌데 유독 윤 대리님 자신이 다른 동료들에 비해 더 많이 상처받는 것 같고 그 때문에 윤 대리님만 힘든 것 같다는 생각이 드시나요? 그렇다면 일단 윤 대리님 자신이 무시 받는 상황에 대해 지나치게 '확대 해석'하는 부분은 없는지 한 번 살펴보시기 바랍니다.

예를 들어 상대가 나를 무시하는 것은 나의 존재를 인정하지 않는 것이며, 그 때문에 나는 무능력한 사람으로 낙인찍힐 수 있다는 과장된 두려움이 자기 마음속에 있지는 않은지 말입니다. 그 두려움이 크다면 그 상황에 '내가 어떻게 대처할까?'보다는 '어떻게 하면 그 상황을 피할 수 있을까?' 하는 마음이 먼저 들 것입니다. 그렇게 되면 정작 윤 대리님의 입장을 요구하고 표현하는 것이 더욱 어려워지는 악순환을 거듭하게 되겠지요.

쉽지는 않겠지만, 일단 윤 대리님이 취할 수 있는 방법은 상사의 무시에 반응하려 하기보다는 상사의 불편한 감정 안에 감춰져 있는 상사의 기대나 바람이 무엇인지 구체적으로 듣는 것입니다. 상사의 요구 수준이 윤 대리님의 한계를 벗어난 경우라면 정직하게 자신의 한계에 대해 양해를 구해보고, 주변에서 도움을 받을 수 있는 지원을 상사에게 요청할 수 있어야겠지요.

지금의 불편한 감정을 그 상사에게 직접적으로 표현하기 어렵다면 주변 동료들에게 자신의 입장을 이야기하고 그것을 함께 나누어보시기 바랍니다. 그들과 이야기를 나누다보면 '나만 힘든 것이 아니구나.'라는 생각에 위로를 받기도 하고, 때로는 그 팀원 안에서 어떤 분이 윤 대리님의 구원투수가 될지도 모를 일이니까요. 때로는 동병상련의 기분이 윤 대리님 자신이 예상치 못했던 든든한 힘이 될 수도 있습니다.

팀원들과 이야기를 나누어보고, 그 상사의 인격모독과 무시하는 말투가 팀 문화뿐 아니라 업무환경에 부정적인 영향을 지속적으로 미치고 있다고 판단될 때에는 팀원들이 함께한 자리에서 상사에게 현재 처한 불편한 상황을 제안해볼 수도 있을 것입니다. 왜냐하면 그 상사의 인격모독 언행이 잦다는 사실이 극단적으로 인사·조직 내부로 개방이 되었을 때에는 이는 상사 개인적으로도 불명예를 안을 수 있는 사안이 될 수 있기 때문입니다. 그러므로 상사와 팀원들 간의 피드백은 어쩌면 그 상사 분을 위해서도 도움이 되는 기회가 될 것입니다.

Summary

- 상사의 '무시'에 반응하려 하기보다는 상사의 불편한 감정 안에 감춰져 있는 상사의 기대나 바람이 무엇인지 구체적으로 들을 수 있어야 합니다.
- 상사의 요구 수준이 자신의 한계를 벗어난 경우라면 정직하게 자신의 한계에 대해 양해를 구해보고, 주변에서 도움을 받을 수 있는 지원을 상사에게 요청할 수 있어야 합니다.

조직에서 어떤 성격이
좋은 성격인가요?

Q 회사생활을 하다 보니 요즘은 조용하고 얌전한 사람보다는 적극적이고 명랑한 사람을 더 선호하는 것 같아요. 그런 성격을 가진 사람이 더 자신감 있어 보이고, 당당해보여서 선호받는 것 같습니다. 그에 비해 저는 소극적이면서 다른 사람들에게 깐깐한 사람처럼 비쳐지는 것 같아 점점 제 성격에 자신감을 잃어가고 있습니다. 저 역시 좀더 넉넉하고 당당한 사람처럼 지내고 싶은데 잘 안 됩니다.

자신감이 넘치면서 당당해질 수 있는 방법이 없을까요? 제 주변 사람들은 사람들 앞에서 말도 거리낌 없이 잘하고 유머감각도 뛰어난 것 같은데 저는 말주변도, 유머감각도 별로 없어 걱정입니다. 제 성격은 조직생활을 하는 데 적합하지 않은 성격인 걸까요? 그렇다면 도대체 어떤 성격이 조직생활에 적합하고 좋은 성격인 건가요? 정말 답답하고, 궁금합니다.

– 얌전하고 조용한 성격이 고민이라는 홍 사원

A 결론부터 말씀드리자면 조직생활을 하는 데 딱히 어떤 성격이 좋고 어떤 성격이 나쁘다고 규정할 수는 없습니다. 다만 자기 주관이 뚜렷하면서 자신이 처한 상황과 대상에 따라 유연할 수 있고, 또한 나름대로 자신이 추구하고자 하는 목적의식이 있으면서 주변의 가능성에 열려 있는 균형 잡힌 시각이야말로 조직생활을 하는 데 꼭 필요한 태도일 것입니다.

이러한 태도를 갖추려면 '자기 이해'를 바탕으로 한 '자기 수용'이 선행되어야 합니다. 자기 이해란 자기 성향의 강점과 단점이 무엇인지를 알고, 그 안에서 자신이 취할 수 있는 것을 당당히 취하면서도 자신의 한계를 인정할 수 있는 태도를 말합니다. 자기 이해가 바탕이 되어야 자신이 본래 가지고 있는 자기 자신의 모습을 인정하되 거기서 만족하지 않고 새롭게 자기 변화를 시도하고자 하는 힘이 생기게 됩니다. 그러니 지금의 자기 모습과 다른 모습으로 '완전히 바꾸겠다.'라는 것을 현재 변화의 목표로 삼는다면 관계에서의 성공률은 낮다고 볼 수 있습니다.

홍 사원님이 타인과 다른 자신만의 특징인 '얌전하고 조용한 성격'의 장점이 무엇인지를 아는 것이 우선되어야 합니다. 보통 홍 사원님처럼 얌전하고 조용한 사람들은 신중하고, 속이 깊고, 남을 편안하게 해주는 성향이 있더군요. 그래서 여러 사람들을 두루두루 만나는 것보다는 소수의 사람과 친밀한 관계를 맺는 데 매우 유능하지요. 타인에게 신뢰감을 주고, 진지한 상황일 때 진지할 줄 아는 성격은 조직생활에서 의미 있는 영향을 줄 수 있는 강점이 될 수 있습니다. 이러한 강점을 남이 먼저 알아주기를 기대하기보다는 홍 사원님이 먼저 자신의 강점을 인정하고, 그러한 자신을 믿어주는 것이 중요합니다.

둘째, 평소 스스로의 강점과 한계를 인정하고 믿어주면 자연스레 다른 사람에게 자신의 모습을 드러내는 것을 두려워하지 않고 편안해질 수 있습니다. 왜냐하면 더이상 타인의 평가가 자신의 관계에서의 기준이 되지 않기 때문이지요. 그러면 애써 긴장할 필요가 없어집니다. 긴장하지 않으면 자연스럽게 자신만의 유머도 나오고, 그 과정에서 자신감 있는 모습이 관계 안에서 비쳐지는 것입니다.

마지막으로 당당해지고 싶은데 그 마음을 가로막은 생각은 바로 '자신'이라는 점을 깨닫는 것이 중요합니다. 즉 내가 아닌 다른 사람이 되려고 애쓰다 보면 결국 자신을 거부하게 되고, 그러다보면 관계 속에서 '자신'은 없고 타인만 남게 되기 때문에 지금처럼 더욱 위축되고 관계가 어려워지는 것입니다. 그러니 관계 속에서 내가 현재 느끼는 바가 무엇이고, 무엇을 이야기하고 싶어 하는지를 스스로가 먼저 아는 것이 중요합니다. 아직 익숙하지 않다면 친숙한 사람에게 먼저 표현해보는 연습을 하는 것도 좋습니다. 그렇게 익숙해지다보면 용기도 생기고, 자신감도 생기게 될 것입니다. 이미 자신의 반은 채워졌으니 나머지 반만 채우시면 됩니다. 그러니 결코 용기를 잃지 마시기 바랍니다.

Summary

- 조직생활을 하는 데 어떤 성격이 좋고 나쁜지 하나로 규정할 수는 없습니다.
- 조직생활을 할 때 자기 주관이 뚜렷하면서 자신이 처한 상황과 대상에 따라 유연할 수 있으며, 나름 자신이 추구하고자 하는 목적의식이 있지만 주변의 가능성에 열려 있는 균형 잡힌 시각을 가지는 것이 중요합니다.

거절하지 못하는
성격 때문에 힘들어요!

Q 안녕하세요. 마음속에 답답함을 내려놓고 싶어 문을 두드립니다. 저는 전형적인 A형 성격인 소심녀입니다. 다른 사람을 지나치게 배려하는 성격을 가지고 있지요. 예를 들어 제가 아무리 아파도 상대방이 아파서 조퇴하면 제가 그 일을 다하고 집에 갑니다. 그러고는 혼자서 힘들어하고 스트레스를 받지요.

직장생활뿐만 아니라 심지어 집에서도 가족에게 그렇게 한답니다. 남편이 힘들어할까봐 아파도 아프다 말하지 못하고 혼자서 끙끙거려요. 맞벌이를 하지만 온갖 집안일은 다 제 몫입니다. 그렇게 혼자서 다 하니까 몸도 마음도 지쳐요. 혼자서 서운해하고, 마음 아파하고, 남편이 밉기도 하고, 내 자신이 바보 같기도 해서 몰래 울기도 한답니다. 문득 '나는 왜 남을 위해 희생하면서 살고 있나.' 하는 생각에 많이 우울하기도 해요.

이런 제 자신을 바꾸려고 해도 잘 바뀌지가 않아 괜히 주위 사람을 속으로 미워하기도 합니다. 이렇게 소심한 제 자신이 답답하고 화가 나서 가슴이 갑갑할 때가 많습니다. 남들에게는 성격 좋다는 소리를 듣지만 저의 내면에서는 늘 나만 혼자인 것 같고, 나만 바보처럼 살고 있는 것 같아 속상합니다. 어떻게 하면 이런 소심한 성격을 바꿀 수 있을까요?

- 소심한 성격 때문에 많은 것을 희생하고 있다는 최 대리

A 그동안 상대방을 배려하면서 살아왔던 마음이 오히려 자신을 힘들게 하고, 주변 사람들에 대한 원망의 마음만을 키우는 꼴이 되어버렸군요.

먼저 이러한 상황은 어쩌면 최 대리님의 상대를 위한 희생과 배려의 마음이 자신으로부터 나온 것이 아니라는 것을 반증하기도 함을 아셔야 합니다. 다시 말해 다른 사람들로부터의 인정과 사랑을 목표로 타인을 위해 희생하고 배려했을 경우 느끼게 되는 '상실감'이라고 볼 수 있어요. 그 밑바닥에는 주위 사람들로부터 인정받지 못하고 오히려 거부당하지 않을까 하는 두려움이 있어서 늘 타인 중심적인 삶을 살게 만든 마음의 구조가 있는 것

이지요. 지금 최 대리님이 느끼는 자신에 대한 분노, 답답함, 그리고 자신을 이해주지 못하는 사람들에 대한 원망은 모두 다 최 대리님 자신이 자신의 가치를 스스로 인정해주지 못한 결과인 셈이에요. 소심한 마음에서 벗어나려면 우선 남들이 보기에 좋은 '내'가 아니라 내가 보기에 좋은 '내'가 될 수 있어야 합니다. 사실 사람의 마음은 자신을 위하는 만큼 건강한 이타적인 마음도 생기게 됩니다.

둘째, 타인이 자신을 싫어하면 어쩌나 하는 생각들이 지금의 최 대리님을 위축시키며, 무조건적으로 주변 사람들에게 동의하는 방식을 취하게 만듦을 아셔야 합니다. 이 모든 게 최 대리님 스스로가 만든 비합리적인 생각일 수 있다는 것을 빨리 알아차리셔야 해요. 대체로 과거에 중요하고 소중하게 생각했던 사람에게 거부당한 경험이 많을수록 이러한 행동 패턴이 지속되는 경우가 있습니다. 이런 상태에서 벗어나려면 타인의 시각이 아닌 최 대리님 자신의 욕구가 기준이 되어야 합니다. 이때 타인이 어떤지를 알고 싶다면, 혼자서 좋다 혹은 나쁘다 평가하기 이전에 직접 '대화'를 통해서 상대방의 입장을 들어봐야겠지요.

마지막으로 행복은 주변 사람들의 인정과 평가에 영향을 받기는 하지만 그보다 먼저 '자신'이 만들어가는 것이라는 사실을 아셔야 합니다. 즉 최 대리님이 자신을 훌륭하게 생각하고 바르게 생각하는 것이 무엇보다도 중요합니다. 그리고 설령 다른 사람들이 최 대리님에 대해 오해한다고 하더라도, 또한 인정하지 않는

다고 하더라도 그것은 이차적인 문제입니다. 최 대리님 자신이
스스로를 인정하는 것이 우선이고, 타인의 오해는 시간을 두고
진심을 보일 때 풀릴 수 있으니까요. 그러니 아무쪼록 자신감을
가지기 바랍니다.

Summary

• 남들이 보기에 좋은 '내'가 아니라, 그보다 먼저 내가 보기에 좋
은 '내'가 될 수 있어야 합니다. 그래야 자신을 위하는 만큼 건강
한 이타적인 마음도 생깁니다.

• 타인이 어떠한 상태인지를 알고 싶다면, 혼자서 좋다 혹은 나쁘
다를 평가하기 이전에 직접 '대화'를 통해서 상대방의 입장을
들어봐야 합니다.

• 관계에서의 행복은 주변 사람들의 인정과 평가에 영향을 받기는
하지만, 그보다 먼저 '자신'이 만들어갈 수 있습니다.

직장인을 위한 심리학

어떤 사람에겐 끌리고,
어떤 사람은 불편한 이유

　여러분들은 어떤 유형의 사람들을 만날 때 마음이 끌리나요? 반대로 어떤 유형의 사람들을 만나면 불편한가요? 우리는 직장 내에서 다양한 관계경험을 합니다. 그 과정에서 누군가로부터는 힘을 얻기도 하고, 어떨 때는 상처를 입고 힘들어하기도 합니다. 이러한 관계경험이 싫다고 관계를 피해 홀로 일만 열심히 하면서 지내는 것은 바람직하지 않을 뿐만 아니라 사실상 불가능합니다. 인간은 누구나 다 관계를 통해 교류하고 공감하며 일을 해나가고, 더 나아가 동료와 친밀감을 느낄 때 하는 일이 더 잘됩니다.

　인간의 친밀욕구에 대한 중요성을 보여준 대표적인 실험으로 1950년대에 심리학자인 해리 할로(Harry Harlow) 박사가 발표한 새끼 원숭이 실험이 있습니다. 해리 할로 박사는 인간과 90%가 넘는 유전자를 공유하는 붉은 털 원숭이를 대상으로 애착에 대한 실험을 했습니다. 그는 태어난 지 얼마 안 된 새끼 원숭이를 엄마 원숭이와 분리해 우리 안에 넣었습니다. 우리 안에는 두 종류의 어미 인형이 들어 있었습니다. 하나는 실제로 우유가 나오도록 젖병을 매단 인형이었고, 다른 하나는 젖병은 없고 포근한 천을 입힌 인형이었습니다.

실험자들은 새끼 원숭이가 젖병이 있는 쪽을 선택할 것으로 예상했습니다. 그러나 새끼 원숭이들은 아주 배고플 때만을 제외하고는 대부분의 시간을 포근한 천으로 감싼 어미 인형 곁에서 보내며 놀았습니다. 원숭이들은 생존을 위한 욕구만을 가진 것이 아니라 누군가와의 포근한 접촉, 즉 관계를 느끼기를 바랐던 것입니다.

또 한 가지 발견한 사실은 그런 관계 지향이 원숭이의 수명에도 영향을 준다는 것이었습니다. 단순히 먹이만 주는 환경에서 자란 원숭이들에 비해 포근한 천을 두른 어미 인형 곁에서 자란 원숭이가 더 오래 살았습니다. 이 실험이 보여주는 바처럼 친밀에 대한 욕구는 지속적인 반면, 생존을 위한 욕구는 충족되면 소멸되는 특징이 있습니다. 이는 인간에게도 마찬가지입니다.

여러분은 직장생활을 하면서 친밀감에 대한 욕구를 적절히 충족시키고 있나요? 아주 어렸을 때부터 어떤 방식으로 친밀감을 경험했느냐에 따라 대인관계의 양상이 달라집니다. 대인관계에서 불편함을 자주 느낀다면 이는 어려서부터 부모나 양육자에게서 '친밀감'이라는 감정을 제대로 경험하지 못해 친밀감을 주고받는 방식에 왜곡이 생긴 경우가 많습니다. 다시 말해 유년기에 형성된 관계습관이 평생 영향을 끼칠 수 있다는 것입니다. 물론 왜곡된 관계습관도 스스로가 알아차리고 노력한다면 얼마든지 변화시켜 나아갈 수 있습니다.

그렇다면 건강한 대인관계는 무엇이며, 어떻게 만들 수 있을까요? 건강한 대인관계란 온전한 나를 잃지 않으면서 상대방을 있는 그대로 받아들이는 관계, 즉 나와 타인이 함께 살아 있는 관계라고 볼 수 있습니다. 건강한 대인관계를 만들기 위해 다음의 5가지 사항을 잘 기억해둘 필요가 있습니다.

첫째, 스스로 자율적이며 자신을 존중할 줄 안다.

둘째, 타인과 효과적인 의사소통을 할 줄 안다.

셋째, 자신을 미화하지 않고 상대방에게 있는 그대로의 모습을 보여 줄 수 있다.

넷째, 상대방의 긍정적인 측면을 더 많이 보려 노력한다.

다섯째, 서로의 성장과 발전을 진심으로 축하하고 함께 기뻐할 수 있도록 노력한다.

직장 내에서 감정 관리를 잘한다는 것은 곧 성공적인 자기경영 관리와 통합니다. 직장 내에서 경험하는 불편한 감정을 단순히 억누르는 것이 아니라 적절히 표현하고 소통할 줄 아는 '감성소통'이 무엇보다 중요한 시대입니다. 2장에서는 자신과의 감정소통, 타인과의 감정소통을 어떻게 풀어나가는지를 살펴보고자 합니다.

2장

성공하는 직장인은
감정 관리에
뛰어나다

우울의 늪이 점점 깊어만 가는데 어떡하면 좋을까요?

Q 왜 그런지 요즘 따라 괜히 우울합니다. 어떤 사람들은 한가해서 이런 소리를 한다고 생각할지도 모르지만 전 정말 괴롭습니다. 주변 사람들 중에는 혹시 옆구리가 허전해서 우울한 게 아니냐고 하는데, 결코 그런 게 아닙니다. 그냥 아무 이유 없이 기분이 축 처집니다.

그뿐만이 아닙니다. 어떤 일을 하든 아무런 재미도, 즐거움도 못 느끼겠습니다. 예를 들어 밥을 먹을 때도 뭔가 맛있는 음식을 찾아 먹는 것이 아니라, 그저 배가 고파서 먹어야 되니까 어쩔 수 없이 먹는 식입니다. 우울한 감정을 넘어 항상 뭔가 답답하고, 마음 한 구석이 뻥 뚫린

듯 공허합니다. 제가 정말 왜 이런 걸까요? 도대체 이럴 때는 어떻게 해야 할까요?

– 우울한 하루하루를 보내고 있다는 권 차장

A 사람의 감정과 기분이 생각대로 쉽게 변화될 수 있는 것이라면, 감정과 기분 때문에 괴로워할 일이 별로 없을 거예요. 하지만 그렇다고 한 번 느낀 감정과 기분이 영원토록 계속 유지되는 것 또한 아니랍니다. 자신이 처한 상황이나 마주하는 대상에 따라 적절한 방법과 태도를 취하다보면 원치 않는 감정과 기분을 극복할 수 있어요.

우리는 흔히 감정과 기분만이 사고와 행동에 영향을 준다고 생각하지요. 하지만 역으로 사고, 즉 '나의 생각'도 기분에 영향을 줄 수 있습니다. 따라서 어떤 생각들이 자신을 우울하게 만드는지 한 번 곰곰이 생각해보시기 바랍니다.

혹시 떠올린 생각들 가운데 '모든 것이 뜻대로 되지 않아.' '이러다가 난 미쳐버릴 거야.' '나는 제대로 하는 게 하나도 없는 것 같아.' '도움을 청한다고 해도 아무도 나를 도와주지 않을 거야.' 등등 성급하게 부정적인 결론을 내리는 것들이 있지 않으신가요? 그래서 그러한 일이 실제로 일어나지도 않았는데 마치 일어난 것처럼 맥없이 주저앉아 있는 것은 아닌지 자기 자신을 살펴볼 필요가 있습니다.

만약 이런 경우라면 역으로 '그래, 가끔 이러한 마음이 들 때도 있는 거지, 뭐.' '항상 기분이 좋을 수는 없어.' '잠시 기분이 무거워진 것일 수 있어. 이것도 곧 지나가겠지.'라는 식으로 생각해보세요. 이렇게 자신의 감정에 잠시 거리를 두고 현재 힘들고 아파하는 마음에 위로의 목소리를 건네주려는 노력이 필요합니다. 별것 아닌 것 같아도 이것은 지혜로운 노력입니다.

과연 생각대로 잘될지 확신이 들지 않아 지금 머뭇거리고 있다면, 우선순위를 바꿔 가장 가볍게 할 수 있는 활동부터 하나씩 해보셨으면 합니다. 평상시에 할까 말까 미루어두었던 것, 예를 들어 친구 만나기, 노래방에 가서 실컷 소리 지르기, 운동하기 등 평소에는 사소하다고 여겼던 것들도 조금씩 횟수를 늘리고 그 상황에 몰입하다보면 몸속에서 생각지도 못했던 에너지가 느껴질 거예요. 이러한 활동들은 곧 자신을 무겁게 짓누르던 우울감에서 벗어날 수 있도록 도와줄 것입니다.

의도적으로 '우울해지고 싶은 시간'을 정하는 것도 하나의 방법이 될 수 있습니다. 예를 들어 하루 중 1시간 혹은 2시간은 '내가 최고로 우울을 즐기는 때'라고 스스로 정한 뒤 우울한 생각과 느낌을 최대한 표현할 수 있는 기회를 마련해보시기 바랍니다. 글쓰기를 통해서든, 그림을 통해서든, 몸동작을 통해서든, 어떤 매체를 활용하든 자신에게 적절한 방법을 찾아 최대한 자신의 우울을 표현하는 데 집중해보세요. 그렇게 우울을 마주하다보면 우울한 감정이 무작정 피해야만 하는 감정이 아님을 알게 되고, 우울이 나에게 원했던 것이 무엇이었는지를 살펴볼 수 있는 기회가 될 수 있습니다.

'우울'한 감정 자체가 문제가 아닙니다. 우울한 감정에 대한 자신의 생각과 태도가 우울의 늪에서 빠져나가지 못하게 만드는 덫이 될 수 있다는 점을 꼭 기억하시기 바랍니다.

Summary

- 자신의 생각에 대한 확신이 들지 않는다면 스스로가 원하는 행동을 먼저 시도해보는 것도 우울함에서 벗어날 수 있는 방법이 될 수 있습니다.

- '우울해지고 싶은 시간'을 의도적으로 만들어 글쓰기나 상담을 통해 최대한 자신의 우울을 표현하는 데 집중하다보면 우울한 감정이 나에게 진정 원했던 것이 무엇이었지를 찾을 수 있는 기회가 될 수 있습니다.

- 우울한 감정 자체가 문제가 아닙니다. 우울함을 지속시키는 생각이 무엇인지 살펴봐야 합니다.

이건 아니다 싶으면
화가 치밀어 오릅니다

Q 전 가끔 제 자신을 보면 깜짝 놀랄 때가 있습니다. 말이 안 될 수도 있지만, 정말 제 자신을 잘 모르겠습니다. 일을 하다가 이건 아니다 싶은 생각이 들면 마음속에서 화가 치밀어 오릅니다. 이렇게 해봤자 어쩔 수 없고 저만 손해라는 생각이 들지만, 속에서 분노가 치밀어 올라 잠을 제대로 못 잘 때도 많습니다.

이러한 성격을 고치려고 나름 노력도 해봤습니다. 물론 노력이라고 해봤자 그냥 속으로만 화를 참는 일 정도지만요. 하지만 화를 무조건 참는 쪽으로만 가다 보니 그것이 나중에서는 주변 사람들, 특히 가족들에게 표출되어 그들에게 피해를 주는 결과가 되어버렸습니다. 이러한 제 자신이 너무 짜증납니다. 남들은 저보고 좋은 말로 대쪽 같은 성격이라고들 하는데, 제가 보기에는 저는 그냥 성질이 고약하고 쌀쌀맞은 사람인 것 같습니다.

시간이 지난 뒤에 화가 치밀어 올랐던 상황들을 차분한 마음으로 돌이켜보면 그냥 웃어넘길 수 있는 상황이었던 것 같은데, 막상 그런 상황이 되면 제가 제 감정을 어찌할지 몰라 너무도 당혹스럽습니다. 이러한 제 성격을 어떻게 하면 좋을까요?

– 분노 조절이 되지 않아 고민인 류 부장

A 머리로는 너그럽게 이해하고 넘어갈 수도 있는 상황이었을 것 같은데 막상 그 상황에 처하게 되면 자신도 모르게 짜증이 올라오니 답답하고 괴로우셨겠어요. 그래도 현재 자신의 감정 상태를 알아차리고, 어떻게든 자신의 마음을 챙겨보고자 하는 의지가 있으니 이미 반은 변화할 준비가 된 셈이겠지요.

화의 일종인 '짜증'은 자신이 바라는 대로 이루어지지 않았을 때 경험하는 감정이에요. 이때 자신이 바라는 것이 그저 '바람'이었다면 그 순간의 아쉬움에 그칠 것입니다. 하지만 자신이 처한 상황을 자기 자신과 관련된 '일'로 받아들이거나, 마음 깊숙한 곳에서 '나는 이것밖에 안 돼!'라는 식으로 지레 스스로를 깎아내리거나, 자신의 생각대로 이루어져야만 한다는 '기대'에 사로잡히면 지금과 같은 분노에 사로잡힐 수 있습니다.

그러니 분노라는 감정의 불길에 휩싸이고 싶지 않다면 먼저 스스로가 '유연하지 않는 기대'를 너무 많이 가지고 있는 것은 아닌지 들여다보셨으면 합니다. 즉 자신을 둘러싼 모든 상황이 자신이 원하는 방식대로 움직여야만 하고, 자신이 원하는 대로 주변 상황이 돌아가지 않으면 스스로가 상처받았다고 해석하고 있는 것은 아닌지 살펴보시기 바랍니다.

유연하지 않은 기대를 너무 많이 가지면 갈등해결 과정에서 자신에게 남는 것은 '무력감'과 '분노'뿐일 수 있습니다. 물론 자기 나름의 목표의식과 원칙을 갖는 것도 중요하지만 그 과정에서 자신의 가치뿐만 아니라 관계가치도 함께 고려하고 있는지, 그리고 스스로 다양성을 얼마나 존중하고 있는지 살펴볼 수 있어야 합니다.

일을 처리하는 과정에서 류 부장님의 방식이 채택되지 않았다고 해서 류 부장님 자신이 잘못된 사람인 것은 아닙니다. 물론 이해관계가 얽혀 있는 상황에서 결과적으로 보면 그것이 누군가의 눈에는 손해처럼 비쳐질 수도 있고, 어리석은 선택처럼 비쳐질 수도 있습니다. 그러나 그렇다고 해서 '내'가 잘못되거나 어리석은 존재가 되는 것은 아닙니다. 그렇게 생각하는 순간 스스로에 대한 분노와 무력감으로 더이상 앞으로 나아가려는 의지가 잘 생기지 않을 것입니다. 그러니 갈등의 해결 과정 속에서 내가 무엇을 배웠고, 그것을 통해 앞으로 스스로를 어떻게 위로하고 지지해줄지에 더욱 초점을 맞춰보시기 바랍니다.

일상의 경험을 내가 잘했는가 못했는가 하는 식의 '평가'의 시선으로 보기보다는 그러한 경험을 통해 스스로가 무엇을 배웠고, 그 과정에서 진짜 자신이 원했던 것이 무엇이었는지 살펴보세요. 만일 그 원함이 좌절되었다면 지금처럼 자신을 몰아세울 것이 아니라 좌절된 자신의 마음을 살살 어루만져주고, 현재 상황에서 자신이 할 수 있는 최선의 것부터 해보시기를 바랍니다.

마지막으로 자신이 무엇 때문에 화가 났는지를 충분히 이해했다면 그것을 어떻게 전달하느냐도 중요합니다. 화를 잘 다룬다는 것은 잘 참는다는 것이 아니라 화를 잘 표현한다는 의미일 수 있습니다. 그저 상대방과 자신의 의견이 다르다는 것을 말하고, 자신이 원하는 것을 공손하고 정중하게 표현하는 것입니다. 이렇게 입장 바꾸기 연습과 이에 대한 구체적인 의사소통 방법을 익히고 꾸준히 연습해보시기 바랍니다.

Summary

- 분노라는 감정의 불길에 휩싸이고 싶지 않다면 먼저 스스로가 유연하지 않는 기대를 너무 많이 가지고 있는 것은 아닌지 살펴볼 필요가 있습니다.
- 자신의 기대가 좌절되었을 경우 자신을 몰아세울 것이 아니라 좌절된 자신의 마음을 살살 어루만져주고, 현재 상황에서 자신이 할 수 있는 최선의 것부터 해봅시다.

직속 상사의 조언에
분노가 치밉니다

Q 6년차 직장인입니다. 요즘 들어 약간의 우울감이 지속되면서 사람들과 이야기를 나눌 때면 제가 톡톡 쏘는 직설적인 말을 자주 하는 것 같아 고민입니다. 물론 저 또한 생각 없이 던진 말과 행동이 다른 사람에게 상처를 줄 수 있다는 것을 잘 알고 있어요. 이런 부분에 대해서 주위 선배들도 지적을 해주시고요. 그래서 저 역시 나름대로 직장생활에 부단히 노력하고 있는데, 일이 힘들 때면 이런 행동들이 어김없이 나옵니다.

　게다가 더욱 저를 자극하는 건 상사의 짜증 섞인 질타입니다. 상사의 질타를 견디기가 정말 어렵습니다. 말과 행동에 표현이 서툴러서 그런지 자괴감에 잘 빠집니다. 특히 저보다 한두 살 많은 직속 상사가 한 번씩 짜증 섞인 질타를 할 때면 정말로 괴롭습니다. 죽고 싶다는 생각과 저를 질타하는 사람을 함께 죽이고 싶다는 극단적인 생각까지 듭니다. 저는 대체 왜 이러는 걸까요?

저를 위한 좋은 이야기라고 하지만 그런 생각이 안 들더라고요. 더 나이 있으신 상사 분들이 하는 말에는 어느 정도 수긍하고 이해하면서 끝내지만, 한두 살 차이 나는 직속 상사의 말은 정말이지 참기 힘듭니다. 왜 이 상사에게만 이런 반응을 하게 되는지…. 이게 말도 안 되는 자존심인지 열등감인지 도저히 모르겠어요. 회사를 다니면서 조울증이 생긴 것 같습니다. 어떻게 하면 좋을까요?

― 자기가 조울증이 아닐까 걱정하는 조 사원

A 상대방에게 도움이 되라고 하는 조언도 당사자 입장에서 보면 부족한 부분을 건드리는 꼴이 되기 때문에 사실 마냥 듣기 편한 것은 아니지요. 특히 조언을 하는 상황과 조언을 하는 사람의 태도(말투와 행동)가 어떠냐에 따라 조언의 결과는 더욱 다를 수 있습니다.

주변의 조언을 듣고 자기 나름대로 고치기 위해 노력하고 있는데 여전히 상황이 나아지지 않으니 조 사원님 입장에서도 답답한 마음이 들겠네요. 게다가 조 사원님 자신도 주변의 지적이 자신을 위한 조언이라는 것을 머리로는 이해하지만 그 조언으로 인해 쉽게 상처를 받는 자신이 못마땅해 더욱 괴롭지 않았을까 싶습니다. 하지만 상처받았다고 해서 모두가 쉽게 분노하는 것은 아니랍니다.

만나는 모든 사람들로부터 한결같고 끝없는 인정과 사랑을 받기 위해 애쓰다보면 조 사원님처럼 쉽게 분노가 치밀 수도 있습니다. 그러나 그런 불가능한 목표를 위해 애쓰기보다는 자기를 인정하고 사랑하는 단 몇 사람이라도 옆에 있는 것이 더 중요하다는 것을 잊지 마세요. 당장의 생각으로는 모든 사람들이 자신을 인정해준다면 지금의 고통스러운 감정으로부터 벗어날 수 있을 거라고 생각할 수는 있지만, 오히려 그러한 소망이 크면 클수록 실망과 상처 역시 더 커지기 마련입니다.

물론 지금 처한 상황이 현재 자신에게는 불편한 감정을 안겨다줄 수는 있지만, 그것이 조 사원님 자체가 근본적으로 잘못되었다는 것을 의미하지는 않아요. 그러니 지금 조 사원님이 행하고 있는 행동 전략과 수단에서 무엇이 비효율적인지를 한 번 꼼꼼히 살펴보세요. 그리고 비효율적인 행동 방식을 수정해나가는 쪽으로 에너지를 모아보시기 바랍니다. 지금처럼 자신을 나무라고, 부정적 감정에 자신을 몰아세우는 것은 오히려 고통을 증가시킬 뿐입니다.

열등감의 그림자에 자신을 계속 머물게 하느냐, 아니면 그 그림자 밖으로 나와 낯설지만 새로운 방법을 찾아 자신을 위한 새로운 실험을 해보느냐는 마음의 선택에 달려 있습니다. 지금 고통스러운 자신과 마주하려는 용기는 이미 갖추고 있는 셈이니, 그 용기와 더불어 새로운 실험을 하겠다는 다짐을 응원해드리고 싶습니다. 절대 용기를 잃지 마세요.

Summary

- 모든 사람들이 자신을 인정해주기를 기대하는 자기소망이 크면 클수록 타인으로부터의 실망과 상처가 클 수 있습니다.
- 주변의 지적과 조언은 당신이 근본적으로 잘못되었다는 것을 의미하는 것이 아닙니다. 그러므로 자신을 나무라는 쪽으로 에너지를 쏟기보다는 무엇을 새롭게 시도해볼지에 대한 실험의 기회로 활용해봅시다.

진급 누락으로
화병이 생길 지경입니다

Q 끓어오르는 분노를 어떻게 해야 할지 몰라 이렇게 사연을 올립니다. 다름이 아니라 이번 진급 발표에서 제가 누락이 되었다고 합니다. 사실 당연히 진급될 거라고 기대했습니다. 그래서 승진 대상에서 떨어졌다는 이야기를 들었을 때 절망 그 자체였습니다. 왜 떨어졌는지 따질 수도 없는 노릇이고, 그대로 받아들이자니 참으로 괴롭습니다. 그래서인지 요즘 들어 주변 동료들로부터 화를 부쩍 많이 낸다는 소리를 듣습니다. 일을 하다 나도 모르게 주먹으로 책상을 내리친다거나, 동료들과 식당에 갔는데 종업원이 주문을 받으러 오지 않아 혼자 벌떡 일어나서 다른 식당으로 가는 등의 행동을 해서 사람들을 당혹스

럽게 만든 적도 있습니다.

이런 제 모습에 동료나 후배들이 저를 보면 긴장이 된다며 농담 반 진담 반의 말을 하기도 합니다. 다들 어려운 상황이라는 것은 알지만 진급에 누락이 되니 회사뿐 아니라 제 자신에게도 실망스럽습니다. 그렇다고 회사를 관둘 수도 없는 노릇이니 참으로 답답합니다.

– 진급 실패로 스트레스가 심하다는 한 과장

A 자신의 진급을 당연히 여겼기에 더욱 진급 누락에 대한 충격이 크지 않았을까 싶습니다. 지금 당장에는 진급 누락이 인생의 성패를 좌우할 것처럼 크게 느껴질 수 있고, 그렇기에 그 좌절감과 상황에 대한 분노감이 더욱 클 수밖에 없겠지요.

하지만 그럴수록 더욱 힘들어지는 것은 한 과장님 자신일 것입니다. 이럴 때일수록 스스로의 다짐이 필요합니다. 즉 힘들다고 하더라도 그 진급 누락의 결과에 자신의 미래를 저당 잡힌 채로 살지 않겠다고 스스로 다짐해야 합니다. 그래야 과거에만 맴돌지 않고, 현재 자신이 취할 수 있는 것을 찾아 움직일 수 있는 에너지를 찾을 수 있으니까요.

우선 진급 누락의 과정에서 보여주는 한 과장님의 태도를 주변 사람들이 한 과장님을 새롭게 바라볼 수 있는 기회로 만들어보세요. 대체로 진급 누락의 상황에서 한 개인의 인격적 능력이 여실히 드러나기 마련입니다. 진급을 했다고 해서 지나치게 자신의 능력을 과신하는 것도 눈살을 찌푸리게 하는 일이지만, 진급에 떨어졌다고 해서 지나친 자기 비하와 공격적인 태도로 위화감을 조성하는 것 또한 장기적으로 볼 때 자신의 경력 관리에 도움이 되지 않습니다. 지금과 같은 곤경에 처했을 때 아픈 마음을 팀원들과 함께 나누면서 또 다른 자신의 가능성을 보여줄 수 있어야 합니다. 위기의 상황에서 의연하면서도 담대한 태도를 보여준다면, 한 과장님의 진가는 더욱 빛날 것입니다.

　다음으로 현실적인 상황 파악을 위해 평가자와 대화를 갖고 더 나은 자기계발의 기회로 삼을 수 있어야 합니다. 진급 과정에서 한 과장님이 이해하기 어려웠던 부분에 대해 상사의 의견을 묻고, 이에 대한 자신의 의견을 표현할 수 있어야겠지요. 이때 평가 결과의 이유를 상사 개인의 인사관리상의 미숙함으로 지적하려는 태도는 삼가야 합니다. 객관적인 평가를 통한 진급 결과라고는 하지만 상황에 따른 한계가 늘 있기 마련입니다. 그런데 이에 대해 논리와 합리성만을 가지고 반박하겠다는 마음으로 대화에 임하면 오히려 역효과를 가져올 수 있습니다. 따라서 자신의 자존심을 우선하거나 자기 능력을 옹호하고 상대를 설득하려는 것이 대화의 목표가 되기보다는, 서로의 입장 차이를 확인한 후 앞으로 한 과장님이 조직 내에서 나아가야 할 방향을 모색하기 위한 자리가 되어야 합니다. 즉 조직 상황에 대한 이해와 더불어 한 과장님의 경력 관리를 위해 앞으로 한 과장님이 구축해야 할 현실적 목표를 세울 수 있는 기회로 만드는 것입니다.

길고 짧은 것은 대봐야 알 수 있듯이 조직 내 성공을 한 번의 승진 실패로 단정 짓기에는 자신이 그동안 애써온 발자취가 너무 소중하다는 생각은 들지 않는지요? 비가 온 뒤에 땅이 더욱 굳어지는 법입니다. 지금의 시련이 오히려 한 과장님을 내적으로 더욱 단단하게 만들어주는 자양분이 될 것입니다.

Summary

- 진급 누락의 과정에서 보여주는 태도가 주변 사람들이 당신을 새롭게 바라볼 수 있는 기회가 될 수 있습니다.

- 현실적인 상황 파악을 위해 평가자와의 대화를 갖고 더 나은 자기계발의 기회로 삼을 수 있어야 합니다. 이때 자신의 자존심을 우선하거나 자기 능력을 옹호하고 상대를 설득하려는 것이 대화의 목표가 되기보다는, 서로의 입장 차이를 확인한 후 조직 내에서 자신이 나아가야 할 방향을 모색해야 합니다.

풀리지 않는 억울함과 분노, 어떻게 하면 좋을까요?

Q 최근 조직에서 억울하고 속상한 일을 경험했습니다. 어떤 일인지 구체적으로 말씀드리지 못하는 점은 양해 부탁드립니다. 저는 평소에도 제 감정을 잘 내색하지 않는 편이라 이번에도 그냥 이해하고 넘어가보려고 했지만 쉽지가 않아 이렇게 사연을 올립니다. '참을 인(忍) 자 3번이면 살인도 면한다.'라는 말을 되뇌이며 현재 저에게 닥친 심리적 위기를 애써 버텨보려고 하지만 그럴수록 술은 점점 늘어가고, 집에 가서 아이들과 아내에게 짜증만 내는 저를 보게 됩니다. 마땅히 이야기를 나눌 사람도 없고, 정말 이러다가 마음의 멍이 몸의 병으로 이어지지 않을까 하는 두려움까지 엄습합니다.

감정을 털어놓는 것만으로도 문제가 해결된다는 말도 있는데, 정말 그럴까요? 솔직히 제가 제 감정을 마주하게 되면 그런 제 자신을 감당할 수 없을 것 같아 그것도 두렵습니다. 이런 경우에 어떻게 하면 좋을까요? 지금과 같은 상황에서 제가 저를 위로해줄 수 있는 방법이 있다면 그것이 무엇인지 알고 싶습니다.

— 본인을 위로해주고 싶다는 박 차장

A 누군가에 대해 원망과 미움의 마음을 품고 있는 것 그 자체가 엄청난 고통일 수 있지요. 억울함과 원망의 마음에서 벗어나기 위해 지나온 자신의 잘못에 대해 돌아보는 반성도 잠시일 뿐, 불현듯 고개를 쳐드는 분노의 감정은 이전에 자신이 받았던 모든 상처들까지 불러들여 한순간에 자기 자신을 무너뜨리기도 합니다. 이럴 때는 아무리 좋은 글이나 성인의 좋은 말도 위로가 될 수 없지요. 그래서 대부분 '내 경우는 다른 사람과는 달라!' 하면서 자기합리화로 결론을 내리기 일쑤입니다.

마음 저편에서 2가지의 다른 목소리가 들릴 것입니다. 하루빨리 이러한 감정적인 소모를 끝내고 싶다는 목소리와, 상처를 준 대상에 대한 원망과 미움이라도 가져야 스스로가 버틸 수 있다고 우겨대는 목소리이지요. 누군가를 미워하는 것은 심적으로 힘든 일인데 왜 그렇게 할 수밖에 없는지 마음에 대고 물어보면, 상대를 용서하고 미워하는 마음을 포기한다는 것은 스스로가 '패배자'임을 인정하는 것 아니냐는 대답이 들립니다.

그러나 자신에게 상처를 줬다고 생각하는 대상을 용서하는 것은 양보하고 타협하는 비굴한 행동이 아니라 자신과의 싸움에서 이겨 승리하는 길입니다. 오히려 원망과 미움을 안고 살아가는 것이야말로 스스로 패배자의 굴레를 뒤집어 쓰는 일이지요.

증오와 원망의 감정은 상대방이 자신에게 상처를 입혔다고 생각할 때 드는 감정입니다. 하지만 잘 생각해보면 상처는 상대방이 입히는 것이 아니라 자기 스스로 입는 것 아닐까요? 자존심에 상처를 받았다는 것도 따지고 보면 상대방의 말과 행동을 자신의 시각으로 해석한 데서 생기는 것입니다. 마음을 진정하고 박 차장님께서 현재 경험하고 있는 분노와 원망이 '정당한 감정'이라는 생각에서 한 걸음 물러나 '상대방의 의도가 그런 것은 아니었겠지?'라는 아량을 한 번 가져보시는 것은 어떨까요?

누군가와 현재 경험하고 있는 자신의 감정과 생각을 나눈다는 것은 적어도 내 자신에게 솔직해지겠다는 다짐이기도 합니다. 화가 나도 덤덤한 척 조용히 견디면서 주변으로부터 스스로를 격리시키다보면 점점 자신의 내면은 돌처럼 굳어져 몸까지 병들 수 있습니다. 그러니 자신의 문제를 입 밖으로 끄집어내는 것으로 문제의 절반은 해결된다고 볼 수 있습니다.

먹은 것을 제때 내보내야 변비에 걸리지 않듯이 사람도 자신이 듣고 보고 경험한 것들을 입 밖으로 내보낼 수 있어야 마음과 몸이 조화로운 삶을 살아갈 수 있습니다. 현재 자신의 감정을 마주할 수 없을 정도로 버겁다는 것은 감정을 감추지 않고 털어놓고 싶다는 내면의 목소리라는 것을 인정하시기 바랍니다.

지금 자신의 생각과 감정을 나눔으로써 소중한 것을 얻을 수 있는 수혜자는 박 차장님 자신일 것입니다. 현재 박 차장님의 마음이 무거운 것은 내면에 아픔의 눈물이 고여 있기 때문입니다. 고여 있는 것을 퍼내야 부정적인 감정이 덜어지고 그 안에서 긍정적인 감정이 숨을 쉴 수 있습니다. 지금 이 순간 부정적인 감정의 늪에서 박 차장님을 구원해줄 수 있는 사람은 바로 자기 자신이라는 것을 잊지 마세요.

Summary

· 누군가와 현재 자신의 감정과 생각을 나눈다는 것은 적어도 자기 자신에게 솔직해지겠다는 다짐이기도 합니다. 주변으로부터 스스로를 격리시키다보면 점점 자신의 내면은 돌처럼 굳어져 몸까지 병들 수 있습니다.

· 마음이 무거운 것은 내면에 아픔의 눈물이 고여 있기 때문입니다. 고여 있는 것을 퍼내야 부정적인 감정이 덜어지고 그 안에서 긍정적인 감정이 숨을 쉴 수 있습니다.

조직 내에서 왕따 당하는
기분 때문에 많이 우울합니다

Q 저는 요새 제가 직장에서 왕따를 당하는 것이 아닌가 하는 생
각에 몹시 우울합니다. 다른 사람들에 비해 부끄러움을 많이
타서 인사를 할 때도 작은 소리로 하고, 우스갯소리도 잘 못하긴 하지
만 특별히 제 성격이 모가 나거나 외모가 이상한 것도 아니라서 학교
다닐 때는 별 문제가 없었거든요. 그런데 회사에 들어와서 이런 일을
겪으니 매우 혼란스럽습니다. 제가 너무 예민해서 그런 걸까요?

그렇다고 사람들이 대놓고 저를 따돌리는 것은 아니에요. 혹시 '은
따'라고 들어보셨나요? 저희 팀은 팀원이 13명 정도 되는데 저는 그들
중 친한 사람이 한 명도 없습니다. 팀원 중 여사원 한 명이 있는데 그

사람은 애교가 무척 많아서 누구에게나 사랑을 받아요. 무뚝뚝한 저는 그 여사원이 너무 부럽답니다. 다른 사람들도 다 그 여사원에게만 말을 거는 것 같습니다. 게다가 회사에서 일어나는 이런저런 소식을 다른 사람들은 아는데 저만 모르는 경우가 많습니다. 그래서 너무 속상합니다. 어떻게 하면 싹싹하고 인기 있는 사람이 될 수 있을까요?

　　　　　　　　　　　　　　　－ 회사에서 은따를 당하는 것 같아 속상하다는 임 사원

A '아주 싹싹하고 인기 있는 사람'이 되고 싶은데 마음처럼 되지 않아 많이 우울하셨군요. 주변에 그러한 사람들이 대부분이고 그들이 서로 잘 어울리는 것을 보면 자신의 성격이 싫고, 그러한 사람들이 마냥 부럽다는 임 사원님의 마음이 충분히 이해됩니다. 하지만 어디 자신의 성격이 그리 쉽게 바뀌겠습니까? 나의 스타일이 아닌 다른 모습으로 억지로 바꾸려고 하면, 힘들고 자신에 대한 좌절감만 느끼게 될 뿐이지요.

그럼, 이렇게 해보면 어떨까요? 자기 자신만의 고유한 스타일을 장점으로 만들어보는 거예요! 우스갯소리를 못한다거나 적극적으로 사람들 앞에 나서길 꺼려하는 것은 단점이 아닙니다. 다른 사람들이 먼저 말을 거는 스타일이라면, 임 사원님은 다른 사람들의 말을 주의 깊게 들어주는 역할을 해보면 어떨까요? 다른 사람의 이야기에 경청을 하다가 관심 어린 질문을 하나씩 하다 보면, 그들의 화제에 자신이 동참하고 있다는 느낌을 받을 수 있

을 것입니다.

이런 방법도 있습니다. 여러 사람과 모두 두루두루 어울려야한다는 생각보다는 그들 가운데 자신의 마음과 잘 맞는 사람이있다면 그 사람과 친밀한 관계를 지속적으로 이어가기 위해 노력하는 것입니다. 임 사원님처럼 내향적인 성격의 소유자들은 외향적인 성격의 소유자들에 비해 깊이 있는 만남을 가지는 것을더 잘합니다. 즉 자신이 편하게 생각하고 잘할 수 있는 분야에서자신만의 대인관계 유형을 만들어가는 것입니다.

마지막으로 누군가 나에게 말을 걸었을 때는 가능한 한 큰 목소리로 대답하고, 끝맺음은 명확히 하는 연습을 해보세요. 신중한 태도도 필요하지만 가벼운 일상의 관계에서는 보다 적극적으로 먼저 다가선다는 인상을 주는 것도 중요합니다. 적극성은 당당한 목소리와 상대방에게 먼저 다가서려는 노력에서 출발합니다. 물론 그러한 자신의 모습이 서툴고 어설프게 보일 수도 있을것입니다. 그러나 그러한 어설픈 모습이 오히려 상대방이 임 사원님을 대할 때 부담스럽지 않게 대할 수 있는 여지를 줄 수 있습니다.

자신을 너무 탓하지 마세요. 자신이 어떤 사람이라고 규정지으려 하기보다는 그저 남들과 다른 나의 스타일 때문에 주변 사람들이 나를 '어려워하는 것'일 뿐입니다. 임 사원님이 자신과 다른 스타일에 대해 불편해하는 것처럼 누구나 관계 속에서 불편함은 어느 정도 있기 마련입니다. 이럴 때는 그 상황이 불편하다고 피하느냐, 아니면 불편하지만 그 안에서 자신이 할 수 있는 것을 얼마나 잘 활용하느냐가 관건입니다. 이러한 과정을 겪다보면 불편함의 정도도 조금씩 완화되고, 시간이 지나면서 관계능력도 나아질 것입니다.

Summary

- 다른 사람의 스타일로 변화하고자 애쓰기보다는 자기만의 고유한 스타일을 장점으로 활용해야 합니다.
- 모든 사람과 두루 잘 어울리기란 쉽지 않습니다. 먼저 자신의 마음과 잘 맞는 사람이 있다면 그 사람과 친밀한 관계를 지속적으로 이어가기 위해 노력하는 것이 낫습니다.

왜 이리도 허전하고
허무한지 모르겠습니다

Q 30대 초반의 직장인입니다. 요즘 들어 현실에서 누리고 있는
모든 것들이 허망하게 느껴질 때가 많습니다. 다른 사람들은
제게 큰 문제가 없다고 생각하지만, 정작 제 자신은 늘 불만스럽고 공
허합니다. 공부를 열심히 해서 좋은 회사에 취직하고, 좋은 배우자를
만나 결혼을 하고 아이도 낳고 그럭저럭 살아가고 있는데, 갑자기 이런
것들이 굉장히 무의미하고 허무하게 느껴집니다. 그러면서 머리로는
뭔가를 해야 된다는 생각도 함께 듭니다.

　마음 한편에 약간의 우울과 무기력함과 불안을 안고 있습니다. 어디
서부터 무엇을 다시 시작하면 좋을지, 정말 제가 원하는 것이 무엇인지

모르겠습니다. 그저 다른 사람들처럼 좋은 직장, 좋은 사람, 이런 것들을 추구하면서 살아가려니 참 허망하다는 생각이 듭니다.

– 문득 삶이 공허하게 느껴진다는 손 차장

A 주변에서 자신을 바라보는 시선은 별문제 없지만, 정작 자기 자신은 현재의 삶에 만족스럽지 못하다면 남는 것은 공허한 마음뿐일 수 있습니다. 그렇다고 손 차장님이 지금껏 아무것도 하지 않은 것도 아닐 것입니다. 다만 여느 사람들처럼 열심히 살아왔지만 여전히 채워지지 않은 마음이 늘 남아 있다는 것이지요. 이럴 때는 주변에서 요구하는 삶을 마치 내가 원하는 삶인 것처럼 살아온 것은 아닌지, 아니면 마음의 채움을 돈·명예·학력·권력 등 자기 밖에서만 찾을 수 있다고 생각했던 것은 아닌지 돌아볼 필요가 있습니다.

우선 타인이 원하는 삶이 아니라 손 차장님이 진정으로 원하는 자신의 삶은 어떤 모습인지부터 살펴보시기 바랍니다. 그러려면 내가 평소 어떤 행동을 하거나 어떠한 상황에 놓일 때 만족감과 편안함을 느끼고 알아야 합니다. 이는 누가 가르쳐주는 것이 아니라 손 차장님이 자신의 경험을 통해서 직접 느끼고 체험해 볼 때 더욱 구체화됩니다.

사람은 자신이 원하고 바라는 것이 무엇인지 알고는 있지만 정작 그것을 위해 자신의 삶을 이끌기보다는 주위에서 원하는 삶을 사는 경우가 많습니다. 물론 경우에 따라서 주변의 요구에 따라 자신의 욕구를 조절할 필요도 있습니다. 하지만 늘 자기 의지대로 살아가지 못하고 있다는 느낌이 강하게 들거나 막연한 허무감이 든다면, 혹시 타인들의 인정과 이해를 통해 자신의 가치와 만족감을 찾고자 했던 것은 아닌지 자신을 돌이켜보시기 바랍니다.

또한 자신의 선택과 결정을 스스로 얼마나 신뢰하고 있는지 살펴보셨으면 합니다. 주변의 인정과 보호, 지지를 통해 자기 확신을 얻고자 하는 마음은 '타인으로부터 인정받지 못하면 어떡하지?'라는 두려움에 사로잡혀 있는 것입니다. 그래서 설사 기대했던 일이 잘 이루어졌다고 해도 처음부터 내가 주체가 되어 선택한 행위가 아니기에 결과적으로 순간의 안도감이 지나고 나면 스스로에 대한 허탈감만 남게 되지요.

내가 원하는 삶의 모습을 만들어가기 위해서는 자신이 원하는 방식과 속도로 삶을 이끌어갈 수 있어야 합니다. 물론 이렇게 살고자 노력해도 인간은 완벽한 존재가 아니기에 원하는 대로 모두 다 이룰 수 없는 것이 삶입니다. 그런데 하물며 출발부터 자신이 원하는 선택이 아니라 주변이 원하는 선택에 따라 움직인다면 그 공허함의 깊이와 정도는 더욱 커질 수밖에 없겠지요.

인간이라면 누구나 상황에 따라 무력하고 공허함을 느낄 수 있는 존재라는 것을 인정하면 역설적이게도 그것을 극복하고자 하는 내적 의지가 함께 뿜어져 나옵니다. 따라서 손 차장님의 경

우 공허함 자체를 없애려 하기보다는 그 공허함을 직시하고 그
것과 함께 현실을 뚫고 넘어가고자 하는 삶의 의지와 자신이 원
하는 방향으로 행동하려는 에너지가 필요한 때인 것 같습니다.

Summary

• 주변에서 요구하는 삶을 마치 내가 원하는 삶인 것처럼 살아가거
나, 마음의 채움을 자기 밖에서만 찾을 수 있다고 생각하면 마음
이 공허할 수 있습니다.

• 내가 원하는 삶의 모습을 만들어가기 위해서는 자신이 원하는 방
식과 속도로 삶을 이끌어갈 수 있어야 합니다.

회사만 오면 왜 이리
불안한지 모르겠어요

Q 얼마 전부터 회사 사무실에만 들어서면 갑자기 가슴이 답답해지고, 마음이 축 가라앉습니다. 이게 점점 심해지다 보니 일에 집중도 잘되지 않습니다. 업무중에 잠깐이라도 자리를 비우면 혹시 누군가 나를 찾지는 않았는지, 부서장이 놀고 있다고 핀잔을 주지 않을지 불안합니다. 이런저런 신경을 쓰다보면 업무 처리 하나 하는 것도 어렵습니다. 마음은 자유로워지고 싶은데, 계속 회사 사람들의 시선에 매어 있는 제 자신이 너무 싫습니다. 주변에서는 잘하고 있다고, 마음 편히 먹으라고 하지만 그게 쉽지 않습니다. 어떻게 하면 좋을까요?

– 주변 시선이 너무나 신경 쓰인다는 추 사원

A 불안감이란 것은 딱히 어떤 이유가 없는데도 마음속에서 불쑥불쑥 올라와 괴롭히는 경우가 흔히 있지요. 특히 자극에 민감한 사람일수록 남들은 무심히 흘려보내는 반응에 예민해지고, 감정이 쉽게 흔들릴 수 있습니다. 물론 이러한 민감성이 장점이 되는 경우도 있긴 하지만, 본인이 치러야 하는 희생이 너무 크다 보니 일상에서 스스로를 피곤하게 만들곤 합니다. 추 사원님처럼 주변의 모든 상황과 자극에 늘 안테나를 세우면 불안은 더욱 커질 것입니다.

그럼 어떻게 하면 좋을까요? 우선 자신이 경험하는 불안의 감정은 없애야 할 적이 아니라 현재 자신이 놓인 상황을 잘해내고 싶다는 의지의 표현일 수도 있다는 점을 떠올려보셨으면 합니다. 불안을 느낀다는 것은 안 좋은 상황으로부터 자신을 보호하고 싶다는 신호일 수 있지요. 따라서 완벽하게 불안을 느끼지 않는다는 것은 완벽한 자신을 기대하는 것 같은 과도한 바람일 수 있습니다. 즉 완벽한 상황과 완벽한 자신을 먼저 설정해두고 현실을 살아가면, 늘 최악의 시나리오를 염두에 두고 일어날 수 있는 모든 상황에 미리 경계태세를 갖춰야 한다는 비합리적인 생각을 갖게 만듭니다. 하지만 그렇게 살아가게 되면 정작 지금 자신에게 필요한 곳에 긍정적인 에너지를 쏟지 못하게 돼요. 그러니 불안의 감정을 없애는 데 초점을 맞추기보다는 현재 자신이 원하는 것이 무엇인지를 파악하고, 그것을 하기 위해 지금 자신이 할 수 있는 일에 불안의 에너지를 활용해보세요.

둘째, 스스로에게 과도한 책임감을 부여하고 있는 것은 아닌지, 더불어 주변 사람들에게 감정적으로 의존하고 싶은 마음을 피하려고 했던 것은 아닌지 살펴보시기 바랍니다. 업무중에 잠시 자리를 비웠는데 부서장이 놀지 말라고 핀잔을 했다손 치더라도 충분히 일하다 쉴 만하니 쉰 것이라며 스스로를 위로해줄 수 있는 배짱과 자기 신뢰감이 무엇보다 중요합니다. 자신을 받아들일 수 있어야만 상황에 휘둘리지 않고, 다른 사람들을 믿는 일도 가능하기 때문입니다.

마지막으로 자유롭게 마음 편히 지내고 싶다고 하셨는데 그러려면 모든 것을 있는 그대로 흘려보낼 수 있어야 합니다. 불안한 마음을 내보이고, 그러한 자신의 나약한 부분도 있음을 인정하고 드러낼 수 있을 때 불안에서 자유로워질 수 있습니다.

Summary

• 주변에 모든 상황과 자극에 늘 안테나를 세우면 불안은 더 커집니다.

• 불안은 없애야 하는 적이 아니라 현재 자신이 놓인 상황을 잘해내고 싶다는 의지의 표현일 수 있습니다.

• 불안한 마음을 내보이고 자신의 나약한 부분을 인정할 때 비로소 불안에서 자유로워질 수 있습니다.

원치 않는 생각이
계속 떠올라 괴롭다면?

세상을 살다보면 어쩌다가 한 가지 생각에 사로잡혀 괴로운 경우가 있습니다. 관계가 불편한 사람에 대한 생각, 미래에 대한 불길한 상상, 과거에 누군가로부터 들었던 악담 등이 머릿속에서 계속 맴돌 수 있습니다. 이러한 상황에 처하면 대부분의 사람들은 어떻게 하면 그런 생각들을 마음속에서 없앨 수 있을지 생각하며 더욱 신경을 씁니다. 하지만 그러한 노력을 하면 할수록 없애고 싶었던 생각들은 우리를 귀신처럼 따라다닙니다.

심리학자인 다니엘 웨그너(Daniel M. Wegner)는 이러한 현상을 '백곰 효과'라고 설명했습니다. 1987년에 웨그너는 재미있는 실험을 진행했습니다. 실험에 참여한 피험자들을 두 그룹으로 나눠 '백곰'이라는 단어를 먼저 제시한 다음에 한 그룹에게는 백곰에 대한 생각을 절대로 하지 말라고 주문한 것입니다. 그리고 실험중 백곰이 떠오르면 벨을 울리라고 요구했습니다. 실험 결과에 따르면 백곰에 대해 절대 생각해서는 안 된다고 주문을 받았던 그룹의 피험자들이 처음부터 백곰을 생각해도 괜찮다고 허용된 그룹의 피험자들보다 백곰에 대한 생각을 더 많이 한 것으로 나타났습니다.

이 실험은 불편한 감정과 사고를 억제하려는 노력이 오히려 억제된 정보들을 활성화해 불편했던 기억에 더욱 접근시키게 함을 보여줍니다. 즉 '역설적인 반동효과'에 의해 그 정보로의 접근 가능성을 증가시키는 것입니다. 이것은 우리 삶에도 그대로 적용됩니다. 직장 내 스트레스나 불안이 있을 경우 특정한 생각을 통제하려면 할수록 의도와는 다르게 오히려 원치 않는 생각과 감정에 사로잡히게 되는 것이지요.

그렇다면 원치 않는 생각, 즉 상상 속의 '백곰'으로부터 벗어날 수 있는 방법은 진정 없을까요? 그것은 바로 불편한 생각을 없애려고 하는 시도 자체를 멈추는 것입니다. 즉 불편한 생각을 효과적으로 다스릴 수 있는 방법은 오히려 '통제를 포기'하는 것이지요. 따라서 심리적으로 불편한 생각과 감정을 경험하지 않으려고 스스로를 억압하기보다는 충분히 느끼고 생각할 수 있도록 허용하는 것이 좋습니다. 스스로 받아들일 수 없을 것 같은 생각과 감정을 받아들이기로 마음먹는 순간부터 우리는 불편한 생각과 감정의 덫에서 빠져나올 수 있게 됩니다.

당신을 짓누르는 생각과 감정이 있다면 지금 당장 그 생각과 감정을 글로 써내려가보거나, 누군가에게 진솔하게 털어놓아봅시다. 이렇게 불편한 생각과 감정을 내려놓으면, 없애려고 그토록 애썼던 불편한 감정과 생각의 포로 상태에서 풀려날 수 있습니다.

직장에서 받는 스트레스 중에서 상사와의 갈등을 빼놓을 수 없을 것입니다. 당장 회사를 그만둘 수도 있지만 그렇다고 다른 회사에 갔다한들 좋은 상사만을 만난다는 보장이 있는 것도 아닙니다. 3장에서는 어느 회사에나 존재하는 다양한 유형의 악명 높은 직장 상사와의 소리 없는 전쟁에서 어떻게 하면 지혜롭게 대처해나갈 수 있는지 살펴봅니다.

3장

직장 상사와
트러블 없이
잘 지내는 방법

깐깐한 팀장님 때문에
숨이 막힐 지경입니다

Q 올 상반기에 새로운 팀으로 배치를 받아 개인적으로 잘해보려
고 노력하고 있는데, 워낙 깐깐하고 완벽주의적인 팀장을 만
나 마음이 괴롭습니다. 주변에서 들리는 이야기로는 팀장님은 S대 출
신으로 조직에서 업무성 하나만큼은 타의 추종을 불허할 정도이지만,
성격이 너무 까칠해서 다들 팀장님 곁에 있으면 숨이 막힐 지경이라고
합니다. 지금의 팀으로 오기 전까지는 팀장님이 깐깐하다는 소문만 들
었지, 정말 이 정도까지인 줄은 몰랐습니다.

어떻게 이런 분이 팀장 자격이 있는지 도무지 이해가 안 되는 상황
도 정말 많습니다. 예를 들면 이번 주 안으로 프로젝트를 마무리해야

하는 상황이라면 그 주 초부터 팀원들을 가만히 두질 않습니다. 퇴근 후에도 일이 어떻게 되어가고 있는지 계속 전화로 확인하거나, 보고서를 올리면 적어도 5번 이상은 반려될 것을 각오해야 하며, 글씨체 하나까지 팀장님의 스타일로 맞춰야 업무가 진행됩니다.

저도 제 업무 스타일이 있는데, 단지 팀장이라는 이유만으로 일일이 간섭을 합니다. 팀장님의 스타일대로 팀원들을 통제하는 것이 아니꼽게 느껴지고, 이렇게까지 하면서 이 팀에 내가 계속 있어야 하나 하는 생각에 일이 손에 잘 잡히질 않습니다. 팀 이동을 한 지도 얼마 되지 않았는데 또 이동 신청을 하기도 곤란하고…. 제가 문제가 있는 것인지, 그렇다면 제가 어떻게 생각을 바꿔야 할지 조언 부탁드립니다.

– 완벽주의적인 팀장 때문에 힘들다는 양 대리

A 업무능력도 탁월하면서 인격적인 성숙까지 다 갖춘 상사를 만날 수 있는 것은 행운이라고 할 수 있겠지요. 그런 행운이 어느 순간 양 대리님에게도 올 수 있겠지만, 그렇다고 좋은 상사가 나타나기를 마냥 기다릴 수만은 없을 것입니다. 좋은 상사를 양 대리님이 선택할 수는 없지만, 현재 나에게 주어진 상사와의 관계를 어떻게 만들어갈지는 양 대리님 자신이 선택할 수 있습니다.

상사가 지나치게 완벽주의적이고 모든 상황을 자신의 스타일대로 고수하려는 원칙주의자라면 주변 사람들의 업무 스트레스의 강도가 높을 수밖에 없겠지요. 만일 양 대리님 또한 현재의 상사처럼 꼼꼼하고 원칙주의자라면 지금의 상사의 행동을 쉽게 이해하겠지만, 정반대의 성향이라면 더욱 납득이 가지 않아 심적으로 괴롭고 더 힘들지 않을까 싶습니다.

이럴 때 우리가 살펴봐야 할 것은 상사에 대한 평가 기준을 자신이 설정해둔 '자기 기준'만으로 보려고 하지 않았는지입니다. 누군가와의 관계에서 상대방의 특정한 태도 때문에 유독 자신의 마음이 불편하다면, 그 관계뿐만 아니라 다른 대인관계에서도 그러한 불편함이 있는 경우가 많습니다. 다른 대인관계에서도 특정한 태도로 인해 마음이 불편하다면 그것은 상대방이 변화해야 할 부분이 아니라 내가 변화해야 할 '자기 마음'일 것입니다. 그럼에도 불구하고 자신이 잘 변화되지 않는 부분에 대해서는 관대하면서 정작 상대방의 개성에는 너무 인색한 마음으로 대하며 지내는 경우들을 흔히 볼 수 있습니다. 이러한 측면에서 양 대리님은 현재 어떤 상황인지 살펴보셨으면 합니다.

직급이 높다고 해서 인격적 성숙도 항상 그것에 비례하는 것은 아닐 것입니다. 물론 그렇게 될 수 있다면 가장 이상적인 모습이겠지만, 아시다시피 세상이 항상 우리가 기대한 상황, 이상적인 상황으로 굴러가지는 않으니까요. 그러니 양 대리님이 현재 힘들어하는 상사의 업무 태도에 대해 안타까운 마음이 들 수는 있지만, 그렇다고 팀장의 자격이 전혀 없다고는 할 수 없습니다.

조직에서 누군가에게 어떠한 직위와 역할을 부여한다는 것은 그 사람의 '인품' 이외에도 '다른 여러 요인'을 고려했다는 의미입니다. 즉 팀장으로서의 자격을 부여할 수밖에 없었던 조직 운영의 필요성도 있지 않을까 싶습니다. 그러니 상사의 인품이 이해가 되지 않아 불만을 토로하는 것만으로는 지금의 상황을 변화시킬 수 없고, 양 대리님의 경력에도 아무런 도움이 되지 않습니다. 인격적인 부분에 대해 존경할 점이 없다면, 일의 태도나 다른 측면에서 배울 점이 없는지, 혹시 있다면 그 점에 의미를 두고 다른 시각에서 살펴보려는 노력도 함께 해보시기 바랍니다.

마지막으로 지금의 상사 분이 처한 업무 형태와 조직 구조 등에 대해서 상황적인 맥락 속에서 이해해보려는 노력도 필요합니다. 양 대리님도 아시겠지만 조직이란 때로는 상황적 맥락에 의해 본인 스스로도 내키지 않은 결정과 행동을 해야 할 때가 있습니다. 어쩌면 양 대리님의 팀장님 역시 팀원들에게 다 표현하지는 못했지만 내적으로는 자신의 행동에 대해 회의감을 느끼고 있을지도 모릅니다. 물론 그것을 다 이해하고 공감하라는 것은 아니지만, 적어도 조직적인 맥락 속에서 상사의 행동을 이해하게 되면 개인적인 감정을 한결 덜 수는 있을 것입니다. 그렇게 되면 팀장님에 대한 양 대리님 태도 역시 더욱 유연해지고, 대응 방식도 더욱 다양해질 수 있겠지요.

인생의 지혜와 인격적인 배움을 함께 나눌 수 있는 상사도 있을 수 있지만 그러한 행운이 항상 모든 사람에게 주어지는 것은 아닙니다. 상사와 인간적인 공감과 교류를 할 수 있다면 더할 나위 없이 좋겠지요. 그러나 그것이 조직 내 상사와의 관계에 있어 본질적인 것은 아니라는 것을 기억해두시기 바랍니다. 조직은 '조직 목표'라는 본질적인 목표를 가지고 있으니까요. 부디 건투를 빌겠습니다.

Summary

- 좋은 상사를 선택할 수는 없지만, 상사와의 관계를 어떻게 만들어갈지는 자신이 선택할 수 있습니다.
- 타인의 어떤 특정한 태도로 인해 현재 자신의 마음이 불편하다면 그것은 상대방이 변화해야 할 부분이 아니라 자신이 변화해야 할 '자기 마음'입니다.
- 업무 형태와 조직 구조 등 조직적인 맥락 속에서 상사의 행동을 이해한다면 개인적인 감정이 한결 덜어질 수 있습니다.

지나치게 꼼꼼한 상사, 어떻게 해야 할까요?

Q 저는 직장생활 초년생입니다. 저는 일을 할 때 큰 흐름에서 일을 진행하는 편인데, 같이 일하는 상사는 절차에 따라 하나씩 처리해가는 완벽주의자에 꼼꼼 그 자체입니다. 그래서 저는 늘 그 상사 앞에만 있으면 실수투성이가 됩니다. 그 상사로부터 매사에 지적을 받다 보니 계속해서 주눅이 들고, 더더욱 그 사람이 싫어집니다. 완벽주의 상사 밑에서 계속 일을 해야 하니 답답하네요.

하지만 회사를 그만두고 싶지는 않아요. 오히려 제가 그 사람에게 맞춰서 인정을 받고 싶다는 생각이 들어 제 마음은 늘 불편하고 긴장됩니다. 잘하고 싶은 생각이 클수록 실수도 더 많이 하는 것 같습니다.

이 상황을 잘 대처할 수 있는 방법이 있을까요? 제가 어떡하면 좋을지 답변 부탁드립니다.

— 업무 스타일이 다른 상사 때문에 스트레스를 받는다는 정 사원

A 일을 처리하는 데 있어 상사 분과 스타일이 많이 다르신 가봅니다. 서로의 다른 부분을 이해하지 못할 경우에는 참으로 갑갑하고 불편할 수 있습니다. 하지만 내가 남과 다르다는 것이 꼭 내가 잘못된 것을 의미하지는 않지요. 또한 정반대로 내가 반드시 옳다는 것도 아니고요.

정 사원님은 구체적이고 세부적인 부분을 다루는 것에 덜 익숙한 대신에 흐름과 맥락을 잘 좇아갈 수 있는 재간이 있다고 밝히셨으니 상사 분과는 반대되는 성향이시네요. 아무튼 서로가 다르다고 해서 누군가에게 쉽게 잘잘못을 이야기할 수는 없어요. 다만 상황에 따라서 나에게 덜 익숙한 부분을 연습하고 단련시켜나가는 것이 중요합니다.

지나치게 꼼꼼하고 완벽한 것을 선호하는 상사의 기대에 늘 스스로가 못 미친다는 생각이 드신다면, 일을 진행하면서 상사분이 기대하는 일의 수준이 어느 정도이고 어떤 방법으로 처리하기를 원하는지 상사 분에게 구체적으로 질문해보시기 바랍니다. 질문을 한다는 것은 상사의 기대 수준에 맞춰 정 사원님 스스로도 최선을 다하고 있다는 것을 보여줍니다. 상사의 기대 수준을

혼자서 미리 머릿속으로 단정 지으려고 하기보다는 상사의 입을 통해서 함께 조율해갈 수 있어야 합니다.

상대의 기대에 맞춰서 노력한다고 하더라도 100% 상대의 욕구를 완벽히 맞추기란 어렵습니다. 왜냐하면 정 사원님 자신이 상사가 아니기 때문입니다. 그럼에도 불구하고 부하직원이 자기 마음과 똑같아지기를 기대하는 상사가 있을 수도 있겠지요. 이럴 때 아랫사람 입장에서 좌절감과 실망에 빠지지 않기 위해서는 상사의 원함을 받아주되 그것을 다 채워줄 수 없는 자신의 한계를 스스로 인정하는 마음이 필요합니다. 그래야 상사의 아쉬움을 공감하면서 현재 채우지 못한 상사와 자신과의 기대의 차이를 수정하고 보완하고자 하는 의욕이 새롭게 생길 수 있습니다.

100% 완벽한 사람은 없습니다. 따라서 부족하다는 것은 열등하다는 의미가 아닙니다. 그러니 일을 하는 과정에서 드러나는 취약한 부분 때문에 자신이 가지고 있는 장점마저 보지 못하는 어리석음에 빠지지 않으셨으면 합니다. 실수도 할 수 있고, 또 실수하면서 내 부족한 부분이 하나씩 채워진다고 생각해보시기 바랍니다.

스스로가 완벽함에 집착해 자신은 타인과의 비교에서 아무런 흠이 없어야 한다고 생각하는 것은 차이를 통해 스스로 성장하고자 하는 마음이 없다는 것과 같습니다. 상대방과의 차이를 통해 우리는 자신이 몰랐던 부족한 부분을 채워갈 수 있는 기회를 갖게 됩니다. 그러한 차이가 없다면 그냥 자신이 부족한지조차 모르고 고인 물처럼 살아갈 수밖에 없겠지요.

어쩌면 정 사원님보다 더 꼼꼼한 상사가 곁에 있기에 정 사원님이 놓칠 수 있는 부족한 부분을 발견해낼 수 있는 것은 아닐까요? '이것이 얼마나 다행인가!'라고 생각하면 좀 마음이 편해지실 듯싶습니다. 아울러 실수하는 상황을 자기 평가 또는 상대와 자신 중 누가 더 우월한지 등의 관점으로 보려고 하는 정 사원님의 마음을 먼저 다스리는 것이 더 중요합니다.

지금부터라도 스스로에게 실수하면 안 된다는 마음보다, 실수하면서 배워가고 발전할 수 있다는 마음으로 일에 임해보시기 바랍니다. 아마 자기도 모르게 부쩍 성장한 자신의 모습을 발견하게 될 것입니다.

Summary

• 자신이 남과 다르다는 것이 꼭 자신이 잘못되었다는 것을 의미하지는 않습니다.

• 자신에게 덜 익숙한 부분을 연습하고 단련시켜나가는 것이 중요합니다.

• 상사의 기대 수준을 혼자서 미리 머릿속으로 단정 지으려고 하기보다는 상사의 입을 통해서 함께 조율해갈 수 있어야 합니다.

**무조건 성질만 내는
상사 때문에 힘듭니다**

Q 아침에 눈을 뜰 때 회사를 간다는 생각만 해도 너무 끔찍합니다. 그 이유는 바로 걸핏하면 심하게 질책하는 부장님 때문입니다. 일을 하다보면 누구나 할 수 있는 게 실수인데, 조금이라도 실수를 하면 고래고래 소리를 지르며 대놓고 화를 내십니다. 그뿐만 아니라 잔소리가 끊이질 않습니다. 무슨 일이든 그냥 넘어가는 법이 없지요. 그야말로 이 세상에서 자신이 제일 옳고, 회사 일이라면 무엇이든 자기가 제일 잘 알고 있으며, 자기가 없으면 회사가 돌아가지 않는다고 생각하시는 것 같습니다.

문제는 이런 부장님에게 제가 찍혔다는 점입니다. 지난번 집에 무슨 일이 생겨 휴가를 냈는데, 개인적인 사정에 따라 휴가를 챙겨가는 모습이 마음에 들지 않았다는 겁니다. 그런 제 모습에 '책임'이 없다는 둥, 그렇게 일을 해서 어떻게 일을 제대로 하겠냐는 둥 그 이후로 잔소리가 이만저만이 아닙니다.

부장님의 악행에 시달린 직원들 중에는 이미 그만둔 사람들도 있고, 몇 명은 스트레스가 심해서 부서를 바꿀 계획이라고 합니다. 얼마 남지 않은 부하직원들조차도 겉으로만 부장님의 비위를 맞춰줄 뿐입니다. 정말 회사에서 일하는 게 살얼음판을 걷는 기분입니다. 어떻게 하면 좋을까요?

– 성질 고약한 상사에게 찍혀 곤란하다는 진 과장

A 자신의 목소리를 제대로 내지 못하고 있다는 상황 자체가 진 과장님을 답답하고 화나게 만들지 않았을까 싶습니다. 사실 조직에서 상사에게 자신의 목소리를 낸다는 것은 어쩌면 상당한 용기가 필요한 일일지도 모릅니다. 그렇다고 무조건적으로 복종한다고 해서 일이 잘 돌아가는 것도 아닐 것입니다. 그렇기 때문에 이러한 경우는 싸우지 않고도 상사와 맞설 수 있는 방법을 찾아야 합니다.

물론 어떤 사안에 대해 화를 잘 내고 매사 자기 식대로 일을 몰고 간다고 하더라도 그 정도가 상식을 넘어서는 수준(언어 폭력 또는 극단적이 행동)이 아닌 경우 일단은 그 상황을 받아들이고 상사에 대해 존중의 태도를 가지고 있으리라 생각합니다. 진 과장님과의 의견 차이가 그리 크지 않고 터무니 없는 제안을 하는 것이 아니라면 감정적인 반감이나 대결은 그야말로 기름을 가지고 불 속에 뛰어드는 꼴이나 마찬가지라는 것은 누구나 알고 있으니까요.

그런데 모든 일에 세세하게 간섭한다는 것은 상사 분이 상대적으로 높은 기준을 세워두고 있다는 것을 의미합니다. 그렇기 때문에 진 과장님뿐만 아니라 다른 사람들 역시 상사가 세워둔 높은 기준을 다 충족하는 것을 어려워하고 있는 것이겠지요. 따라서 이러한 상황에서는 수시로 상사와 대화를 함으로써 진 과장님에게 기대하는 것이 무엇인지 최대한 세세한 부분까지 명확하게 정리하는 노력이 필요합니다.

더불어 지금 진 과장님이 하고 있는 일을 상사가 예전에 했다면 그 일에 대해 상사 분은 과연 어떻게 진행했는지 조언을 구해보시기 바랍니다. 상사 자신의 능력에 대해 자랑할 수 있는 기회를 줄 수 있으며, 동시에 진 과장님 입장에서는 어떻게 일을 해야 지금의 상사와 조율해나갈 수 있는지에 대한 자세한 안내를 받을 수 있는 기회가 될 수도 있습니다. 사실 완벽주의적인 상사들은 자신의 업무능력에 대한 자부심이 강한 경우가 많습니다. 이 말을 달리 말하면 그들은 우월감만큼이나 열등감에 대한 두려움이 커서 아랫사람에게 인정받으려는 욕구도 강합니다. 따라서 조언을 구함으로써 상사에 대한 존경심이 있음을 상사에게 인지시켜 상사의 호감을 사는 것이지요.

한편 상사도 상사이기 이전에 '인간'이라는 사실을 인정할 필요가 있지 않을까 싶습니다. 상사는 이렇게 해야 된다는 기대가 충족되지 못할 때 더욱 지금의 상황에 대해 실망하게 될 것이고, 그렇게 스스로 단정 내린 이상적인 상사와 나의 관계는 어쩔 수 없다는 무력감마저 불러일으킬 수 있을 것입니다. 그렇기 때문에 끊임없이 자신의 입장을 공손하면서도 명확하게 알리면서 상사의 입장과 자신의 입장에 대해 균형을 맞춰가는 태도가 무엇보다 중요합니다. 물론 진 과장님의 상사 분 같은 유형의 사람에게 그렇게 하려면 대단한 에너지와 인내심, 그리고 준비가 필요하겠지요. 힘들긴 하겠지만 먼저 포기하지는 마시기 바랍니다. 포기하지 않으면 변화는 따라오기 마련입니다.

Summary

• 상사와 수시로 대화를 함으로써 자신에게 기대하는 것이 무엇인지 최대한 세세한 부분까지 명확하게 정리해야 합니다.

• 자신의 입장을 공손하면서도 명확하게 알리면서 상사의 입장과 자신의 입장에 대해 균형을 맞춰가는 태도가 중요합니다.

침묵으로 일관하는
상사 때문에 고민입니다

Q 저희 팀의 팀장님은 중요한 의사결정의 상황만 되면 늘 입을 다물어버려 팀원들을 황당하게 만드십니다. 팀장님이 이러니 중간관리자인 저는 정말 속이 터질 노릇입니다. 중간관리자이다 보니 팀장님과 팀원들의 의견을 조율해서 의사결정을 내리고 추진해야 하는 일이 많습니다. 팀원들 의견은 제가 알아서 대충 정리하면 되는데, 팀장님은 이에 대해 자신의 입장을 밝히는 일이 거의 없습니다. 한 번은 용기를 내어 "팀장님, 의견을 좀 구체적으로 설명해주시면 좋겠습니다."라고 정중하게 요청했었습니다. 그런데 간만에 침묵을 깨고 나온 말은 "글쎄…. 나도 잘 모르겠다. 실무자인 네가 더 잘 알 거 아냐?"였

습니다.

팀장님이 늘 이런 반응을 보이시니 제가 무슨 일을 추진하려고 하면 팀원들은 오히려 "팀장님은 가만히 있는데 왜 과장님이 나서세요?" 하는 반응을 보입니다. 그러니 어디 제 주장이 팀원들에게 먹히겠습니까? 그래서 중간에 낀 저만 손해를 보는 것 같습니다. 게다가 평소에는 남의 일 보듯이 가만히 계시다가 일이 막바지에 이르거나 문제가 생기면 일이 어떻게 된 거냐며 마치 남 일처럼 이야기하십니다. 이럴 때는 팀장도 아닌 제가 혼자 모든 책임을 떠안는 것 같아 참 억울합니다. 어떻게 하면 좋을까요?

– 의사결정을 하지 않는 팀장 때문에 억울한 표 과장

A 엄한 상사 밑에서는 고생스러워도 힘들다고 투정하면 주변 사람들로부터 동정과 연민의 시선이라도 받을 수 있지만 아무런 반응을 보이지 않는 상사라면 다르죠. 그의 침묵을 잘못 해석하기라도 하면 자신만 나쁜 사람으로 몰릴 수 있으니 하루하루가 정말 살얼음판을 걷는 기분일 것입니다. 하지만 이것이 바로 침묵을 무기로 삼는 상사들이 노리는 노림수임을 이해한다면 해결책이 전혀 없는 것도 아닙니다.

우선 '침묵'의 의미를 제대로 해석할 수 있어야 합니다. 모든 침묵이 다 부정을 의미하는 것은 아닙니다. 자신의 말을 아껴 상대를 배려해주고자 침묵을 사용하는 긍정적인 경우도 있습니다.

하지만 표 과장님의 상사처럼 아랫사람이 의견을 요청했음에도 의견을 말하지 않는다는 것은 책임을 회피하고자 하는 '면피성 침묵'일 가능성이 높겠지요.

그렇다면 중요한 의사결정을 앞두고 상사가 면피성 침묵을 보인다면 어떻게 대응해야 좋을까요?

첫째, 상사가 보여주는 침묵을 당신의 업무에 어떻게 활용할지에 초점을 맞추세요. 상사가 보여주는 침묵의 의미를 정확하게 알고자 하는 데 에너지를 쏟기보다는 현재 당신이 해결해야 할 '업무'에 초점을 두고 그 업무에 상사의 침묵을 어떻게 활용할지 모색해야 합니다.

둘째, 문서의 형식으로 우선순위를 정한 뒤 당신의 의견을 표현해보세요. 말보다는 문서를 적극 활용해보세요. 말은 개인의 스타일에 따라 다르게 해석될 수도 있고, 상대방 역시 바로 반응해야 한다는 부담감을 가질 수 있습니다. 하지만 문서는 상대방에게 잠시 생각할 여유를 주는 동시에 문서라는 자료의 흔적도 남길 수 있지요. 그러면 상사가 발뺌을 할 수도 없게 됩니다. 만일 문서자료에 대해서도 별다른 반응이 없다면 자신이 '그냥 진행해도 괜찮다.'라는 의미로 이해했음을 상사에게 다시 확인받으셔야 합니다.

마지막으로 상사의 침묵에 대해 어떻게 하면 좋을지 역으로 상사에게 도움을 구해보세요. 상사에 대한 침묵을 표 과장님과의 대결 구도로 보기보다는 한 발짝 물러나서 상사에게 권한을 양

도해보는 것이지요. 예를 들어 "오늘 별말씀이 없으신데 제가 어떻게 하면 팀장님을 도울 수 있을지 말씀해주세요." 또는 "이 사안에 대해 팀장님께서 말씀이 없으신데 이럴 때는 제가 어떻게 하면 좋을까요?" 등 업무가 아닌 사적인 자문의 형태로 도움을 요청해보시기 바랍니다.

상사의 침묵의 의도가 어떠하든 그것은 상사 자신에게는 물론 상대방에게 '기다림'을 요청하는 메시지일 것입니다. 기다림은 결국 서로에게 인내심을 요구하지요. 인내의 과정은 비록 쓰지만 상대를 포기하지 않고 먼저 당당히 손을 내밀 수 있을 때 부하직원의 진가는 더욱 빛을 발휘할 수 있을 것입니다.

Summary

- 상사가 보여주는 침묵을 업무에 어떻게 활용할지 고민할 필요가 있습니다.

- 우선순위를 문서로 정리한 뒤 상사에게 당신의 의견을 표현하는 것이 좋습니다. 말은 개인의 스타일에 따라 다르게 해석될 수도 있고, 상대방 역시 바로 반응해야 한다는 부담감을 가질 수 있기 때문입니다.

- 상사의 침묵에 대해 어떻게 하면 좋을지 역으로 상사에게 도움을 구해봅시다.

사사건건 간섭만 하는
상사 때문에 괴롭습니다

Q 요즘 새로 온 상사 때문에 괴로운 나날의 연속입니다. 사실 이 상사가 팀에 오기 전까지는 모든 일이 순조롭게 잘 돌아갔고, 무엇을 하든지 성공할 수 있다는 자신감이 넘쳤습니다. 이제껏 다른 상사들은 제가 하는 일에 크게 간섭을 하지 않았거든요. 그런데 이번 상사는 사사건건 충고와 간섭을 합니다.

문제의 발단은 제가 기획한 프로젝트에 상사가 제동을 걸면서부터 시작되었습니다. 지금까지 회사에서 어느 정도 인정을 받으면서 '성공'을 경험한 저에게 이번 상사의 충고와 질책은 참으로 받아들이기 쉽지 않습니다. 아무리 생각해봐도 상사의 비난은 아주 부당하고, 왠지 자신의 입장을 보호하기 위한 수단처럼 느껴집니다.

이후 그 상사와의 관계가 안 좋아지면서 이전과 같은 의욕도 생기지 않습니다. 그리고 이번 프로젝트의 실패가 마치 제 인생에 커다란 오점을 남긴 듯 느껴집니다. 이렇다 보니 술 마시는 횟수도 점점 늘어나고, 기분도 우울해지고, 회사에 나가기도 싫어집니다. 병원에서는 심혈관 질환까지 있다며 주의하라고 하는데, 어떻게 하면 좋을까요? 이럴 바에는 새로운 길을 찾는 게 더 낫지 않을까 싶기도 합니다.

– 새로 온 상사의 간섭이 버겁다는 윤 대리

A 지금껏 인정만 받다가 처음으로 자신에게 충고와 질책을 하는 사람을 만났으니 그 상사가 무지 밉겠지요. 더불어 그 상사 때문에 자신의 성공의 길도 막혔다는 생각이 드니 그 상실감 또한 얼마나 크겠습니까. 윤 대리님의 심정이 어느 정도 이해가 됩니다.

그런데 프로젝트 평가 결과 자체를 인생의 커다란 오점이라고 여기신다니, 윤 대리님 생전에는 절대 실수라는 것은 있어서는 안 된다는 이야기처럼 들리는군요. 인생을 살아가면서 평생 성공만 하면서 살아갈 수 있는 사람이 과연 얼마나 될까요? 삶이란 자신이 예측할 수 없는 '거절'과 '동의'라는 무수한 변수들로 점철되어 있기 마련입니다. 그렇기 때문에 늘 자신에게 탄탄대로의 인생만 펼쳐져야 한다는 생각 자체가 어쩌면 '자기오만'일 수도 있습니다.

　그럼 어떻게 하면 좋을까요? 우선 열등한 자기 자신을 인정할 필요가 있습니다. 자신의 열등함을 인정할 수 있다는 것은 주변의 새로운 의견에 열려 있다는 의미이며, 그렇기에 더 발전할 수 있다는 가능성을 보여주는 것입니다. 상사의 조언과 충고를 윤 대리님이 발전할 수 있는 기회로 활용한다고 생각하는 것이지요. 자신을 완벽에 가까운 모습으로 포장하는 데 애를 쓰기보다는 외부의 조언을 통해 미처 몰랐던 부분을 발견했다고 생각해보시기 바랍니다. 우리의 내면은 자신의 방어기제를 통해 어두운 측면은 되도록이면 감추고 완벽에 가까운 그럴싸한 모습으로 포장하려 합니다. 하지만 심리적 자유로움은 오히려 내면의 적인 자신의 열등한 부분을 인정하고 수용할 때 이루어질 수 있습니다.

　둘째, 상대방의 반응과 태도가 자신과 맞지 않는다고 해서 그를 배척하고 그것을 바꾸려는 데 에너지를 쏟는 것은 윤 대리님 자신만 피곤하게 할 뿐임을 아셔야 합니다. 이것은 장미꽃에게 백합이 되라고 주문하는 꼴이나 마찬가지입니다. 결국 상대방을 변화시키려는 데 자신의 심리적 에너지를 온통 쏟으려 하기보다는 상대방에 대한 '인정'과 '수용'을 통해 조금씩 상대방과의 타협점을 찾아가는 것이 훨씬 지혜로운 처신일지 모릅니다.

　마지막으로 이번에 느낀 실패와 좌절감을 자기 성장의 키워드로 활용해보시기 바랍니다. 실패와 좌절의 상황에서는 '완벽하지 못하다.'라는 생각이 스스로를 더욱 비참하게 만들 수 있습니다.

그럴 때일수록 '긍정적인 자기 내면의 관찰자'를 곁에 두고, 남들이 미처 알아차리지 못한 숨겨진 자신만의 강점도 있다는 것을 잊지 마시길 바랍니다. 왜냐하면 긍정적인 자기 내면의 관찰자는 자신의 실패를 인정하지만 그렇다고 본래의 자기 자신을 완전히 부정하는 것이 아니라 자신이 가지고 있는 것 위에 다른 것을 확장·연결시켜 나가는 데 주목하기 때문입니다.

Summary

- 심리적 자유로움은 자신의 열등한 부분을 인정하고 수용할 때 이루어질 수 있습니다.
- 상대방의 반응과 태도가 자신과 맞지 않는다면 현재 상황에 대한 '인정'을 통해 조금씩 상대방과의 타협점을 찾아가는 것이 지혜로운 방법입니다.
- 실패와 좌절감을 자기 성장의 키워드로 활용합시다.

일만 시킬 줄 아는 무능력한 상사, 어떻게 대해야 하나요?

Q 작년에 저희 팀에서 제대로 실적을 내지 못하는 바람에 최근 들어 부장님께서 유독 실적만을 강조하십니다. 물론 부서의 책임자로서 그럴 수 있다는 점은 이해합니다. 다만 제가 힘들고 괴로운 것은 부장님이 업무에 대한 파악은 물론 팀원들에 대한 의견은 제대로 살펴보지도 않은 채 안하무인격으로 무조건 복종하라는 식이기 때문입니다. 예를 들어 하고 있는 프로젝트가 전혀 현실성이 없고 위험도가 높다고 의견을 드렸음에도 윗분이 시켰다는 이유로 무조건 따르라고 하니 답답할 노릇입니다. 휴가도 반납하고 야근까지 하고 있지만 결과 없는 프로젝트에 매달리고 있으니 아무리 생각해도 시간 낭비인 것 같

습니다. 그렇다고 재차 설명하면 아랫사람이 대든다고 할까봐 아무런 이야기도 못하고 있습니다.

부장님이 사적인 자리에서는 좋으신 분이기에 이렇게 업무 면에서 무능하다고 이야기하는 것이 참으로 죄송스러운 마음이 듭니다. 하지만 회사의 대부분의 시간을 업무를 처리하는 데 보내는 마당에 상사와 업무상의 소통이 전혀 이루어지지 않으니 정말 답답할 뿐입니다.

－ 무조건적인 복종만을 원하는 상사가 싫은 장 대리

A 상사가 부하직원들의 입장은 전혀 고려하지 않은 채 일방적으로 자신의 입장만을 강요하면 참으로 답답하고, 자신의 처지가 무력하게까지 느껴질 것입니다.

이러한 상황에서 드릴 수 있는 조언은 우선 회사는 그저 회사일 뿐이라는 생각을 가져보라는 것입니다. 그렇다고 회사에 대해 방관자적인 입장을 취하라는 건 아닙니다. 회사는 곧 내가 아니기 때문에 내가 원하고 기대하는 대로 상사가 행동해주거나 주변 상황이 굴러갈 수 없다는 현실을 인정할 필요가 있다는 것입니다. 회사를 자신의 기대와 거리를 두고 봐야 현재 장 대리님이 처한 상황을 좀더 객관적으로 바라볼 수 있으며, 비로소 자신이 할 수 있는 것이 무엇인지 알 수 있게 됩니다.

하지만 회사가 곧 나라는 생각에 매이다보면 지금의 상사처럼 주변에서 자신의 기대대로 행동하지 않을 때, 자신뿐만 아니라 주변 사람들 역시 답답함과 무력감 속에서 허덕이는 것으로 보이게 됩니다. 이러한 감정이 계속되다보면 희망보다는 실망과 절망감이 앞설 수밖에 없습니다. 그러므로 좀더 거리를 두고 현재의 상황에서 장 대리님이 최선으로 할 수 있는 것이 무엇인지, 또한 그것이 과연 현재 상황에서 현실적인 것인지, 과연 나만의 기대에서 비롯된 불만은 아닌지를 우선 점검해보시기 바랍니다.

둘째, 자기중심적인 상사의 특성을 먼저 이해하고 접근해야 합니다. 이러한 유형의 사람들인 경우 자신을 높게 평가하며, 주위 사람들도 자신의 생각에 당연히 동의해야 한다고 생각합니다. 그러니 누군가가 자신의 의견에 대해 반대하면 이를 자신의 권위에 도전하는 행위로 간주하며, 이에 압도당하지 않기 위해서 끝까지 자신의 의견만을 고수하기 쉽습니다. 왜냐하면 타인의 의견을 듣는 순간 나보다 상대가 우위에 있음을 인정하는 꼴이 되니까요. 그래서 더욱 강하게 자신의 방식을 주장하게 됩니다.

그러나 역으로 생각하면 이러한 유형의 사람들은 그만큼 자신을 지탱하기 위해 불안과 긴장 속에 살고 있을지도 모릅니다. 그러므로 이러한 상사와 잘 지내려면 그분이 가지고 있는 장점을 최대한 인정해주세요. 이러한 행위는 상사에게 그의 진가를 제대로 파악하고 있다는 인상을 심어줄 수 있습니다. 또한 상사가 아랫사람을 신뢰하고 어느 순간 아랫사람의 이야기에 귀를 기울이게 될 수도 있습니다. 그렇다고 마음에도 없는 칭찬을 하라는 것은 아닙니다. 그저 장 대리님이 수용할 수 있는 범위 내에서 하시면 됩니다.

마지막으로 이러한 상사는 깍듯이 대하는 것이 좋습니다. 스스로를 중요한 인물이라고 생각하기 때문에 평상시 예의와 형식을 제대로 갖추고 대해야 합니다. 그래도 한 번 자신의 의견을 상사에게 말하고 싶다면, 충분한 지지와 칭찬을 해서 신뢰관계가 구축된 뒤에 구체적으로 이야기하는 것이 좋습니다. 또한 장 대리님이 들어줄 수 있는 요구와 들어줄 수 없는 요구를 상사에게 명확하게 알려주는 것도 중요합니다. 그렇지 않으면 서로가 서로를 재고 겨누는 데 심리적 에너지를 쏟게 됩니다.

자존심이 유일한 무기인 상사에게 자신의 자존심도 알아달라고 요구하는 것은 우물가에서 숭늉 찾기나 다름없는 어리석은 노력일 수 있습니다. 하지만 역으로 상사가 보지 못하는 다른 면을 찾아 칭찬의 묘약으로 그에게 돌려준다면 장 대리님의 자존심과 능력도 지켜나갈 수 있는 기회가 꼭 생길 것입니다.

Summary

• 회사는 곧 내가 아니기 때문에 내가 원하고 기대하는 대로 상사가 행동해주거나 주변 상황이 굴러갈 수 없습니다.

• 자기중심적인 상사의 특성을 먼저 이해하고 접근해야 합니다.

• 무조건적인 복종만을 원하는 상사에게는 예의와 형식을 제대로 갖추고 대하는 것이 중요합니다.

**믿고 의지했던 상사에게
배신감마저 듭니다**

Q 이렇게 하소연할 곳이라도 있으니 참으로 다행인 것 같습니다. 최근 제가 무척이나 믿고 의지했던 상사로부터 말도 안 되는 인사평가를 받아 충격이 말도 못합니다. 평소 저에게 "자네를 많이 믿고 의지하네."라며 자주 말씀하셨던 분입니다. 그런데 막상 평가 결과가 나왔을 때는 조직의 어쩔 수 없는 한계도 있으니 이번은 이해해 달라고 하시더군요.

하지만 저는 도저히 이해할 수 없습니다. 흔히 속된 말로 상사가 기라고 하면 기고, 하라고 하면 원하는 대로 뭐든지 다 들어드렸습니다. 때로는 제 자존심까지 모두 버리면서 말입니다. 도대체 언제까지 제가 이해만 하고 다 받아들여야 하는 걸까요? 결국 제게 돌아온 것은 진급 누락뿐인데, 앞으로 어떻게 상사와 조직을 믿고 일을 하라는 것인지 모르겠습니다.

상사에 대한 배신감과 분노감에 며칠 몸이 안 좋다며 휴가를 신청하고 이제 다시 업무로 복귀했지만, 이 분노를 어떻게 다스려야 할지 몰라 이렇게 도움을 청합니다. 제가 너무 상사에게 의존한 것도 문제이긴 하지만, 그래도 이런 상황까지 올 줄은 정말 미처 몰랐습니다. 제가 어떻게 처신하면 좋을지 조언 부탁드립니다.

— 믿었던 상사가 인사고과를 낮게 주어 배신감을 느낀 반 과장

A 상사가 원하는 대로 다 맞춰서 했는데도 자신이 기대했던 보상을 받지 못해 많이 실망하셨군요. 자신의 불편한 상태를 간접적인 방식으로나마 알리고자 휴가도 냈지만 그 또한 별 도움이 되지 않으니 많이 답답하시겠어요.

반 과장님께서 말씀하셨듯이 상사에 대한 자신의 지나친 '의존'이 문제인 것 같다면, 이번 기회를 통해 이 부분에 대해 좀더 구체적으로 살펴보시기 바랍니다. 어쩌면 지금까지 자기 자신으로 하여금 상대방이 원하는 사람이 되지 않으면 중요한 인물로부터 보살핌을 받을 수 없고 내가 원하는 바를 얻지 못할 수도 있다는 '두려움'이 반 과장님 마음속 깊이 숨어 있지는 않았는지 말입니다.

그럼 앞으로 어떻게 해야 할까요? 우선 이번 좌절의 경험을 반 과장님의 홀로서기를 위한 새로운 출발점으로 삼아보시기 바랍니다. 그렇게 하기 위해서는 상사가 원하는 바에 따라 반응하고 행동하는 것이 아니라 자신이 원해서 선택하도록 해야 합니다. 그리고 그것을 스스로가 긍정할 수 있는 준비가 되었을 때 상대방에게 반응하면 됩니다. 이런 선택을 했을 경우 주변에서 반 과장님을 인정하지 않는다 하더라도 자신이 원했고 인정해서 선택한 것이기 때문에 상대 탓으로 여겨지는 '억울함'은 덜하겠지요. 하지만 이때 원치 않는 결과가 나와도 자신에 대한 책망으로 이어지지 않도록 주의해야 합니다.

둘째, 나를 통해서 상대를 100% 만족시켜줘야 한다는 반 과장님의 기대가 어쩌면 비현실적인 기대일 수 있었다는 것을 알아차릴 수 있어야 합니다. 다시 말해 상사가 요구하는 바를 때로는 100% 다 들어줄 수 없을 때도 있다는 것을 상대방에게 보여줄 수 있어야 합니다. 처음에는 매우 불편하게 여겨질 수도 있지만 그래야만 반 과장님 스스로가 주변으로부터 이용당했다는 자책과 원망의 마음에서 벗어날 수 있습니다.

이 세상의 중심은 바로 자기 자신입니다. 물론 스스로 결정하고 목소리를 내는 데는 외부 거절과 비난을 감수해야 되는 도전이 기다리고 있겠지만, 이 도전은 반 과장님이 심리적으로 한층 건강해질 수 있는 기회가 될 것입니다.

이 세상 어느 누구도 내가 있는 그 자리에 나와 똑같이 항상 있어줄 수는 없습니다. 어느 순간 관계 속에서 타인을 잃을 수 있다는 생각에 매우 당혹스럽고 두렵기도 하겠지만, 그래도 나는 그 관계의 상실로부터 살아남을 수 있고 살아남을 것이라는 스스로에 대한 믿음을 잃지 않으셨으면 합니다.

Summary

• 상사가 원하는 바에 따라 반응하고 행동하는 것이 아니라, 자신이 원해서 선택하고 그것을 스스로가 긍정할 수 있는 준비가 되었을 때 상대방에게 반응합시다.

• 상사가 요구하는 바를 100% 다 들어줄 수 없을 때도 있다는 것을 상대방에게 보여줄 수 있어야 합니다.

일보다 상사의 잔소리가
저를 더 힘들게 합니다

Q 일 자체보다 매일 사사건건 잔소리만 해대는 상사 때문에 너무 힘이 듭니다. 상사가 평가권을 가지고 있다 보니 늘 참고 조용히 지나가지만, 검게 타들어가는 제 속을 어떻게 해야 할지 모르겠어요. 크게 혼날 일도 아닌 것 같은데 큰목소리로 야단을 칠 때면 정말 모든 것을 다 버리고 떠나고 싶은 심정이에요.

그런데 상사 자신은 정작 스스로가 유능하고 인간관계도 좋다고 생각합니다. 제가 봤을 때는 전혀 아니거든요. 업무에 대한 내용도 잘 알려주지 않고 혼자 알아서 처리하다 보니 같은 팀인데도 업무 내용을 모를 때가 많아요. 그래서 다른 부서에서 그 업무에 대해 저에게 물어

볼 때마다 몹시 곤란합니다. 정보도 공유하지 않으면서 계속 쪼아대기만 하니 더 힘이 들어요. 어떻게 하면 좋죠?

— 잔소리 심한 상사 때문에 피곤하다는 천 사원

A 자신도 나름대로 열심히 한다고 애쓰는데 상사가 이런저런 잔소리를 끊임없이 해대면 일할 의욕이 쉽게 나지 않겠지요. 하지만 잔소리를 많이 하는 사람이 도대체 왜 그러는 것인지 이해하면 그런 상대방에게 어떻게 대처할 수 있는지 요령이 생기게 됩니다.

일반적으로 잔소리를 들어야 하는 사람 입장에서 잔소리가 '약'이 아니라 '독'으로 여겨지는 이유는 '비교'의 마음 때문인 경우가 많습니다. 누구나 '나'라는 존재 그 자체로 인정받고 싶어하는 것이 인지상정인데, 나의 부족한 부분을 들켰다는 마음이 들면 부족한 나를 인정하고 싶지 않은 마음에 더욱 상대방에게 저항하고 싶고, 그것을 공개적으로 드러낸 상대가 원망스러워 그 지적에 귀를 막고 싶어지지요. 더구나 상대방 역시 천 사원님과 별반 다를 바 없이 완벽한 존재가 아닌 것 같은데, 이런저런 잔소리를 하니 그러한 지적과 충고가 곱게 들리지 않는 것입니다.

하지만 상사의 충고와 잔소리에 내가 '당했다'는 관점이 아니라 어떻게 그것을 '이용할 것인가?'라는 관점에서 보면 상사의 충고와 잔소리가 오히려 약이 될 수도 있습니다. 또한 상사의 과도한 잔소리를 상사 자신의 일에 대한 과도한 불안과 긴장의 표현이라고 보면 역으로 상사에게 '연민'의 마음이 들 수도 있을 것입니다. 즉 상사의 잔소리를 천 사원님 자신을 비난하는 기준으로 활용하기보다는 자신에 대한 이해를 확장시킬 수 있는 '지침'으로 활용해보시기 바랍니다.

일단 여기까지 생각이 미치면, 상사의 지적과 충고를 스스로 적절히 활용할 수 있는 융통성과 탄력성이 생기게 됩니다. 다시 말해 상사의 지적과 충고에 대해 그들을 안심시켜주는 여유가 생길 것입니다. 상사의 지적은 천 사원님에게 바라는 상사의 '기대'입니다. 그러니 상사의 기대에 부응하기 위해 상사를 멘토로 활용해보세요. 그 과정에서 상사와 천 사원님 간의 신뢰감과 유대감은 더욱 커질 수 있을 것입니다.

지적을 자주 하는 상사에게는 걱정하고 염려하지 않아도 될 만큼 천 사원님이 현재 일을 잘 수행하고 있음을 수시로 전달해 상사를 안심시켜줄 필요가 있습니다. 그래도 여전히 부족한 부분을 지적한다면 함께 대안을 찾고, 만약 그 지적이 상사의 과장된 요구나 걱정이라면 유머로 넘기는 것도 한 가지 방법입니다.

또한 상사의 지적과 요구를 모두 다 들어줘야 한다는 생각보다는 내가 들어줄 수 있는 범위 내에서 최선을 다하자고 생각하는 것이 중요합니다. 그리고 자연스러운 대화 분위기를 이끌어 상사가 입장을 바꿔 생각할 수 있는 계기를 만들어야 합니다.

마지막으로 합리적인 선에서 천 사원님이 요구할 수 있는 부분을 상사에게 정중하게 요구해보시기 바랍니다. 혹시 상대방이 나를 부정적으로 평가하면 어쩌나 하는 걱정이 앞선다면 이는 앞으로 천 사원님이 극복하고 넘어가야 할 부분일 것입니다. 더불어 상사의 끊임없는 요구와 지적에 이의나 반박을 하기보다는 천 사원님에 대한 상사의 관심으로 여기고 천 사원님이 앞으로 할 수 있는 것과 할 수 없는 것을 구체적으로 설명함으로써 어려운 부분에 대해 상사에게 도움을 청할 수도 있겠지요.

자신의 구미에 맞는 사람과 일을 하면 힘든 일도 어느 정도 넘어갈 수 있는데, 지금처럼 다소 어려운 상대를 접하다 보면 의욕을 잃기 쉽습니다. 하지만 이것도 자신을 성장시킬 수 있는 좋은 기회가 될 수 있습니다.

Summary

- 상사의 지적은 당신에게 바라는 상사의 '기대'입니다. 따라서 상사의 기대에 부응하기 위해 상사를 멘토로 활용합시다.
- 상사의 지적과 요구를 모두 다 들어줘야 한다는 생각보다는 자신이 들어줄 수 있는 범위 내에서 최선을 다하자고 생각하는 것이 중요합니다.
- 합리적인 선에서 자신이 요구할 수 있는 부분을 상사에게 정중하게 요구할 수 있어야 합니다.

제가 선배인데도 오히려 후배들의 눈치를 봅니다

Q 경력이 차츰 올라가면서 후배들이 생겼습니다. 그런데 저만의 생각인지는 모르겠지만 가끔 후배들에게 무시당한다는 느낌을 받을 때가 있습니다. 제가 일을 지시하고 컨트롤하는 게 맞는데도 오히려 제가 눈치를 봐야 하는 경우가 있습니다. 제가 경력도 더 많고, 일도 더 잘하는데 말입니다.

제 말투나 외모가 많이 어려 보여서 그런 걸까요? 직급이 올라가는 만큼 위엄을 갖추어야 할 것 같은데 그게 쉽지 않네요. 후배들에게 무시당하지 않는 위엄 있는 선배가 되려면 어떻게 해야 할까요?

– 자꾸만 후배들의 눈치를 보게 된다는 나 주임

A 우선 나 주임님 스스로가 후배들의 눈치를 보고, 후배들을 따라가는 것이 '위엄'과는 거리가 먼 태도라고 생각하시는 듯합니다. 후배들의 눈치를 과도하게 살피는 행동은 위엄과 상관없이 나 주임님 자신을 피곤하게 할 뿐만 아니라 나 주임님의 의도가 구체적이지 않아 함께 일하는 후배와 동료들에게 혼란을 줄 수 있어요.

하지만 '눈치'는 긍정적인 의미로 볼 때 상황을 살피는 능력이라고 할 수 있습니다. 그래서 선배가 주변 상황을 전혀 고려하지 않고 눈치 없이 일방적으로 지시하고 컨트롤하는 것 또한 위엄 있는 선배의 행동은 아닐 것입니다. 그리고 후배들이 나 주임님의 눈치를 보지 않고 자유롭게 업무를 진행하는 것은 결코 나 주임님이 위엄이 없기 때문이 아닙니다. 그러니 어떻게 하면 눈치를 안 볼 것인가가 아니라 상황과 대상에 따라 눈치를 어떻게 '활용'할지에 초점을 맞추시기 바랍니다.

상황을 다각적으로 살필 수 있는 건강한 눈치, 다시 말해 건강한 안목을 키우기 위해서는 자기 나름의 소신과 원칙이 있어야 하겠지요. 예를 들어 인생의 소신이나 일 처리에서의 자신의 가치, 기준 등 말입니다. 그리고 원칙을 후배들과 함께 공유하고 설득하면서 그 원칙에 맞추도록 이끌어야겠지요. 그것이 어렵기 때문에 간혹 리더들 중 구성원들의 두려움을 자극할 수 있는 수단으로 직급이나 권위를 이용해 자신의 기준을 강요하는 경우가 더러 있습니다. 하지만 그러한 위엄은 외적인 조건이 사라지는 순간 물거품이 될 것입니다. 주변을 다각적으로 살필 수 있는 위엄 있는 존재가 되고 싶다면, 외적인 조건보다 더 중요한 조건인 사람에 대한 이해·관심·존중·인내심부터 살필 수 있어야 합니다.

둘째, 위엄 또는 권위는 늘 다른 사람보다 앞장서고 다른 사람을 통제할 수 있어야만 한다는 것을 의미하는 것이 아님을 명심하시기 바랍니다. 위엄 있고 권위 있는 선배가 되려면 자신이 언제 물러서야 하는지를 아는 것도 굉장히 중요합니다. 자신이 선배라고 무조건 후배들을 조정하고 이끌어야 한다는 생각과 태도는 장기적으로 볼 때 나 주임님 자신을 피곤하게 할 뿐만 아니라 주변 사람들까지 지치게 만들 수 있기 때문이지요. 그러므로 적절한 힘의 안배, 겸손함과 유연성을 상황에 따라 적절히 사용하는 지혜가 필요합니다.

위엄과 권위는 외모와 직급, 나이 등 외적인 조건만으로 완성되는 것이 아닙니다. 물론 외적인 조건이 전혀 중요하지 않다는 말은 아닙니다. 다만 외적인 조건에 의지한 위엄은 그리 오래가지도 않고, 그 자체가 절대적이지도 않습니다. 주변 사람들의 공감을 얻어낼 수 있는 위엄이야말로 오래갈 수 있지요.

이러한 위엄을 얻고자 한다면 관계에서 스스로가 정직해질 필요가 있습니다. 쉽게 말해 애써 강하게 보이려고 하기보다는 자신의 부족한 부분을 당당하게 인정하고, 필요한 상황에서 자기 목소리를 주저하지 않고 낼 수 있는 배짱이 필요하다는 것이지요. 아울러 위엄과 권위는 외부에서 만들어지는 것이 아니라 스

스로가 만들어가는 것이며, 자기 안에서 찾아가는 것임을 반드시

명심하시기 바랍니다.

Summary

- '눈치'는 긍정적인 의미로 볼 때 상황을 살피는 능력이라고 볼 수
  있습니다. 주변 상황을 전혀 고려하지 않고 눈치 없이 일방적으
  로 지시하고 컨트롤하는 것 또한 위엄 있는 선배의 행동은 아닙
  니다.

- 상황을 다각적으로 살필 수 있는 건강한 눈치를 키우기 위해서는
  자기 나름의 소신과 원칙이 있어야 합니다.

- 위엄과 권위는 외부에서 만들어지는 것이 아니라 스스로가 만들
  어가는 것입니다.

상사 노릇 하는 게 너무 힘들고 어려워요

Q 나이가 들수록 누군가에게 제 치부를 드러낸다는 것이 참으로 쉽지 않은 것 같습니다. 다른 사람들보다 회삿밥을 오래 먹은 사람이 고민을 이야기한다는 것이 주변에서 보기에 능력 없는 상사로 비쳐질까 두렵습니다. 그래서 마치 저는 아무런 문제가 없는 사람처럼 더욱 밑에 있는 사람들 앞에서 어깨에 힘만 주게 됩니다.

능력 있는 후배들이 들어올 때마다 위기의식은 점점 고조되고, 제 자리가 늘 불안할 뿐입니다. 게다가 제 일만 하면 되던 평사원 때와 달리 직급이 오를수록 사람들 챙기는 일도 많아지다 보니 종종 어려움에 봉착할 때가 있습니다. 그럴 때 누군가에게 손을 내밀 수도 없는 노릇이니, 누가 이런 제 심정을 알겠습니까? 아랫사람들에게는 제가 실무를 직접 담당하는 것도 아니니 그저 일만 시키는 상사로 비쳐질 수도 있고, 어쩌면 무능한 상사로 비쳐지지 않을까 하는 두려움에 더욱 팀원들 앞에서 긴장하게 됩니다.

최근 친한 동료가 귀띔해주기를 제가 팀원들 사이에서 '못된 시어머니 상사'로 통한다고 하더군요. 저라고 일일이 간섭하고 싶어서 그렇겠습니까? 함께 잘해보자고 하는 일인데, 제가 팀원들에게 그렇게 비쳐진다니 참으로 힘이 빠지더군요. 저는 도대체 어떻게 해야 좋을까요?

– 상사 노릇이 쉽지 않아 답답한 채 팀장

A 그동안 마음속에 쌓아만 두었던 자신의 짐을 이렇게 함께 나눈다는 자체가 참으로 용기 있는 모습이라고 생각됩니다. 조직은 역할에 따른 직책이 있기 마련입니다. 하지만 직책이 사람보다 더 중요할 수는 없겠지요. 채 팀장님 스스로가 '나는 상사니까 이렇게 저렇게 해야만 해.'라고 자기 자신을 구속하는 순간, 그것은 자신에게는 억압이 되고, 팀원들에게는 군림하고 통제하는 리더가 되어버릴 것입니다. 즉 '외로운 존재'가 되는 것이지요. 자신을 지지하는 직위의 힘으로 일시적으로는 팀원들을 자신의 의지대로 움직일 수 있을 것입니다. 그러나 그럴수록 팀 내 긴장감은 더욱 고조되고, 채 팀장님 자신은 '역할'로서의 모습만 남게 될 것입니다.

그러면 어떻게 해야 좋을까요? 우선 '상사라면 늘 완벽해야 하고 잘해야 한다.'라는 틀에 자신을 옭아매는 것은 아닌지 살펴보시기 바랍니다. 그리고 상사는 늘 모범답안을 제시해야 하는 백과사전이 아님을 기억해두셨으면 합니다. 상사이기 전에 자기 자신도 도움을 받을 수 있는 그저 평범한 사람이라는 것을 스스로가 인정할 때 마음의 짐도 가벼워지고 스스로가 겸손해질 수 있습니다.

둘째, '도움을 받는 것은 곧 자신의 무능력함을 보여주는 것'이라는 고정된 관념을 가지고 있는 것은 아닌지 생각해보셨으면 좋겠습니다. 도움을 주는 것뿐만 아니라 적절한 상황에서 도움을 이끌어낼 수 있는 것이야말로 리더의 중요한 능력이자 자산임을 잊어서는 안 될 것입니다.

셋째, 현재 자기 역할에 대한 불안과 과도한 책임감으로 주어진 일을 반드시 완수해야 한다는 명분하에 팀원들에게 지나치게 개입하는 것은 아닌지도 살펴보시기 바랍니다. 상사가 업무에 대한 부담과 과도한 책임감을 가지고 있으면, 자신에게는 긴장감을 주고 팀원들에게는 위화감만 조성할 수 있습니다.

마지막으로 타인에게 자신의 치부가 드러남으로써 혹여 자신이 무시당하지 않을까, 평가절하되지 않을까 하는 두려움과 불안이 있을 수도 있는데, 그러한 두려움과 불안은 스스로를 위축시킬 뿐 자신을 낮춘다고 진짜 자신이 낮아지는 것은 아님을 아셔야 합니다. 자신의 부족을 당당히 인정하고, 오히려 이를 채워나가려고 노력하는 모습을 보여줄 필요가 있습니다.

이번 기회에 진정한 리더로서의 용기와 담대함이 어떠한 것인지를 들여다볼 수 있는 성찰의 시간을 가져보시기 바랍니다. 부디 건투를 빌겠습니다.

Summary

- '나는 상사니까 이렇게 저렇게 해야만 해.'라고 스스로를 구속하는 순간, 자신을 억압하고 팀원들에게 군림하고 통제하는 '외로운 존재'가 됩니다.

- 도움을 주는 것뿐만 아니라 적절한 상황에서 도움을 이끌어낼 수 있는 것도 리더의 중요한 능력이자 자산입니다.

- 자신의 부족을 당당히 인정하고, 이를 채워나가려고 노력하는 모습을 보여줄 필요가 있습니다.

리더가 감당해야 할
압박감과 외로움을 아시나요?

Q 회사 경영이 많이 어려운 현 상황에서 어느 누구도 제 어려움을 공감해주지 않아 너무 힘겹습니다. 아랫사람들은 윗사람이 경영을 제대로 못해서 회사가 어려워진 거라고 비난을 한다더군요. 그래서 제가 구성원들에게 문제점을 이야기해보라고 기회를 주었는데 막상 제 앞에서는 아무 말을 하지 않더라고요. 그러니 이 또한 스트레스로 이어집니다. 저도 이렇게 노력을 하고 있는데 이런 제 마음과 생각을 알아주기는커녕 리더에 대해, 조직에 대해 뒤에서 이러쿵저러쿵 불평만 하는 구성원들을 보면 솔직히 화가 납니다.

리더는 소수인지라 저를 짓누르는 조직의 압박감은 경험해보지 않은 이상 잘 모를 것입니다. 예를 들어 하루에도 수십 번 해야 하는 의사 결정, 일의 결과에 따른 책임감, 이제 더이상 올라갈 데는 없는 상황에서 자칫 잘못하면 추락해 떨어질 수 있다는 위기감 등 말 못할 고민이 많습니다. 제 마음 깊숙한 곳에 있는 이런 고민을 알아주는 사람이 있기는 할까요? 이런 생각을 하면 참으로 외롭습니다.

그래서인지 요즘 주변에서 다들 힘들다고 해도 제 힘겨움과 비교하면 아무것도 아닐 거라는 생각에 그들의 불평이 솔직히 와닿질 않습니다. 이럴수록 제가 더 강해져야 된다는 생각뿐이에요. 그렇지 않으면 제가 더이상 버틸 수 없을 것 같거든요. 제 마음이 요즘 이렇다 보니 구성원들에 대한 마음도 점점 냉소적으로 변하는 것 같고, 그렇다고 불편한 마음을 애써 감추는 것도 영 제 성미에 맞지 않은 일이라 어떻게 해야 할지 모르겠습니다.

– 리더라는 무게와 외로움을 견디기 힘들다는 우 전무

A 마음속 고민의 깊이가 깊어지면 깊어질수록 늘어나는 것은 스스로에 대한 압박감과 관계 속에서의 외로움이겠지요. 그렇다고 '가벼운 리더'로 나가자니 리더로서 너무 깊이 없어 보이지 않을까, 혹은 무책임한 리더라고 오해받지 않을까 하는 두려움 때문에 스스로 옴짝달싹 못하게 만드는 것은 아닐지요.

우선 이번 기회를 통해 우 전무님이 생각하는 '리더'의 의미를 살펴볼 수 있기를 바랍니다. 이제껏 리더의 틀을 먼저 생각한 나머지 '자기'가 빠진 입장과 역할만 내세우는 리더로 가고 있는 것은 아닌지 말입니다. 나다운 리더십은 자기 자신을 정직하게 알 때 발휘됩니다. 그렇게 나아가기 위해서는 내가 생각하는 나의 모습과 구성원들이 생각하는 나의 모습에서의 괴리감부터 좁혀가는 것이 최우선 과제일 것입니다. 지금처럼 우 전무님이 생각하는 리더로서의 상황과 구성원들이 생각하는 우 전무님의 상황에 대한 시각차가 큰 것은 어쩌면 당연한 일입니다. 하지만 소통을 위해서는 어느 쪽이든 일정한 한도 안에서라도 정직하게 서로를 개방할 필요가 있습니다. 리더 자신이 스스로를 개방하기 어려워하면서 구성원들에게 개방을 요구하면 어떠한 공감이나 소통도 이루어지기 어렵습니다.

스스로를 개방할 수 있는 리더, 구성원과 공감하고 소통할 수 있는 리더가 되려면 리더 자신이 무거움과 가벼움을 오갈 수 있는 심리적 공간, 즉 '심리적 여유'가 있어야 합니다. 현재 우 전무님이 책임감에 짓눌려 있고 외롭다면, 그것은 우 전무님이 무거움에 빠져 있다는 의미일 것입니다. 무거움은 상황에 대한 깊이와 진지함을 가져올 수 있지만 정신의 자유를 가로막게 합니다. 자유로운 정신이 스스로에게 채워질 때 생기와 열정이 만들어지고, 그러한 긍정의 에너지가 결국 구성원들에게도 전달될 것입니다. 높이 없는 깊이를, 깊이 없는 높이를 생각할 수 없는 것처럼 자유 없는 정신은, 정신 없는 자유는 빛을 발할 수 없습니다.

한편 스스로 강해져야 버틸 수 있다는 생각은 어떠한 역경에도 흔들리지 않는다는 의지를 심어줄 수는 있지만 때로는 관계의 단절과 고립감을 만들 수도 있습니다. 두꺼운 껍데기 속에 자기를 감추고 지내는 사람들의 경우 마음이 약한 사람에게는 상처가 될 수 있는 비판·거절·모욕감까지도 겉으로는 잘 견뎌내는 것처럼 보일 수 있습니다. 아마 우 전무님도 여지껏 이렇게 버텨오지 않았을까 싶습니다. 그래서 스스로는 굉장히 외로우셨겠지요. 하지만 이러한 우 전무님의 태도가 다른 사람들의 욕구·기분·느낌에 스스로를 무감각하게 만들고, 주변 사람들이 우 전무님과는 업무와 관련된 이야기 이외에는 어떠한 소통도 하기 어렵게 만들 수 있습니다.

우 전무님 주변의 사람들이 할 수 있는 것은 그저 우 전무님을 관찰하고, 자신들의 상황에서 묵묵히 우 전무님이 시킨 과제만 수행하는 것이었겠지요. 그렇기 때문에 우 전무님이 기대하는 것처럼 구성원들이 진정 무엇을 원하는지를 직접 들을 수 없었으며, 우 전무님과 함께할 수 있는 소통의 채널이 거부당했던 것입니다. 어느 누구도 비난과 평가와 거절을 견디긴 쉽지 않으니까요. 더욱 심각해질 수 있는 것은 조직이 곤경에 처하고 문제가 생겼을 때조차도 구성원들은 우 전무님이 아닌 조직 내 다른 사람들과 의사소통의 채널을 만들 수 있다는 것입니다. 결국 구성원들이 우 전무님을 외롭게 만드는 것이 아니라 우 전무님의 냉담성이 스스로를 외롭게 만든 것은 아닌지 이번 기회에 살펴볼 수 있기를 바랍니다.

우 전무님이 가지고 있는 내면의 기능 중 너무 과도하게 사용하고 있는 것은 없는지, 너무 사용하지 않아 마음 한 구석에 녹이 슬어버린 것은 없는지 살펴보시기 바랍니다. 아울러 나에게 좋은 것도 극단적인 경우에는 독이 될 수 있다는 것도 명심하십시오.

Summary

- 나다운 리더십은 자기 자신을 정직하게 알 때 발휘됩니다.
- 리더 자신이 스스로를 개방하기 어려워하면서 구성원들에게 개방을 요구하면 어떠한 공감이나 소통도 이루어지기 어렵습니다.
- 구성원과 공감하고 소통할 수 있는 리더가 되려면 리더 자신이 무거움과 가벼움을 오갈 수 있는 심리적 공간, 즉 '심리적 여유'를 가지고 있어야 합니다.

**조직의 책임자가 되니까
너무 힘듭니다**

Q 직책이 올라갔을 때 처음에는 회사에서 나를 알아봐주고 인정
해주는 것 같아 내심 마음이 뿌듯했습니다. 하지만 막상 관리
자가 되니 주어진 역할을 한다는 것이 참으로 만만치 않더군요.

참고로 제가 사원일 때는 개인적인 업무 능력과 스킬에서 동료들보
다 월등해지려고 늘 노력했고, 그러면서 성공리에 프로젝트를 잘 마
무리하는 우수한 사원 쪽에 속했습니다. 하지만 팀장의 위치에 있다
보니 팀원들도 육성해야 하고, 어떤 경우는 낯선 사람들에게 제가 먼저
다가서야 하는 등 사람들을 대하는 일들이 많아지다 보니 사람 만나는
일이 피곤한 일이 되어버렸습니다. 특히 한 번 이야기했는데도 못 알아

듣는 파트장이나, 무슨 말을 하면 그때마다 꼭 다른 의견이 있다고 이 야기하는 팀원들을 대할 때면 짜증이 불쑥불쑥 올라옵니다. 저한테 잔소리를 듣고 싶지 않으면 자기 일을 알아서 척척 잘해주면 좋으련만, 그렇지도 않으면서 "그렇게는 안 된다." "어렵다."라고만 하는 팀원들을 마주할 때면 늘 마음속으로 '참을 인(忍)' 자를 셋까지 세어보기도 합니다.

제가 사원일 때는 팀장이 원하고 기대하는 바에 맞추기 위해 밤을 새더라도 주어진 프로젝트를 끝냈었는데, 요즘 세대들은 그렇지 않나 봅니다. 이런 상태로 계속 조직책임자 역할을 해야 할 바에는 다시 일반 구성원들처럼 일하고 싶은데 그건 현실적으로 불가능한 일이니, 저는 어떻게 하면 좋을까요?

— 부하직원들이 뜻대로 움직여주지 않아 답답하다는 백 팀장

A 팀장이 되면서 주어지는 책임과 역할이 많아지다 보니 점점 어깨가 무거우실 거예요. 그렇다고 팀원들이 이러한 팀장의 고충을 알고 자기 일을 알아서 척척 해주는 것도 아니니 속이 얼마나 타들어 갔을까 싶습니다. 자칫하면 자신의 권위로 팀원들을 일방적으로 이끌려고 할 수도 있는데 이렇게 사연을 통해 자신의 한계를 인정하고 주변의 도움을 청하시는 것을 보면, 주변의 다양한 목소리에 귀 기울이고자 하는 백 팀장님의 고민과 열정이 느껴져 한편으로는 다행스럽다는 생각이 듭니다. 이

렇게 고민을 한다는 것은 나에게 편하고 쉬운 길만 취하려는 것이 아니라, 다양한 방법을 모색하고자 하는 시도라고 볼 수 있으니까요. 이번 기회를 통해 자신만의 리더십을 재정의하고, 백 팀장님 자신과 팀원들의 차이를 긍정적인 방향으로 활용할 수 있길 바랍니다.

우선 '팀원들이 어떻게 하면 나의 의도를 잘 따라주면서 일을 할 수 있을까?'라는 생각을 바꿔서 '내가 팀원이라면 어떤 팀장을 믿고 따를 수 있을까?'를 한 번 생각해보세요. 우리가 누군가와 함께할 수 있다는 동기와 의지는 상대에 대한 '신뢰'가 있을 때 생겨납니다. 여기서 말하는 '신뢰'는 상대방이 나를 존중해주고 입장의 차이를 이해하고 배려해줄 때 서서히 생겨나는 마음의 태도입니다. 따라서 조직책임자인 나 스스로가 먼저 내가 팀원이라면 나 같은 팀장을 믿고 따르고 싶어할지에 대해 곰곰이 생각해봐야 합니다.

둘째, 자식도 부모의 마음을 다 알아주지 못하고 부모의 뜻대로 되지 않는데, 하물며 팀원들이 내가 바라는 대로 해주길 기대하는 것은 '비현실적'인 자신만의 기대감이라는 것을 빨리 알아차릴 필요가 있습니다. 백 팀장님이 원하는 대로 팀원들이 무조건 백 팀장의 지시에 따른다는 것은 의견을 함께하겠다는 적극적인 의지로 해석할 수도 있겠지만, 그 이면에는 팀장과 이야기를 해도 아무 소용이 없다는 자포자기의 심정이거나 팀원들 스스로가 위협받을 수도 있다는 두려움 때문에 자신의 의견을 표현하지 않고 팀장의 일방적인 지시에 따르는 것일 수도 있습니다. 팀장의 의견에 팀원들이 무조건 동의를 했다고 해서 이것이 늘 환영할 만한 상황은 아니라는 말입니다. 따라서 팀원들이 자신의 의견에 동의를 하든 하지 않든 간에, 팀장이라면 의사결정의 과정에서 항상 팀원들의 의견을 찬찬히 들어보려는 '경청'의 태도가 필요합니다.

한편으로 자신의 업무에 대한 불안과 초조함 때문에 팀원들의 능력을 운운하거나 업무 성과에 대한 비난으로 연결하는 우를 범해서는 안 될 것입니다. 조직은 위로 갈수록 올라설 자리가 점점 좁아지다 보니 높은 직급의 사람일수록 불안하고 초조해지기 쉽습니다. 그러나 이럴 때일수록 자기 감정의 평정을 스스로 찾아가는 것이 중요합니다. 불편한 감정이 노출되어 팀장의 위신이 꺾이지 않을까 두려운 마음에 역으로 팀원들에게는 더욱 '아닌 척'하면서 불편한 감정을 누르게 되면, 오히려 역효과가 나는 경우가 더 많습니다. 그러므로 자신의 불편한 감정을 혼자서 다스리기 어렵다고 판단이 되었을 때는 백 팀장님의 불편한 감정을 믿을 수 있고 편안히 털어놓을 수 있는 같은 직급의 동료나 위아래 지원망을 만들어놓으시기 바랍니다.

많은 사람들이 자기만 열심히 일하면 성공할 것이라고 착각합니다. 하지만 절대 혼자 성공할 수는 없습니다. 냉정히 따져보면 현재 우리가 고민하는 문제들 대부분은 스스로 해결할 수 있는 것보다 타인과의 협력으로 해결할 수 있는 것이 더 많습니다. 어쩌면 가까운 곳에 있는 인간관계나 자기 한계의 겸손한 인정에 답이 있을지 모릅니다. 건투를 빌겠습니다.

Summary

- 누군가와 함께할 수 있다는 동기와 의지는 상대에 대한 '신뢰'가 있을 때 생겨납니다.
- 팀장이라면 의사결정의 과정에서 항상 팀원들의 의견을 찬찬히 들어보려는 '경청'의 태도가 필요합니다.
- 자신의 업무에 대한 불안과 초조함을 팀원들의 능력이나 업무 성과에 대한 비난으로 연결해서는 안 됩니다.

자신의 경험과 현실이
일치하지 않을 때

김 부장은 담배가 몸에 해롭다는 것을 절실히 깨닫고 올해 초부터 담배를 끊기로 결심했습니다. 그런데 곁에 있는 동료가 담배를 피우고 있는 모습을 보니 의지가 약해졌는지 '담배를 아예 끊지는 못해도 피우는 양을 조금 줄이면 전보다는 괜찮을 거야.' 하며 스스로를 설득시킨 후 다시 담배를 피우기 시작했습니다. 그런데 김 부장은 담배를 피우고 난 뒤부터 왠지 마음 한편이 불편하게 느껴졌습니다. 왜 그럴까요?

사람들은 같은 대상에 대해 2가지 이상의 상반된 생각이 충돌할 때 혼란스러워합니다. 불일치의 경험으로 불편함을 느끼고, 이러한 불일치를 줄이고자 공격적·합리화·체념 등과 같은 태도를 보입니다. 미국의 심리학자 레온 페스팅거(Leon Festinger)는 이러한 현상을 '인지부조화 현상'이라고 설명했습니다. 이 이론에 따르면 사람은 자신의 믿음·생각·태도 등이 서로 맞지 않는 상태가 되면 인지를 변화시켜 서로 조화하려는 욕구를 가진다고 합니다.

페스팅거는 1959년 인지부조화 현상을 보여주는 흥미로운 실험을 주도했습니다. 그는 실험에 참여한 사람들에게 1시간 동안 폐기할 필름을 정해진 상자에 가져다 버리는 일을 시켰습니다. 이 일은 엄청나게 지루하며, 재미도 없고, 보람도 없는 일이었습니다. 1시간이 지난 후 페스팅거는 실험에 참여한 사람들에게 이렇게 말했습니다.

"잠시 뒤에 사람들이 도착할 예정입니다. 그들에게 지금 했던 작업이 매우 재미있다고 말해주시길 부탁드립니다."

즉 거짓말을 할 것을 요구한 것입니다. 그러고는 실험에 참여한 사람들을 A·B 두 집단으로 나누어, A집단에게는 수고비로 20달러를, B집단에게는 1달러를 주었습니다. 1달러를 받은 B집단이 일이 재미없었다고 솔직하게 말할 것이라 예상했는데, 흥미롭게도 실험 결과는 정반대였습니다. 20달러는 받은 A집단은 일이 지루했다고 대답한 반면, 1달러를 받은 B집단은 오히려 일이 즐거웠다고 답했습니다.

어째서 돈을 더 많은 받은 A집단이 아닌 1달러를 받은 B집단이 그 일이 즐거웠다고 대답을 했을까요? 우선 사람들은 기본적으로 거짓말을 해서는 안 된다는 믿음을 가지고 있습니다. 그런데 돈을 주니 거짓말을 할 수밖에 없었겠지요. 하지만 이 다음에 진실을 말해도 괜찮은 순간이 왔을 때 사람들은 인지부조화를 경험합니다. 이 실험 상황의 경우, 20달러를 받은 사람들은 나는 거짓말을 하지 않는 사람인데 20달러 때문에 어쩔 수 없었다고 합리화를 할 수 있었습니다. 하지만 1달러를 받은 사람은 그 보상으로 합리화를 할 수 없는 상황에 부딪히게 되지요. 그러다 보니 어쩔 수 없이 자신은 1달러를 받아서 거짓말을 한 것이 아니라 자신은 정말 이 일이 재미있었다고 자신의 감정을 왜곡할 수밖에 없는 상황이 되어버린 것입니다.

인지부조화는 인간의 합리적 사고를 방해하는 순간입니다. 하지만 인간은 자신을 지키기 위해 상황에 따라 불합리한 사고도 자기 입장에서 '합리적'이고 이성적인 사고로 믿게 만들려고 애를 씁니다. 이러한 자기 합리화의 과정이 심각하게 왜곡되다보면 점점 '자기 진실'을 왜곡하고 진짜 자신을 잃어버릴 수 있습니다.

앞서 담배를 피우지 않기로 결심했던 김 부장의 예로 돌아가봅시다. 금연을 하기로 결심했던 김 부장은 다시 담배를 피우게 되었을 때 자신의 인지부조화를 줄이기 위해 '담배를 조금씩 피우는 것은 괜찮아.' '금연으로 받는 스트레스가 담배를 피우는 것보다 더 위험할 거야.' 하는 식으로 자신을 변호합니다. 심지어 평소 자신이 가지고 있는 믿음이나 정보를 무시하기도 합니다. 예를 들어 '담배 한 개비 피운다고 몸에 크게 해롭지 않을 거야.' 하는 식으로 자신을 합리화하는 것이지요.

이처럼 우리들은 일상 생활 속에서 인지부조화로 인해 비합리적 상황과 합리적인 상황의 기준이 자꾸 뒤섞이는 경험을 하게 됩니다. 어쩌면 인간인 이상 그 누구도 인지부조화에서 자유롭지 못할 수도 있습니다. 다만 우리가 어떤 결정이나 생각을 이야기할 때 자신이 인지부조화를 어떻게 처리하고 있는지 스스로 알아차릴 필요가 있습니다. 자신도 모르게 자기 자신에게 거짓말을 할 수도 있으니 말입니다. 취약한 자신의 마음마저 보일 수 있는 겸허한 마음이 함께할 때 우리들은 인지부조화의 덫에서 조금이나마 자유로워질 수 있을 것입니다.

인간은 자신을 지키기 위해 상황에 따라 불합리한 사고도
자기 입장에서 '합리적'이고 이성적인 사고로 믿게 만들려고 애를 씁니다.
이러한 자기 합리화의 과정이 심각하게 왜곡되다보면
점점 '자기 진실'을 왜곡하고 진짜 자신을 잃어버릴 수 있습니다.

직장생활을 하다보면 처음에는 잘할 수 있을 것 같고 좋을 것 같은 마음에 도전해보지만 시간이 흐르면서 재미도 없어지고 무력해지고, 그러다가 현재의 일이 과연 자신의 적성과 정말 맞는 것인지 회의감이 들 수 있습니다. '직장생활이 다 그렇지.'라고 생각하면서도 마음이 잘 따라오지 않아 괴로울 때도 있을 것입니다. 흘러간 과거에 집착하거나 아직 다가오지 않은 미래로 불안해하기보다는 지금 자신에게 주어진 순간에 어떻게 적응해야 하고 어떤 변화를 시도해야 할지 4장을 통해 살펴봅시다.

4장

직장인에게
적응과 변신은
최고의 미덕이다

어떻게 하면 회사생활이 재미있을까요?

Q 회사생활을 한 지 거의 6년이라는 시간이 다 되어갑니다. 하지만 6년이라는 시간 동안 즐거운 추억이라곤 별로 없습니다. 그냥 일하고 밥 먹고 자고…. 이것이 제 일상의 전부라고 할 수 있습니다. 정말 재미라고는 하나도 없는 회사생활이었지요. 처음에는 돈만 벌면 된다고 생각했지만, 그것이 전부가 아닌 것 같다는 생각이 점점 많이 듭니다.

그래서인지 요즘 들어 혹시 내 인생은 실패한 인생이 아닐까 하는 생각에 너무도 우울합니다. 이렇게 평생 회사에서 주어진 일만 하고 지내다가 회사에서 나가라고 하면 나가야 하는, 마치 허수아비 같은 인생을 살 것만 같아 두렵기까지 합니다. 그렇다고 이 나이에 뭔가 새로운 도전을 하자니 그것도 겁이 납니다. 이런 이야기를 친구들과 하다보면 "그게 인생이지, 뭐." 하면서 그렇게 넘어갑니다. 그냥 남들 하는 만큼만 하면 큰 무리 없이 회사에서 정년까지 일할 수 있고, 퇴직하면 가족들과 먹고사는 데 그리 어렵지 않을 것 같지만 이렇게 무료하게 사는 것을 제 스스로가 용납할 수 없습니다. 주변 친구들은 배부른 고민이라고 핀잔을 주니 더욱 주변 사람들에게 하소연하는 것도 쉽지 않고 외롭습니다. 제가 욕심이 너무 많은 걸까요?

— 똑같은 일상에 무료하다는 안 대리

A 직접 뵙지는 못했지만 마음속에 많은 열정과 꿈을 가지고 계신 분이 아닐까 생각합니다. 현재 자신에게 주어진 현실에서 자신의 열정과 꿈을 실현하기가 녹록지 않다면, 이로 인해 고민과 갈등을 하는 것은 너무도 자연스러운 일입니다. 지금의 마음의 혼란과 갈등은 어쩌면 자신의 내적 만족과 불만족 사이에 균형점을 찾고자 하는 발버둥일지 모릅니다.

하지만 여기서 명심해야 할 점은 완벽한 만족과 완벽한 불만은 그저 관념일 뿐이라는 것입니다. 즉 완벽한 만족, 완벽한 불만의 삶은 고정되어 있는 삶이지 움직이는 삶이 아니라는 점입니다. 쉽게 말해 뭔가가 재미있을 것 같아 시작했는데 막상 해보니 재미없더라 혹은 재미있더라 같은 만족 또는 불만족은 각자의 상황 속에서 겪는 주관적인 감정이기 때문에 절대적일 수가 없는 것이지요.

그렇기 때문에 우리의 삶 역시 끊임없이 무언가를 시도하고, 그 과정에서 실수하고 아파하면서 또한 성장해나가는 것이겠지요. 지금 안 대리님의 삶이 재미가 없다는 것은 어쩌면 '이렇게 되어야 하지 않을까?' 아니면 '이렇게 하면 할 수 있을까?'처럼 추상적인 개념 속에 자신을 매어두고 있기 때문일 수 있습니다. 추상적인 개념에 매이면 우리는 능동적인 삶을 사는 것이 아니라 수동적인 삶을 살아가게 되는 셈이니 당연히 재미가 없으며, 남는 것은 무력감뿐이겠지요.

그렇다면 무엇을 어떻게 하면 좋을까요? 먼저 자신을 둘러싼 사소한 일상을 호기심 어린 눈으로 바라보려고 노력해보세요. 호기심은 현재 하고 있는 일, 자신에게 주어진 상황을 당연하게 생각하지 않을 때 생길 수 있는 마음의 태도입니다. 예를 들어 식사, 출퇴근, 업무 처리, 동료들과의 대화 등 일상적인 일들을 호기심 어린 마음으로 관심을 가지고 바라본다면 그 과정에서 스스로가 배울 것이 많다는 것을 깨닫게 될 것입니다. 즉 선입견을 갖지 말고 일상을 새롭게 보기 위해 노력해보는 것입니다.

둘째, 마음속에 막연하지만 뭔가 원하는 것이 있고 그것 때문에 지금의 회사생활이 힘든 것이라고 판단된다면, 자기만의 구체적인 대안을 만들고 현실적으로 할 수 있는 것부터 하나씩 해본다는 마음으로 실천해야 합니다. 이것은 그냥 책상머리에 앉아서 이루어지는 것이 아니라 실제 원하는 것을 위해 직접 움직여야만 도움이 되고, 그래야 변화할 수 있습니다. 사실 삶의 변화는 외부에서 기인하는 우연보다는 자신의 삶의 변화를 조금씩 실행해나가는 준비에서부터 시작됩니다.

한편으로 지금 현재를 즐길 수 있고, 지금 당장 나의 행복을 위해 할 수 있는 것이 무엇인지를 찾아 거기에 열정을 쏟아보십시오. 너무도 당연하고 막연하게 들리겠지만, 지금 현재 최선을 다하면 바로 그것이 삶의 기쁨이 되고 행복의 밑거름이 될 것입니다. 결국 매 순간 최선을 다할 때 그 만족감이 곧 미래의 성공을 위한 토대가 될 수 있습니다.

마지막으로 자신이 원하는 것과 별개로 반드시 지금 해야 하는 일이라면 안 대리님이 하고 있는 일에 대한 자기만의 명분이 무엇인지 한 번 찾아보셨으면 좋겠습니다. 그것은 남이 만들어주는 것도, 인정해주는 것도 아니라 먼저 안 대리님 스스로 충분히 납득할 수 있고 만족할 수 있는 수준의 명분이어야 합니다. 스스로를 설득할 수 있는 명분이 있을 때 주변의 시선과 평가에도 아랑곳 않고 자신이 꿋꿋하게 버틸 수 있는 힘이 생기게 됩니다.

안 대리님의 글을 보면 지금 현재 많이 힘들고 지쳐 있다는 인상이 느껴지지만, 그래도 마음 한 구석에는 잘 살아보고 싶다는 의지가 엿보입니다. 사실 회사생활이라는 것은 항상 의욕에 넘치고 마냥 좋을 수만은 없어요. 처음에는 잘할 수 있을 것 같고 좋을 것 같은 마음에 도전해보지만 시간이 흐르면 재미도 없어지고 무력해지고, 그러다가 이것이 과연 자신의 적성과 정말 맞는 것인지 하는 회의감마저 들기도 하지요. 원래 회사생활이 이런 것이라는 점을 인정하는 것도 때로는 힘이 되기도 합니다. 체념인지 수용인지는 오로지 받아들이는 마음의 태도에 달려 있으니까요.

시간은 이미 흘러가버렸는데 흘러간 시간에 나를 매어둔다고 해서 나에게 도움이 되는 점은 별로 없을 것입니다. 과거와 미래에 집착한 나머지 현재에 누릴 수 있는 것을 놓치는 삶은 결코 행복할 수 없습니다. 매 순간 최선을 다하고 그 과정에서 채워지는 충만감을 통해 우리 삶의 역사는 서서히 완성되어갑니다.

Summary

• 완벽한 만족과 완벽한 불만은 그저 개념일 뿐입니다. 추상적인 개념에 매이면 우리는 능동적인 삶을 사는 것이 아니라 수동적인 삶을 살아가게 됩니다.

• 일상적인 일들을 호기심 어린 마음으로 관심을 가지고 바라본다면, 그 과정에서 스스로가 배울 것이 많다는 것을 깨닫게 될 것입니다.

• 하고 있는 일에 대한 자기만의 명분이 무엇인지 찾아봅시다. 스스로를 설득할 수 있는 명분이 있을 때 주변의 시선과 평가에도 꿋꿋하게 버틸 수 있는 힘이 생깁니다.

> # 서로에게 관심이 없는
> # 회사가 삭막하게 느껴져요

Q 요즘은 하루하루가 너무 외롭고 힘들기만 합니다. 학교 졸업 하고 회사에 들어온 지 8개월 정도 되었는데, 제 자신이 점점 삭막한 사람이 되어가는 것만 같습니다.

다들 자기 일에 바빠 다른 사람들은 신경도 안 쓰고 제각각의 생활만 하다 보니 서로에게 관심들이 없는 것 같습니다. 솔직히 저는 신입사원이고 팀에서 막내니까 다른 사람들이 저한테만큼은 관심을 보여주기를 바랐습니다. 그런데 제가 있는 팀에서는 관심은커녕 시기와 질투가 난무하고, 각자의 삶에 대해서는 서로 무관심하더군요. 그러한 사람들 속에서 전 마음에 상처를 받고 좌절하고, 그러면서 점점 사람이 싫어집니다. 사실 저에게는 조금 특별한 대우를 받고 싶어하는 마음이 있는 것 같기도 합니다. 모임이나 낯선 자리에 가면 사람들이 저를 봐주길 바라고 관심 가져주길 은근히 바라고 있거든요. 이러한 성격 때문에 서로에게 무관심한 회사 사람들이 더욱 차갑게 느껴지는 것 같습니다.

– 삭막한 회사 분위기에 기운 빠지는 배 사원

A 회사에 들어와 지낸 8개월이라는 시간이 어쩌면 배 사원 님에게는 꽤나 고통스러운 시간이었을 것 같습니다. 사람들 속에 있지만 그 무리에 속하지 못한다는 느낌이 들 때는 소외감을 느끼고, 회사생활이 재미없게 느껴지는 것은 당연하고요. 더구나 사람들이 먼저 관심을 가져주길 원했으나 그렇지 않았으니 더욱 사람들에 대한 실망이 컸을 거예요.

이런 상황에 대처할 수 있는 방법으로 2가지 태도를 조언드릴 수 있는데, 자신에게 어떤 것이 맞을지 한 번 생각해보세요.

첫째, 사람들에게 먼저 관심을 표현해보세요. 처음에는 일단 나와 마음이 맞을 만한 사람이나 편안하다고 느껴지는 사람하고 친하게 지내는 것입니다. 한 사람 한 사람 주의 깊게 본다면 아마 찾을 수 있을 것입니다. 이제 그 사람에게 좀더 말을 걸고, 밥도 같이 먹으러 가자고 먼저 제안하면서 가까이 지내세요. 그 사람에게 의존하라는 말이 아닙니다. 다만 가까이 지내게 되면 편안함 속에서 친밀감도 생기고 사람들에 대한 자신감도 생길 것입니다. 그러면서 좀더 지속적인 관계를 만들어나가는 것입니다.

둘째, 회사 사람들과의 관계에 지나치게 큰 기대를 하지 마세요. 사회적 관계는 반드시 개인적 관계로 맺어지는 것은 아니라는 것을 받아들여야 합니다. 익숙하지 않더라도 '사회적 거리'를 배워야 합니다. 그리고 마음을 나눌 수 있는 사람은 다른 부서나 회사 밖에서 찾는 것이지요. 학교 친구도 좋고, 동호회 친구도 좋고, 혹은 가족도 좋습니다. 깊이 있는 교류를 가지는 사람은 따로 있고, 회사에서는 가볍고 편한 관계만을 가지겠다고 생각하면 회사 사람들과 조금 더 자연스럽게 지낼 수 있을 것입니다.

타인이 '나'에 대해 어떻게 생각하고 느끼는지에 너무 신경 쓰지 마세요. 사람들은 배 사원님이 생각하는 것처럼 남에 대해서 그리 심각하게 생각하지 않을 수도 있습니다. 타인의 시선이나 평가에 대해 신경 써보았자 거의 나만의 생각인 경우가 많습니다. 그러니 '좀더 강해져야겠다.'라는 생각을 할 필요가 있습니다.

Summary

- 사람들에게 먼저 관심을 표현해보세요. 마음이 맞을 만한 사람이나 편안하다고 느껴지는 사람하고 가까이 지내다보면 편안함 속에서 친밀감도 생기고, 사람들에 대한 자신감도 생깁니다.
- 회사 사람들과 관계를 맺을 경우 개인적 관계가 아니라는 점을 받아들이고 사회적 거리를 배우며 그에 따른 태도를 익히세요.

퇴사를 간절히 원하지만
할 수 없는 현실에 우울해요

Q 저는 올해 7월이면 입사 6년 차가 됩니다. 그동안 제가 퇴사를 생각한 게 한두 번이 아닙니다. 그러나 퇴사하기에는 집안 형편이 어렵습니다. 아무래도 시집 가기 전까지는, 아니 결혼하고 나서도 회사는 계속 다녀야 할 것 같습니다. 그런데 나이가 나이인 만큼 일하는 게 힘이 들어요. 밑에 후배들 눈치도 보이고, 관리자들 눈치도 보입니다. 제가 어쩌다 일을 하다가 뭐가 하나 잘못되었거나 주변에서 기대한 만큼 실적을 내지 못한 날이면 정말이지 회사 다니기 싫을 정도로 눈치가 보입니다. 그래서 매일 같이 '잘해야지, 잘해야지.' 하고 강박적으로 생각하고, 또 그렇게 하려고 노력합니다. 그런데도 왜 자꾸 주위

사람들의 눈치가 보이는 걸까요?

제가 신입이었을 때 지금의 제 나이였던 선배들이 퇴사하면서 이런 말을 했어요. 이제 나갈 때가 된 것 같아서 나간다고…. 그땐 그 말의 의미를 잘 몰랐습니다. 그런데 지금에야 알 것 같아요. 제가 너무 절실히 느끼고 있으니까요. 앞으로 더 회사에 다녀야 하는데, 제 마음은 계속 퇴사만 생각하고 있네요. 어떡하면 좋을까요? 너무 우울합니다.

– 퇴사를 하고 싶은데 여건이 맞지 않는다는 하 대리

A 퇴사하기에는 집안 형편이 어려워 결혼 후에도 회사를 다녀야만 되는 상황이라면, 퇴사가 하 대리님에게 최선의 해결책은 아닌 듯싶고, 본인 역시 그렇게 생각하고 있으신 것 같습니다. 그렇다면 그 고민을 계속한다는 것은 자신에게 별 도움이 되지 않는다는 것을 잘 알고 있으실 것 같네요. 지금부터는 고민 해결의 방향을 퇴사를 하지 않고 앞으로 어떻게 하면 지금보다 회사생활을 재미있게 할 수 있을지로 잡아봅시다. 회사생활을 재미있게 할 수 있는 몇 가지 방법을 알려드리겠습니다.

우선 '우울'이란 감정은 지금 이 순간 나의 생각에 따라 좋아질 수도 있고, 그보다 더 우울해질 수도 있다는 것을 아셔야 합니다. 너무 쉽게 이야기한다고 생각하실지는 모르겠지만, 사실 생각과 느낌은 너무도 밀접한 관련이 있습니다. 그러므로 우울해하기보다는 지금보다 회사생활이 즐거워지기 위해, 만족스러운 생활을 하기 위해서 지금 당장 나에게 무엇이 필요한지에 대해 생각해보셨으면 합니다.

둘째, '심사숙고해야 할 부분'과 '그냥 가볍게 생각할 수 있는 부분'은 아주 다르다는 것을 아셔야 합니다. 업무 처리 과정에서의 실수 경험과 회사를 오래 다니냐 마느냐는 실제로 아무런 관련이 없지요. 주변의 눈치를 보는 것 역시 자신의 생각이고 느낌일 뿐입니다. 그리고 실수와 주변 사람들의 눈치는 회사를 오래 다닌 것과 실제로는 상관이 없습니다. 오히려 여기서 하 대리님이 주목해야 할 부분은 업무 처리에서의 잦은 실수를 줄이기 위해 어떤 업무역량을 길러야 하는지, 그리고 그 과정에서 누구의 도움을 받아야 되는지 찾아보는 것입니다. 물론 순간적으로 자신의 잦은 실수가 문제이니 내가 회사에 없으면 그만이라는 생각을 할 수도 있습니다. 회사생활이나 인생살이나 늘 잘되면 좋겠지요. 그러나 더욱 중요한 것은 실수나 위기 상황에 처했을 때 그것을 피하지 않고 어떻게 회복하고 일어서느냐입니다. 따라서 이러한 태도를 형성할 수 있도록 노력해야 합니다.

마지막으로 평상시 회사생활을 하면서 그래도 인정받아 즐겁고 기뻤던 때는 언제였는지 생각해보시기 바랍니다. 적어도 한두 번은 있으실 것입니다. 그리고 또 우울할 때 나를 즐겁게 해주는 상황 또는 사람들을 떠올리고 그 사람들과 즐거움과 힘듦을 많이 나누시기 바랍니다. 회사 업무와 직접 관련이 있든 그렇지 않든 간에 마음 편한 지인들과 어려운 상황이나 감정에 대해 함께 나누다보면 마음의 힘을 회복할 수 있을 것입니다.

지금처럼 지레 자신을 깎아내리거나 부정적인 생각으로 자신이 처한 상황에서 미리 물러나려고 하기보다는 당당히 지금의 상황과 마주하고 어떻게 하면 이 상황을 잘 넘어갈 수 있을지에 초점을 맞춰보세요. 분명 새로운 도전을 통한 극복의 경험이 쌓여 회사생활 속에서 스스로가 성장해나간다는 뿌듯함을 머지않아 느낄 수 있을 것입니다.

Summary

- '우울'이란 감정은 지금 이 순간 나의 생각에 따라 좋아질 수도 있고, 그보다 더 우울해질 수도 있습니다. 따라서 만족스러운 생활을 하기 위해서 지금 당장 나에게 무엇이 필요한지에 대해서 생각해볼 필요가 있습니다.

- 잦은 실수를 줄이기 위해 어떤 업무역량을 길러야 하는지, 그리고 그 과정에서 누구의 도움을 받아야 되는지 찾아봅시다.

- 당당히 지금의 상황과 마주하고 어떻게 하면 이 상황을 잘 넘어갈 수 있을지에 초점을 맞추는 것이 중요합니다.

우리 팀 사람들이
뒤에서 제 험담을 한대요

Q 요즘 들어 팀 내에서 자꾸만 소외감을 느낍니다. 지금까지 이런 적이 한 번도 없었습니다. 물론 회사에 입사한 지 얼마 되진 않았지만, 그래도 5개월이란 시간 동안 많은 사람들에게 신임을 얻었다고 생각했었는데 저 혼자만의 착각이었나봅니다. 저는 몰랐는데 저에 대해 "팀에서 좀 튀는 편인 것 같다.""사람들이 오냐오냐 해주니 자기 잘난 줄만 알더라." 등 안 좋은 소문이 돌고 있다는 이야기를 다른 팀 사람을 통해서 전해 들었습니다. 우리 팀에서 누가 그런 이야기를 했는지는 말해주지 않더라고요. 불만이 있으면 제 앞에서 당당히 할 것이지 다른 팀에 가서 제 험담을 했다고 생각하니 정말 어처구니가

없고, 또 팀에서 제가 무엇을 해도 이 사람들은 결국 뒤에서 험담이나 하겠구나 싶어 정말 출근할 맛이 나질 않습니다. 상황이 이렇다 보니 일에서도 기쁨을 못 느끼고 있습니다. 이럴 바에는 차라리 퇴사하는 것이 나을까요?

– 동료들의 험담에 소외감을 느낀다는 안 사원

A　자신이 몸담고 있는 곳에서 소외감이 든다면 참으로 견디기 힘들지요. 더불어 험담 대상이 왜 하필이면 자신인지, 자기를 험담하고 다니는 누군지 모를 그 사람이 원망스러울 거예요. 많이 속상하겠지만 이러한 어려움은 안 사원님뿐만 아니라 누구나 살면서 한 번쯤 겪을 수 있는 홍역과도 같은 것이라고 스스로를 위로해보면 어떨까 싶습니다. 그러면서 이번 일을 자신을 좀더 객관적으로 들여다보고 마음을 강하게 단련시킬 수 있는 좋은 계기로 삼으셨으면 합니다.

그렇게 하기 위해 몇 가지 조언을 해드리자면, 우선 지금의 상황을 너무 개인적으로 받아들이지 마셨으면 좋겠습니다. 즉 다른 사람들이 안 사원님에 대해 한 이야기를 안 사원님이 먼저 전적으로 동일시하지 않으셨으면 합니다. 왜냐하면 안 사원님이 주변 사람들과 똑같지 않은 것처럼, 그들이 안 사원님과 똑같은 방식으로 세상을 바라보고 생각하지 않기 때문이지요. 상황에 따라 주변 사람들의 말에 귀를 기울일 필요도 있지만, 그것이 전부라고 생각할 필요는 없다는 말입니다. 만일 자신에 대한 주변 평가를 모두 개인적으로 받아들인다면, 이 세상의 모든 사람들이 안 사원님처럼 평생 고통 속에서 허덕이겠지요. 그럴 때일수록 더욱 초연해지세요. 남과 다른 있는 그대로의 나의 모습을 다른 사람에게 보일 수 있다는 '자신감'이 무엇보다 중요합니다.

둘째, 타인의 피드백을 잘 가려서 들을 필요도 있습니다. 타인의 피드백을 나의 전부로 생각할 필요는 없지만, 다른 사람들의 피드백이 진정으로 나의 발전을 위하고 나를 염려하는 마음에서 비롯된 것이라면 한 번쯤 깊이 생각해보는 것이 좋아요. 그러나 지금처럼 누구인지도 밝히지 않고 피드백에 진실한 마음이 담겨져 있지 않다면, 상대방의 피드백이 질투나 시기심 혹은 다른 속셈은 아닌지 생각해봐야 합니다. 만일 그러한 경우라면 그 이야기를 경청하되 진지하게 받아들이지는 마십시오. 왜냐하면 그러한 이야기는 자신감에 상처를 입힐 수 있기 때문입니다. 진심이 없는 피드백을 하나하나 신경 쓰는 태도는 자신에게 아무런 도움이 되지 않아요.

상대방의 입장을 충분히 들을 수 있는 기회를 마련해보는 것도 한 방법입니다. 자신은 많은 사람에게 신뢰를 얻었다고 생각했는데 다른 사람들이 자신과 다르게 생각한다는 것은 상호 간의 오해 때문일 가능성이 많습니다. 이러한 오해를 풀기 위해서는 일단 평상시 사람들에게 느끼는 사실과 감정을 솔직하게 표현하는 데 익숙해져야겠지요. 매 상황마다 자신의 느낌을 잘 들여다보고, 그때그때 솔직하게 주변 동료들에게 진심을 말하는 연습을 해보시기 바랍니다. 여기서 말하는 진심이란 상대방과 대결하는 것도 아니고, 그렇다고 상황을 회피하라는 것도 아닙니다. 그저 자신의 모습을 있는 그대로 유지하면서 표현하는 것이지요. 다만 이러한 판단은 신중하게 이루어져야 합니다.

다시 한 번 말씀드리지만 다른 사람과 오해가 생겼다거나 갈등이 생겼다고 해서 자기 자신이 나쁜 사람이고, 자신은 다른 사람에게 신뢰받지 못하는 사람이라고 생각하지는 마세요. 지금까지 자신을 잘 가꾸어온 것만으로도 충분히 인정받고 사랑받을 수 있는 사람이라는 사실을 꼭 기억하시기 바랍니다.

Summary

• 만일 자신에 대한 주변 평가를 모두 개인적으로 받아들인다면, 이 세상의 모든 사람들이 평생 고통 속에서 허덕일 것입니다. 남과 다른 나의 있는 그대로의 모습을 다른 사람에게 보일 수 있다는 '자신감'이 무엇보다 중요합니다.

• 피드백에 진실한 마음이 담겨져 있지 않다면, 상대방의 피드백이 질투나 시기심 혹은 다른 속셈은 아닌지 생각해봅시다.

• 매 상황마다 자신의 느낌을 잘 들여다보고, 그때그때 솔직하게 주변 동료들에게 진심을 말하는 연습이 필요합니다.

미래가 불투명해서
이직하고 싶어요

Q 학교를 졸업하고 기대 반, 설렘 반으로 직장생활을 시작했지
만 직장생활은 생각만큼 만만치 않았습니다. 내가 하고자 했
던 것과는 전혀 다른 업무, 그리고 그 안에서 느끼는 무가치함에 왜 이
렇게 살아야 하는지 회의가 들고, 또 어떻게 하는 것이 제 미래를 위한
것인지 불안한 마음이 듭니다. 저를 가장 힘들게 하는 건 미래에 대한
불투명함입니다. 지금 제가 있는 회사는 오래 다닐 수 있는 회사가 아
닌 것 같아요. 이곳에 제가 발전할 수 있겠다는 생각이 들지 않아 이직
을 생각하고 있습니다. 다른 동료들처럼 그냥 주어진 일만 하며 산다면
미래에 대한 불투명함이니 무가치함이니 뭐 이런 고민들은 하지 않을

것 같은데, 저는 그게 잘 되지 않네요. 제가 생각이 많아서 그런 건가요? 그래서 가끔은 아예 생각을 하지 않고 살려고 했는데 그것조차도 쉽지 않습니다. 어떻게 해야 할까요?

— 미래에 대해 고민이 많아 이직을 고려한다는 황 사원

A 사실 무엇을 하고 싶은지 잘 모르겠다는 느낌에 빠졌을 때처럼 답답하고 막막한 상황도 없을 것입니다. 하지만 답답함을 느낀다는 것은 한편으로는 좀더 잘하고 싶은 마음에서 비롯되었다고 볼 수도 있으며, 자신이 이끄는 삶의 모습으로 주도적으로 살고 싶다는 의지의 목소리처럼 들리기도 합니다. 이제는 어떻게 하면 좀더 잘할 수 있는지에 대한 생각만 하는 것이 아니라 하나씩 구체적으로 실천해보면 어떨까 싶습니다.

그러려면 우선 자신에 대한 객관적인 정보를 모을 필요가 있습니다. 내가 뭘 잘할 수 있는지, 어떠한 것에서 만족과 기쁨을 느끼는지 등을 다양한 검사와 상담을 통해 객관적으로 탐색해보는 것이지요. 그래도 뭘 하고 싶은지 모르겠다면, 현재 놓인 상황에서 자신이 가장 잘할 수 있는 것을 찾아보시기 바랍니다.

둘째, 무언가를 하기로 결정했다면 이제는 끝까지 해보겠다는 굳은 결심도 중요합니다. 목표로 한 일을 중도에 포기한다면 어떤 일을 하더라도 결과는 마찬가지입니다. 도저히 하기 힘들다면 잠시 쉬었다가 할지라도 결코 포기하지는 않겠다는 결심이 필요

합니다. 지금은 성취한 경험이 작게 느껴지더라도 그러한 것들이 하나씩 쌓이다보면 삶에 대한 자신감도 함께 성장할 것입니다.

마지막으로 어떤 직종을 택한다고 해도 결국 일은 일임을 아셔야 합니다. 일과 직업을 통해서만 즐거움과 삶의 큰 보람을 찾기에는 어려움이 있지요. 자신의 일에 아주 몰입하는 소수의 사람을 제외하고는 대부분의 사람은 때로 보람을 느끼고 즐겁기도 하지만 때로는 지겹고, 관두고 싶고, 재미없다고 느끼며 일을 합니다. 이런 것이 직장생활일 것입니다. 그러니 그럴 때 느끼는 허전함을 일이 아닌 다른 것으로 달랠 수 있어야 합니다.

아무리 직장생활이 즐거워도 즐거움이 늘 변함없이 머물러 있지는 않습니다. 직장생활에 자신의 모든 것을 걸려고 하지 말고, 여러 가지 활동과 인간관계를 통해서 즐거움을 얻겠다고 생각한다면 직장과 일에 대한 부담이 조금은 줄어들 것입니다.

Summary

- 자신이 이끄는 삶의 모습으로 주도적으로 살고 싶다면 자신에 대한 객관적인 정보를 모을 필요가 있습니다.
- 무언가를 하기로 결정했다면 끝까지 해보겠다는 굳은 결심을 가져야 합니다. 도저히 하기 힘들다면 중간에 잠시 쉬었다가 하더라도 결코 포기하지는 않겠다는 결심이 중요합니다.
- 직장생활에 자신의 모든 것을 걸려고 하지 말고, 여러 가지 활동과 인간관계를 통해서 인생의 즐거움을 얻겠다고 생각합시다.

모든 게 부족한 것만 같아
자신감이 떨어집니다

Q 제가 남들보다 모든 면에서 부족한 것 같아요. 키도 작고, 머리도 나쁘고, 말수도 없고, 말도 잘 못해요. 남들 앞에서 어떻게 말을 해야 할지도 모르겠어요. 선배들이 무슨 말을 하면 저만 이해를 못하는 것 같아요. 그리고 저는 어떤 계획을 세우면 며칠 안 가서 그만둡니다. 남들보다 의지도 부족하고 자신감도 없지요. 게다가 제가 그렇게 호감 가는 얼굴이 아니고, 잘 웃는 편도 아니라서 저를 처음 보면 다들 선뜻 말을 걸지 못합니다. 매사에 부족하고 자신감도 없는 제가 싫습니다. 이러한 저에게 도움이 될 만한 조언 부탁드립니다.

– 자신감이 많이 부족한 허 대리

A 100% 완벽한 사람은 없어요. 그러니 눈에 보이는 부족한 부분 때문에 자신이 가지고 있는 장점을 보지 못하는 어리석음에 빠지지 마세요. 과도한 나르시시즘도 문제이지만, 허 대리님의 경우처럼 과도한 자기 평가절하도 문제가 될 수 있습니다. 자기 자신을 잘한다 못한다, 또는 좋다 나쁘다라는 식의 평가의 시선으로 보려 하면 할수록 진짜 '나'와는 더욱 거리가 멀어집니다. 즉 정작 자신의 행복과 가치는 뒷전으로 물러나고, 타인이 바라고 원하는 '나'만 좇아가는 삶을 살아갈 수 있습니다.

우선 오늘부터라도 긍정적인 모터를 통해 자신을 움직이도록 하세요. 긍정적인 모터의 주원료는 '자기믿음'입니다. 자기믿음은 한계를 가지고 있지만 동시에 그것을 극복할 수 있도록 기회의 문을 자신에게 열어주고 기다려줄 수 있는 마음을 이야기합니다.

자기믿음을 갖고 싶다면 허 대리님 자신이 스스로를 존중하고 사랑할 수 있어야 합니다. 설령 내가 가지고 있는 부분이 보잘 것 없고, 내가 선택한 것이 미약하다고 할지라도 그것 또한 나의 모습이기에 기꺼이 감수하면서 살아보겠다는 마음을 먼저 챙겨보셨으면 합니다.

다음으로 자신의 부족함을 고치는 데 에너지를 쏟기보다는 오히려 약점을 보완해줄 정도의 자신만의 강점을 찾는 데 애를 써보시기 바랍니다. 대부분의 사람들은 허 대리님처럼 자신의 약점을 없애야 자신감을 키우고 성공할 수 있다고 생각합니다. 하지만 약점에만 치중하다보면 자신을 보다 강하게 만들 수 있는 기회의 영역이 오히려 취약해질 수밖에 없습니다. 반면 강점은 기본적으로 스스로를 더욱 강해질 것 같은 기분을 만들어내고, 약점에 비해 보다 더 수월하게 많은 것들을 자기 자신으로부터 만들어낼 수 있는 기회가 될 수 있습니다. 좋다 나쁘다라는 이분법적인 평가의 시각으로 자신을 들여다보면 자신의 장점이 잘 떠오르지 않을 수 있지만 남과 다른 '나'를 찾아낸다고 생각하면 쉽게 생각이 날 거예요. 나만의 강점을 찾아 그것을 표현하고 자신에게 의미 있는 일상의 활동으로 연결시키고자 하는 시도를 해보시기 바랍니다.

자기믿음과 자신만의 강점으로 자신의 뜻대로의 삶을 살아갈 수 있는 힘이 어느 정도 생기면 주변을 살필 수 있는 여유의 마음도 생길 것입니다. 지금처럼 비교를 통해 타인의 상황을 자신의 삶에 강박적으로 적용하려고 하기보다는 자기 삶에 도움이 되는 부분을 취하되, 그 과정 속에서 자기만의 스타일로 재창조할 수 있어야 합니다. '비교'에 의해 끌려가는 삶이 아니라 비교를 통해 보다 창조적인 삶을 그려갈 수 있습니다.

사람들은 고립된 상태로 살아갈 수 없기에 어쩌면 차이를 통한 비교가 늘 함께할지 모릅니다. 그러므로 비교의 과정에서 스트레스를 받기보다는 '나는 나고, 너는 너'라고 생각하며 차이를 존중하고 인정하는 것이 좋으며, 독립된 개인으로서 '나'에 대한 감각을 키울 필요가 있습니다. 그러려면 남과 다른 나에 대해 충분히 옹호할 수 있어야 합니다. 예를 들어 주위 사람들이 나보다 말을 잘하고 적극적이라면, 나는 그들보다 말을 잘 들어주고 신중하다는 식으로 그들과 다른 매력을 설명할 수 있어야 합니다.

사람들은 모두 자신만의 독특한 능력을 가지고 있습니다. 그러니 타인과의 비교를 통해 드러나는 차이를 없애려고 하지 말고, 남과의 비교를 통해 얻게 된 자신만의 차별성을 현실에서 어떻게 극대화할지 생각해보세요. 이것이 바로 차이를 통한 자기 이해와 자기 수용으로 가는 시작일 것입니다.

Summary

• 부족한 부분이 무엇인지 모른다면 그냥 부족한 대로 살아가야 하지만, 알고 있으면 그 부분을 보강해 성장할 수 있습니다.

• 비교를 통해 들여다본 타인의 상황을 자신의 삶에 강박적으로 적용하려고 하기보다는 자기 삶에 도움이 되는 부분을 취하되 그 과정 속에서 자기만의 스타일로 재창조할 수 있어야 합니다.

• 타인과의 비교를 통해 드러나는 차이를 없애려고 하지 말고 남과의 비교를 통해 얻게 된 자신만의 차별성을 현실에서 어떻게 극대화할지 생각해봅시다.

잦은 조직변경에
적응하기가 힘듭니다

Q 저의 의사와 상관없이 조직변경이 될 수 있다고는 하지만 그런 상황이 제가 근무하고 있는 2년 동안 너무도 자주 있었습니다. 그래서인지 팀원들도 금방 만났다 헤어질 사람들인데 굳이 친밀한 관계를 유지할 필요가 있는지 의문이 들어 팀원들에 대한 정이 잘 생기질 않습니다. 게다가 조직개편으로 말이 잘 통하는 상사를 만나면 그나마 다행인데, 독불장군 스타일의 상사를 만나면 정말 죽을 맛입니다. 연말이 다가오면 또 조직변경이 있을 거라더군요. 일부는 지방으로 내려간다는 소문도 있습니다. 아직 결정된 것은 아니지만 만일 그렇게 된다면 사표를 내야 할지 고민입니다. 입사 동기들 중에 저와 같은 처

지에 있는 사람들이 몇 명 있는데, 그들은 잘 적응하며 사는 것 같아요. 제가 괜히 유난을 떠는 걸까요?

– 잦은 조직이동에 정을 못 붙이겠다는 남 사원

A 사람이란 본래 자신이 처한 상황을 스스로가 통제할 수 없는 '고통'이라고 생각할 때 가장 힘들어하는 법입니다. 고통은 우리들 자신을 외부로부터 보호하는 데 도움이 되기도 하지만, 고통에 대한 과도한 방어는 오히려 '더이상 견딜 수 없는 불행'에 자신이 놓여 있는 상황으로 몰고 갈 수도 있습니다. 어쩌면 남사원님 역시도 현재 자신에게 주어진 상황을 스스로 통제할 수 없다는 이유로 주변의 모든 것이 나에게는 절망이고 불행이라는 식으로 과도하게 자신의 처지를 해석하는 것은 아닌지 살펴보시기 바랍니다. 또한 '왜 하필 나에게만 이런 일이 일어날까?' 하는 식의 질문으로 몰고 가면 갈수록 해결책이 보이기보다는 고통의 늪으로 더욱 빠질 수 있습니다.

나의 의지와 상관없이 주변이 돌아갈 때 평범하지만 위로가 되는 말이 있지요. 바로 '피할 수 없으면 즐겨라.'입니다. 아직 일어나지 않을 일을 갖고 미리 걱정할 필요도 없지만, 설사 예상했던 대로 우려했던 일이 일어났다고 하더라도 그 상황을 원망할 시간에 오히려 그 불편한 상황을 차라리 즐길 수 있는 방안을 찾는 게 자신의 정신 건강에 도움이 될 수 있습니다.

어떤 상황이든 어떤 마음과 태도를 취할지에 대한 선택권은 자기 자신에게 있습니다. 남 사원님이 말씀하셨다시피 같은 입사 동기들 중 남 사원님과 똑같은 처지에 있지만 적응을 잘하는 그들의 모습을 잘 관찰해보면 몇 가지 힌트를 얻으실 수 있을 것입니다.

먼저 생각의 탄력성이 필요합니다. 현재 자신에게 불리한 상황이 주어졌다고 하더라도 적응을 영원히 하지 못할까봐 미리 걱정할 필요는 없습니다. 완전히 적응에 실패하는 사람은 없으니까요. 다만 개인의 특성과 자신이 처한 상황에 따라 적응이 빠른 사람과 늦은 사람만이 있을 뿐입니다. 오히려 지금 남 사원님처럼 적응에 실패하면 어쩌나 하는 두려움이 스스로를 더 움츠리게 할 수 있다는 점을 명심하시기 바랍니다.

둘째, 상황을 천천히 관망하며 잘 기다리는 것도 적응을 잘하는 데 중요한 태도 중 하나입니다. 정신의학적으로는 3개월 이상 적응을 못하면 치료를 받을 필요가 있다고 판단합니다. 하지만 남 사원님은 잦은 변화 속에서도 2년 동안 직장생활을 유지하셨지요? 이것은 남 사원님 나름의 방식으로 회사생활에 적응을 했다는 말입니다. 그러니 현재의 자신을 과도하게 평가절하해 적응에 '실패'했다고 미리 속단할 필요는 없다고 여겨집니다.

마지막으로 똑같은 상황이지만 성공적인 적응을 하느냐 마느냐는 자신이 처한 상황에 어떤 의미를 부여하는지에 따라 달라질 수 있음을 아셔야 합니다. 변화는 현재 자신이 놓여 있는 상황에 따라 유리하게도, 불리하게도 작용할 수 있지요. 그러므로 성공적인 적응을 위해서는 '선택'과 '유보'의 태도가 필요합니다. 즉 지금 자신에게 큰 의미를 주는 변화라면 필요한 부분에서는 힘껏 에너지를 쏟고, 나머지 변화에는 신경을 접을 수 있는 단호함이 있어야 하겠지요. 그렇게 하기 위해서는 지금부터라도 남 사원님의 삶에 정말 중요하고 가치가 있는 것이 무엇인지 우선순위를 매겨보셔야 합니다. 그러면 지금의 변화에 적응하기 위해서라도 중요하지 않고 사소한 것은 당분간 유보할 수 있는 여유가 생기며, 변화에 적응할 수 있는 힘이 생기게 됩니다.

Summary

- 자신에게 발생한 외부 상황 자체는 우리가 통제할 수 없지만, 그 상황에서 어떤 마음과 태도를 취할지에 대한 선택권은 자기 자신에게 있습니다.

- 개인의 특성과 처한 상황에 따라 적응이 빠른 사람과 늦은 사람이 있습니다.

- 상황을 찬찬히 지켜보고 잘 기다리는 것도 적응을 잘하는 데 중요한 태도 중 하나입니다.

주어진 일도 제대로 못하는 제가 밉습니다

Q 회사에 들어온 지 벌써 1년이 되어가고 있습니다. 그런데 신입 시절 때보다 일에 대해 자신감이 점점 없어지는 것 같습니다. 시간이 지나면서 상사에게 직접 보고할 일들이 많아졌는데, 그때마다 가슴이 콩닥콩닥 뛰고 다리가 후들후들 떨립니다. 잘하고 싶은 마음에 나름 열심히 하는데, 그런데도 종종 실수를 하니 어찌할 바를 모르겠습니다.

이제는 신입도 아닌데 뭐 하나 제대로 하는 것이 없는 것 같아 제 자신이 미워지고, 이렇게 해서 과연 제가 직장생활을 계속 잘해낼 수 있을지 제 자신에 대해 회의감도 많이 느낍니다. 그래서인지 요즘은 뭔가를 잘못해서 상사에게 혼나면 어떡하나 싶어 자꾸 걱정부터 앞섭니다. 이러다 보니 상사가 제게 일에 대한 권한을 주는 것 자체가 부담스럽고 겁이 납니다. 후배들에게 자신감 있고 능력 있는 선배의 모습을 보여주고 싶은데 그게 안 되니 사람들도 만나고 싶지 않아요.

게다가 회사 스트레스가 집으로까지 이어져 아내도 요즘 제가 예전이랑 많이 변했다고 말합니다. 그러면서 그렇게 힘들면 회사를 옮기면 되지 않느냐라고 쉽게 이야기하는데, 사실 이직도 쉽지 않아 망설여집니다. 무슨 일이든 똑 부러지게 하지 못하는 제가 못난 사람처럼 느껴질 뿐입니다. 어떻게 하면 좋을까요?

– 업무에 자신감이 생기지 않아 힘들다는 차 사원

A 요즘 들어 일을 하다 혹시나 실수를 하면 어쩌나 하는 생각에 긴장하고, 그것 때문에 일이 점점 힘들어지고 자신감도 없어진다고 하셨는데, 그 마음은 어쩌면 차 사원님이 그만큼 자기 능력에 대한 기대치가 높고, 일에 대해 잘하고 싶은 마음이 크다는 이야기가 아닐까 싶습니다.

자기 스스로 자기 기준에 못 미친다고 생각하거나, 또는 다른 사람들의 기대에 자신을 맞추려고 하다보면 자신감이 없어질 수 있습니다. 이렇게 자신감이 없을 때는 자기 스스로 자신감을 만들 수 있는 방법을 생각해야겠지요.

우선 일에 대해 점점 자신감이 떨어진다고 하셨는데, 과연 이전의 실수가 자신의 능력 전부를 말해주는 것인가에 대해 생각해볼 필요가 있습니다. 인간이기 때문에 실수는 할 수 있습니다. 다만 실수의 원인을 스스로 찾아보고 실수의 빈도를 줄이는 것이 중요합니다. 예를 들면 내가 그 실수를 통해 무엇을 배웠는지 확인하고, 다음 기회에는 어떻게 대처해야 할지에 대해 마음속의 계획을 세워두는 태도를 키워야 합니다.

우리가 흔히 일을 할 때 실수를 하는 이유는 자신이 하고 있는 일의 특성 또는 방법을 몰라서일 수도 있고, 아니면 아직 자기 안에 해결되지 못한 문제들 때문에 집중하지 못한 것일 수도 있습니다. 이 2가지 가운데 내가 무엇 때문에 실수를 하는지 그 이유를 살펴보고, 그 실수를 통해 앞으로 내가 어떻게 대처해야 할지를 결정해야겠지요.

만일 아직도 일이 익숙하지 않아 실수를 하는 것이라면 주변 선배들에게 도움을 청하면 됩니다. 혼란스러운 마음 때문에 일을 하면서 실수를 하는 것이라면 여러 가지 심리적 접근을 통해 마음을 정리해나가는 것도 한 가지 방법이 되지 않을까 싶습니다.

앞으로 절대 실수를 하지 않겠다고 생각하는 것은 자신은 늘 완벽해야 한다는 말과 같습니다. 즉 완벽하다면 더이상 배울 것도 없다는 이야기겠지요? 하지만 인간은 완벽하지 않기 때문에 실수를 할 수밖에 없으며, 역설적이지만 그 과정이 있기에 배움의 기회와 성장의 기회도 있는 것입니다. 그러므로 실수를 하지 말아야 한다는 것은 더이상 배움의 기회도 갖지 않겠다는 태도와도 같다고 볼 수 있지요. 일을 처리하는 과정에서 실수를 했다면 그 원인을 찾고 다음에 그렇게 하지 않도록 주의하면 됩니다. 실수는 그저 실수일 뿐입니다. 앞으로 혹 실수를 또 한다 하더라도 그것을 통해 자신은 점점 더 성장해가고 있다고 생각하시기 바랍니다.

'괜찮은 사람'으로 발전하기 위해 자신감을 갖고자 한다면, 자신감을 가질 만한 기회를 본인 스스로 만들어야 합니다. 지난번에 보고할 때 한 실수를 이번에 보고할 때는 하지 않았다면 그 부분에 대해 본인에게 칭찬을 해주고, 그러한 자신의 능력을 인정해줄 필요가 있습니다. 그렇게 하나씩 스스로 만들어가고 성취하는 부분이 생길 때 자기도 모르게 자신감이 생겨나는 것입니다. 생각만 바꿔보면 자신을 보여줄 수 있는 기회는 언제든지 오기 마련입니다.

남들에게 잘 보여야 한다는 생각이 오히려 집단 속에서 차 사원님을 더욱 긴장하게 만들고 위축시키는 것은 아닌지 살펴보시기 바랍니다. 관계 속에서 잘 보이기 위해 애쓰기보다는 자신의 부족한 부분을 기꺼이 나누고 보여줄 수 있을 때 역설적이게도 관계에 대한 자신감과 주변 사람들에 대한 감사함을 느낄 수 있게 됩니다.

사람들은 누구나 다 우월감과 열등감 사이에서 갈등합니다. 다만 일에서든 관계에서든 우리가 살아가면서 문제가 되는 것은 지금 자신의 모습을 '우월하다' 혹은 '열등하다' 중 한 가지의 시각으로만 보려고 하는 편협한 마음일 것입니다. 실수하는 순간 퇴보하는 것 같지만, 실수를 통해 분명 성장하고 변화하고 있다는 믿음을 놓치지 마시기 바랍니다.

Summary

- 자기 스스로 자기 기준에 못 미친다고 생각하거나, 또는 다른 사람들의 기대에 자신을 맞추려고 하다보면 자신감이 없어질 수 있습니다.

- 인간은 완벽하지 않기에 실수를 할 수밖에 없으며, 역설적이지만 그 과정이 있기 때문에 배움의 기회와 성장의 기회도 있는 것입니다.

- 일에서든 관계에서든 우리가 살아가면서 문제가 되는 것은 지금 자신의 모습을 '우월하다' 혹은 '열등하다' 중 한 가지의 시각으로만 보려고 하는 편협한 마음입니다.

Q 저는 올 하반기에 입사한 신입사원입니다. 학교 다닐 때 공부만 했지, 사회생활은 이번이 처음입니다. 학교에 있을 때는 그야말로 제게 주어진 것만 하면 되었는데, 막상 조직생활을 하다 보니 이래저래 신경 쓸 것이 너무 많네요.

우선 배치받은 부서에서 이루어지는 일들은 대부분 처음 접하는 업무기술이라 생소한 것이 많습니다. 그렇다고 모르는 것이 있을 때마다 하나하나 선배들에게 물어보자니 성가셔 하실까봐 걱정입니다. 또한 인간관계에서 요구하는 일들 때문에 업무도 제대로 배우기 전에 제 자신이 무력해지는 것 같습니다. 그뿐만 아니라 선배들을 보면 실적과 평가를 상당히 중요시하는데, 지금 제 실력으로 언제 다른 사람을 따라잡을 수 있을지 의문이 생기기도 해요. 사실 일에 대한 관심이 없는 것은 아닌데, 이러다가 먼저 나가떨어지는 것은 아닌지 내심 불안합니다. 이럴 바에야 직장을 옮기는 게 낫지 않을까 하는 생각마저 들어 정말 혼란스럽습니다. 어떻게 하면 좋을지 조언 부탁드립니다.

– 첫 사회생활에 이것저것 걱정이 많다는 금 사원

A 학생의 삶에서 직장인의 길에 들어서는 것은 낯선 여행길을 나선 것이나 마찬가지일 것입니다. 어느 정도 예측 가능하고 주어진 대로만 열심히 하면 되던 학창시절과 달리 직장생활은 그야말로 언제 어디서 어떤 일이 생길지 모르는 낯선 여행지와 같은 곳입니다. 낯설기 때문에 기대가 되기도 하지만 자신의 의도와 상관없이 다양한 변수가 생길 수 있는 곳이기에 긴장의 끈 또한 늘 놓치지 말아야 하지요.

그러니 지금처럼 자신이 소망하는 대로 일이 흘러가지 않을 때 밀려오는 혼란스러움은 어쩌면 너무도 자연스러운 감정일지 모릅니다. 하지만 그럴수록 자신의 상황에 대해 성급한 결론을 내리기보다는 여유를 가지고 스스로에게 좀더 시간을 주면 어떨까 싶습니다. 그리고 그 시간 동안 제가 제안하는 몇 가지를 한번 생각해보세요.

우선 처음 자신이 현재의 직장을 선택했던 이유를 생각해보시기 바랍니다. 분명 지금의 직장을 선택할 때 다른 여러 가지 가능성을 비교해보면서 결론을 내렸을 거예요. 그때 역시 다른 대안보다 지금의 조건이 '최선'일 거라는 생각 때문에 지금의 결정을 내리지는 않았을까 싶습니다. 모든 선택에는 그에 따라 치러야 할 대가가 따릅니다. 즉 지금의 직장을 선택함으로써 금 사원님이 포기해야 했던 것도 있었겠지요. 그때를 떠올리면서 자신이 생각하는 일의 '가치'를 기준으로 다시 한 번 생각해보시기 바랍니다.

둘째, 새로운 일에 익숙해지기까지는 어느 정도 시간이 걸릴 수 있다는 것을 명심하셔야 합니다. 처음 하고 있는 일이 손에 익숙지 않고 업무 속도가 더디다고 자신을 과소평가할 필요는 없습니다. 그럴수록 자신에게 불필요한 압박만 더해질 뿐입니다. 아울러 새로운 일을 시작하면서 느끼는 스트레스가 영원히 계속되지는 않을 것이라는 자기 믿음과 기다림의 자세가 중요합니다. 자기 자신에 대한 믿음과 기다림이야말로 지금의 상황을 지혜롭게 넘길 수 있는 마음의 태도가 아닐까 싶습니다.

마지막으로 불필요한 자학은 자신을 앞으로 나아가게 하는 게 아니라 스스로를 힘들게 할 뿐임을 아셔야 합니다. 새로운 일을 배워가면서 주변 사람들과 자신의 수준을 비교하는 마음이 생기는 것은 자연스러운 일입니다. 그러나 그러한 비교를 통해 자신을 위축시키고, 그러한 감정에 계속 집착하는 것은 스스로를 더욱 피곤하게 만들 뿐이지요. 지금의 감정을 통해 자극을 받되 현재 자신의 위치에서 할 수 있는 것을 찾아보시기 바랍니다.

사실 자신이 원하는 목표를 찾아 나아가는 과정에서 금 사원 님처럼 여러 가지 일들이 생길 수 있습니다. 그로 인해 후퇴할 수도 있고, 잠시 멈출 수도 있습니다. 하지만 그것 때문에 기죽을 필요는 없습니다. 무슨 일이든지 간에 그 상황을 유용한 경험으로 여기고 목표를 조정해 앞으로 계속해서 나아가려는 의지가 중요합니다. 그러니 결코 용기를 잃지 마세요.

Summary

- 자신이 현재의 직장을 처음에 선택했던 이유를 떠올리면서 자신이 생각하는 일의 '가치'를 기준으로 다시 한 번 생각해봅시다.

- 새로운 일에 익숙해지는 데는 어느 정도 시간이 걸릴 수 있다는 것을 명심해야 합니다.

- 불필요한 자학은 앞으로 나아가게 하는 게 아니라 스스로를 힘들게 할 뿐입니다.

직장인을 위한 심리학

행복해서 웃는 게 아니라
웃어서 행복하다

옆에서 근무하고 있는 동료가 늘 인상을 쓰고 있으면 덩달아 기분이 나빠지지 않나요? 이처럼 함께 모여 있는 집단 구성원들의 얼굴 표정과 태도에 따라 우리의 감정은 영향을 받기 마련입니다. 그런데 더 나아가 다른 사람이 아닌 자신의 몸과 마음도 서로 영향을 주고받는다는 것을 알고 있나요? 즉 자신의 얼굴 표정에 따라 우리는 스스로 행복한 감정, 슬픈 감정을 만들어낼 수 있다는 말입니다.

1980년대에 독일의 심리학자 프리츠 스트랙(Fritz Strack)은 실험에 참여한 사람들을 두 그룹으로 나누어서 개리 라슨(Gary Larson)의 〈파 사이드(Far Side)〉라는 만화영화를 보여주었습니다. 한 그룹에게는 영화가 상영되는 동안 연필을 치아 사이에 끼우게 했고, 다른 한 그룹에게는 연필을 입술로 물게 했습니다. 연필을 치아 사이에 끼운 집단은 자기도 모르게 얼굴 아랫부분을 움직여 미소를 지은 반면, 입술에 연필을 문 그룹은 어쩔 수 없이 얼굴을 찡그렸습니다. 결과는 흥미로웠습니다. 얼굴 근육으로 미소를 지은 사람들이 찡그린 사람들보다 더 많이 행복감을 느꼈고, 만화도 훨씬 더 재미있다고 여겼습니다.

이 실험 결과에서 볼 수 있듯이 진짜 재미있어서 웃은 것이 아니라 표정 근육을 어떻게 사용했느냐에 따라 우리의 감정은 영향을 받습니다. 즉 웃는 표정은 우리가 행복하고 즐거운 감정이 있을 때만 가능한 것이 아니라 역으로 웃는 표정을 짓다보면 마음이 가벼워지고, 행복한 감정을 경험할 수 있다는 것입니다. 얼마다 다행인가요? 자신의 표정과 몸을 어떻게 다루는가에 따라 긍정적인 생각과 감정을 만들어낼 수 있으니 말입니다.

행복한 직장생활을 하고 싶나요? 그런데 혹시 즐거운 일도, 행복한 일도 없다며 찡그린 표정으로 지내고 있지는 않은가요? 그렇다면 오늘부터 억지로라도 웃는 표정으로 일을 시작해보세요. 그리고 동료들을 웃는 얼굴로 대해보세요. 분명 여러분의 행복지수가 올라갈 것입니다.

웃을 만한 일이 있어 웃는 것이 아니라, 웃다보면 직장생활이 즐거워질 수도 있습니다. 행복한 직장생활을 하고 싶다면 바로 지금부터라도 행복한 직장인처럼 행동해보는 것은 어떨까요?

웃는 표정을 짓다보면 마음이 가벼워지고, 행복한 감정을 경험할 수 있습니다.

혹시 즐거운 일도, 행복한 일도 없다며 찡그린 표정으로 지내고 있지는 않은가요?

그렇다면 오늘부터 억지로라도 웃는 표정으로 일을 시작해보세요.

분명 행복지수가 올라갈 것입니다.

직장이라는 공간에서 우리는 미처 몰랐던 자기 자신을 알게 되고, 타인에게 드러내고 싶지 않았던 자신의 치부가 드러나기도 합니다. 즉 그 안에서 뜻하지 않은 상처를 받게 되기도 하지만, 미처 몰랐던 자신의 강점을 발견하기도 합니다. 5장에서는 직장생활을 통해 경험하는 갈등 속에서 내적인 변화와 치유를 향해 나아가는 직장인들의 이야기가 이어집니다.

5장

행복을
꿈꾸는 직장인,
힐링이 필요하다

수줍음을 타는 성격 탓에
말을 잘 못합니다

Q 수줍음을 심하게 타는 성격 때문에 고민이 많습니다. 저는 원래 말이 없는 편입니다. 그런데 이성과 있으면 말수가 더 적어집니다. 예를 들어 여자친구는 제가 하루 동안 있었던 일들을 자기에게 이야기하길 바라는 것 같은데, 사실 저는 제게 일어난 일들을 다른 사람들에게 그렇게 말할 필요가 있나 싶습니다. 여자친구에게 왜 그런 것들을 일일이 다 설명해야 하는지, 어떻게 이야기를 해야 하는지 솔직히 잘 모르겠습니다.

친한 친구와는 말을 어느 정도 합니다. 농담도 하지요. 그 친구들과는 무슨 이야기를 해야 할지 고민할 것도 없어 긴장하지 않고 편해서 좋습니다. 그런데 친하지 않은 친구 또는 여자와 함께 있을 때는 말수가 줄어듭니다. 그래서 친구들도 처음에는 제게 뭔가 기분 나쁜 일이 있는 줄 알고 오해했다고 합니다. 저도 내성적이고 수줍음이 많은 이 성격을 고치려고 무던히도 애를 썼지만 그게 마음처럼 쉽지 않더군요. 억지로 하다 보니 오히려 자연스럽지 못한 행동도 하고, 제 모습이 아닌 것 같아서 불편하기도 합니다. 어떻게 하면 좋을까요?

— 말수가 적어 걱정이라는 이 사원

A 말을 적게 하는 사람, 말을 많이 하는 사람, 조용한 사람, 활동적인 사람 등 사람의 모습이 다양하듯이 사람을 대하는 태도도 다를 수 있지요. 그렇기 때문에 어떠한 모습이 좋고, 어떠한 모습이 나쁘다고 말하는 것은 참 곤란하지 않을까 싶어요. 사람들은 자신이 편하다고 느끼는 방식으로 사람들을 대하게 되지요. 하지만 사람의 성격은 천차만별이고 관계는 상대적일 뿐입니다.

우선 자신의 성격을 있는 그대로 인정해보는 연습을 해보시기 바랍니다. 내가 누구보다 잘한다 혹은 못한다는 비교 평가가 아니라 나와 다른 사람들이 있으며 나는 다른 사람과 달리 이런 상황이 편하고 저런 상황을 불편하다고 느끼고 있구나 하는 정도로만 이해하시면 됩니다. 이렇게 나를 확인하고 인정하는 훈련이 되셨다면 그다음에는 다른 사람들에게 그러한 자신을 솔직하게 개방하고 상호 간에 인정하도록 하면 됩니다. 앞서 제시한 자기 이해를 바탕으로 한 '자기 공개'는 상대방과 깊이 있는 관계를 유지하는 데 매우 중요한 요소입니다.

다음으로 다른 사람들이 보는 나의 모습에 대해서 스스로는 정확하게 알고 수용하고 있는지 살펴보시기 바랍니다. 이것을 상호작용을 통한 자기 이해라고 합니다. 우리는 상대방과 주고받는 관계를 통해 자기에 대한 이해가 더욱 깊어지고, 그것을 바탕으로 자신의 행동을 조절하며 상황에 따라 변화할 수 있는 유연성을 키워가게 됩니다.

예를 들어 낯선 사람과 마주할 때 자신이 다소 불편하고 긴장이 된다면 그 감정을 부정하거나 그 감정 때문에 상황을 피하는 것이 아니라, 불편하면 불편한 대로 그 상황과 마주하려고 노력하는 태도가 중요합니다. 이때 애써 자신이 경험하는 긴장감이 타인에게 들키지 않을까 두려워하기보다는 그러한 자신의 모습을 개방하면서 그런 자신에 대해 상대방은 어떻게 생각하는지 역으로 상대의 입장을 들어보면서 자신의 행동을 조절할 수 있으면 됩니다.

사람들과 관계를 맺다보면 나와 다른 차이 때문에 불편함을 종종 경험하게 됩니다. 하지만 그러한 상황이 있기에 남과 다른 나를 더욱 선명하게 이해할 수 있게 됩니다. 또한 미처 살펴보지 않고 사용하지 못했던 새로운 모습도 발견하고 계발할 수 있는 기회를 얻을 수 있게 되지요. 다만 내가 몰랐던 부분이라 처음 입는 옷처럼 너무도 낯설고 어색하게 느껴질 수 있습니다. 그러나 자꾸 입다보면 자기와 어울리지 않을 것처럼 보였던 옷도 어느 덧 익숙해지는 것처럼 편하게 느껴질 때가 있을 것입니다.

남과 다르다는 것은 잘못된 것이 아니라 남과 다른 나를 만들어주는 본질적 바탕임을 기억하시기 바랍니다. 자신의 모습을 알았다는 것이 무엇보다도 중요합니다. 그러니 이번 기회를 통해 상황과 대상에 따라, 필요에 따라 사용하지 않는 모습도 실험해보고, 그러면서 자신의 인격의 지평을 넓히고 확장시켜나갈 수 있을 것이라는 희망을 스스로에게 걸어보시면 어떨까 싶습니다.

Summary

• 자신의 모습을 있는 그대로 인정해보는 연습을 해보세요. 내가 누구보다 잘한다 혹은 못한다는 비교 평가가 아니라 나와 다른 사람들이 있으며 나는 다른 사람과 달리 이런 상황이 편하고 저런 상황을 불편하다고 느끼고 있구나 정도만 이해하면 됩니다.

• 사람들과 관계를 맺다보면 나와 다른 차이 때문에 불편함을 종종 경험하게 됩니다. 하지만 그러한 상황이 있기에 남과 다른 나를 더욱 선명하게 이해할 수 있습니다. 남과 다르다는 것은 남과 다른 나를 만들어줄 수 있는 힘이 되어준다는 사실을 기억합시다.

회사 사람들과의 다툼이
제 탓인 것 같아 힘듭니다

Q 하루에 몇 번씩 직장 선후배 간에 조그만 다툼이 벌어집니다. 그때마다 제 의견을 말하는데, 가끔씩 제 말이 상대방에게 무시당했다고 느낄 때가 있습니다. 이것이 자격지심인지, 아니면 못난 내 자신에 대한 자신감이 없는 탓인지 모르겠습니다. 매일매일 이런 기분을 느끼며 혼자 많은 생각을 해보지만 아무런 결론도 내리지 못한 채 항상 우울해하곤 합니다. 저의 내성적인 성격도 고치고 싶고, 저의 솔직하지 못한 감정표현력도 고치고 싶지만 어떻게 해야 할지 모르겠습니다.

– 자신이 부족해서 다툼이 생기는 것 같다는 정 대리

A 대인관계에서 일어나는 다툼에 대해 별일 있었냐는 듯이 넘어가는 사람이 있는가 하면, 그러한 다툼이 모두 자신의 잘못인 양 마음속의 상처로 간직하고 있는 사람들도 있습니다. 결국 사람마다 각각 지니고 있는 성향이 다르기 때문에 똑같은 상황에서도 취하는 태도가 각기 달라질 수 있는 것이지요. 후자처럼 모든 상황을 자신의 문제로 돌린다면 심한 우울증에 시달릴 수도 있습니다.

정 대리님의 경우 우선 자기 표현을 하는 연습을 해보시는 것이 어떨까 싶습니다. 예를 들어 일단 상대가 정 대리님에게 불쾌함을 주었다면, 자신에게 일어난 불쾌하고 언짢은 감정을 애써 누르려고 하기보다는 '현재 내가 너무 힘들고 속상하구나.' 하며 자신의 감정을 파악해보시기 바랍니다. 그리고 그 감정이 어떠한 생각에서, 또는 무엇 때문에 일어난 감정인지 살펴보십시오. 그 과정이 충분히 정리되었다면 상대에게 "내가 지금 이러이러해서 화가 난다."라는 식으로 정중히 정 대리님의 감정을 표현해보시기 바랍니다.

그리고 자기 자신에 대한 자신감을 가져보세요. 매사에 자기 확신이 없다면 상대를 온전히 바라보기 어려울 수 있습니다. 자기 믿음 또는 자신감을 갖기 위해서는 우선 정 대리님에게는 어떠한 장점들이 있는지 자기 자신을 한 번 돌아보세요. 그리고 그 장점을 타인을 통해 인정받고자 하기보다는 정 대리님 자신이 스스로 먼저 인정하는 것이 중요합니다. 사람들이 저마다의 고유한 모습을 갖고 있듯이 분명히 정 대리님이 모르는 정 대리님 자신의 장점을 발견하게 될 것입니다.

정 대리님의 장점을 하나씩 발견해나가면서 부족한 점까지 보완해나간다면, 당당하게 다른 사람에게 자신을 표현할 수 있을 것입니다. 물론 처음에는 힘들고 어색할 수도 있겠지요. 그럴 때는 쉬운 것부터, 또는 정 대리님이 할 수 있는 것부터 행동에 옮겨보세요. 예를 들어 상대에게 직접 말로 표현하기 힘이 든다면, 글 또는 이메일을 통해 정 대리님 자신의 마음을 전하는 것도 한 가지 방법입니다.

타인이 왜 그렇게 행동하는지 의문을 갖기 전에 지금 내 감정이 왜 이리 불편한지, 내가 진정 원하는 것은 무엇인지 살펴보세요. 그리고 원하는 것을 위해 현재 자신이 할 수 있는 것에는 어떠한 것들이 있는지 둘러보세요. 분명히 거기에 해답이 있을 것입니다.

Summary

- 사람마다 각각 지니고 있는 성향이 다르기 때문에 똑같은 상황에서도 취하는 태도가 각기 달라질 수 있습니다.
- 매사에 자기 확신이 없다면 상대를 온전히 바라보기 어려울 수 있습니다. 자기 믿음 또는 자신감을 갖기 위해서는 자신에게 어떠한 장점들이 있는지 되돌아봐야 합니다.

다른 사람과 나를
자꾸 비교하게 됩니다

Q 전 28세 직장인입니다. 중소기업에 다니다가 지금의 회사로 이직했습니다. 이전 직장에 다닐 때는 그래도 주변에서 능력 있다는 칭찬을 많이 들었습니다. 그런데 막상 이곳에 들어와 보니 학벌이나 스펙, 능력 면에서 저보다 뛰어난 사람들만 있는 것 같아 일에 대한 의욕이 떨어지는 것은 물론이고 사람들과의 관계마저 소극적으로 바뀌는 것 같습니다.

이전의 당당했던 저는 어디로 갔는지 모르겠습니다. 이러한 열등감과 삶에 대한 패배주의 때문에 회사생활이 괴로울 때가 많습니다. 더불어 삶에 대한 애착이나 희망들도 점점 더 멀어져 가는 것 같아요. 회사 사람들과 원만하게 지내지 못하니, 여기에서 당장이라도 뛰쳐나가 혼자만 있고 싶습니다. 때때로 죽고 싶다는 생각까지 듭니다. 자꾸 변해 가는 제 모습이 너무 무섭습니다.

– 열등감에 사로잡혀 힘든 나날을 보내는 박 사원

A 열등감은 그야말로 자신이 자기 마음속에 그려놓은 또 하나의 자신의 모습 때문에 나타난다고 할 수 있습니다. 타인이 아무리 아니라고 해도 자기가 자신을 한없이 못났다고 생각하거나 부족하다고 생각한다면 이러한 열등감의 굴레에서 벗어나기 힘들 것입니다. 어쩌면 박 사원님의 경우도 자신을 이러한 열등감의 굴레에 매어두는 것은 아닌지 모르겠군요. 열등감은 남보다 더 잘나고 싶은, 또는 더 잘하고 싶은 마음의 표현이라고도 할 수 있지만, 지나치게 자신을 낮추면 타인에게는 그것이 겸손이 아니라 위선처럼 비쳐질 수도 있습니다.

이러한 경우에는 우선 자신이 자신 있게 할 수 있는 것이 무엇인지, 무엇을 좋아하는지를 구체적으로 생각해볼 필요가 있습니다. 하얀 종이 위에 평상시 박 사원님이 바라본 자신의 장점, 또는 박 사원님이 좋아하고 잘할 수 있는 것들을 구체적으로 나열해보십시오. 그리고 그 중에서 현실적으로 박 사원님이 할 수 있는 것이 무엇인지 순위를 매겨보세요.

이렇게 우선순위가 정해지면 오늘부터라도 당장 행동으로 옮기세요. 행동에 옮길 때 자기 혼자만 알고 실천하는 것보다 주위 사람들에게 알리는 것이 좋습니다. 그러면 동기부여가 될 뿐 아니라 주변 사람들이 도움을 줄 수도 있기 때문이지요.

다음으로 타인과 의도적으로 친해지려고 노력하기 전에 우선 박 사원님 자신과 친해지는 연습을 해야 합니다. 흔히 자기에게 주술을 건다고 하는 자기 귓속말로 '넌 잘할 수 있어.' '늘 응원하고 있어. 화이팅!'이라고 계속해서 자신을 향해 외쳐보십시오. 실제로 이러한 자기 귓속말은 박 사원님이 자신 있게 행동할 수 있도록 하는 마력 같은 힘을 발휘합니다. 이러한 연습을 거치다보면 자연스레 타인과 친밀해질 수 있는 길이 보일 것입니다. 그럼 건투를 빌겠습니다.

Summary

- 열등감은 남보다 더 잘나고 싶은, 또는 더 잘하고 싶은 마음의 표현이라고도 할 수 있습니다. 그러나 지나치게 자신을 낮추면 타인에게는 그것이 겸손이 아니라 위선처럼 비쳐질 수도 있습니다.

- 자기 귓속말로 '넌 잘할 수 있어.' '늘 응원하고 있어. 화이팅!'이라고 계속해서 자신을 향해 외쳐봅시다. 실제로 이러한 자기 귓속말은 자신이 자신 있게 행동할 수 있도록 하는 마력 같은 힘을 발휘하게 도와줍니다.

30대 후반 직장인의 삶, 참으로 막막합니다

Q 대기업에서 과장으로 근무하고 있습니다. 회사에서도 어느 정도 인정을 받고 있고요. 다른 사람들이 보기에는 별 탈 없이 지내는 것처럼 보이겠지만, 인사평가 시즌만 되면 막연한 두려움과 불안, 언제 회사를 나가야 할지 모른다는 생각 때문에 잠자리를 설치기 일쑤입니다. 혹시나 하는 마음에 돈을 좀 모아서 사업을 해볼까도 생각하고 있습니다. 그런데 사실 돈도 돈이지만 30대 후반이라는 나이에 뭔가를 새롭게 시작할 생각을 하니 도무지 엄두가 나지 않습니다. 게다가 저만 쳐다보고 있는 아내와 자식들을 생각하면 절대 사업에 실패하면 안 된다는 생각에 마음이 무겁습니다. 사업을 하려면 지금부터 준비

를 해야 하긴 하는데 무엇부터 해야 할지 막막합니다. 이런 저의 약한 모습을 보고 실망할까봐 아내에게는 아무 말도 못하겠습니다. 만일 제가 회사를 나가면 잘해낼 수 있을까요?

– 30대 후반에 새로운 삶을 찾으려고 하는 심 과장

A 어쩌면 대기업의 과장으로 막연히 안주할 수도 있을 텐데, 다시금 뭔가를 새롭게 시작해보고자 하는 용기에 저역시 힘을 실어드리고 싶군요. 하지만 무엇을 하고자 하는데 지금처럼 그것으로부터 자신이 얻고자 하는 것이 무엇인지 불분명할 경우 불안과 두려움의 강도는 더욱 커지게 됩니다.

우선 30대 후반에 뭔가를 새롭게 시작해야만 하는 이유에 대해 곰곰이 생각해보셨으면 합니다. 왜냐하면 뭔가를 시작할 때는 그에 따른 명분이 확실해야 힘과 용기가 생기기 때문입니다. 목표와 그에 대한 명분이 확실하다면 지금의 불안과 두려움은 어느 정도 누그러질 거예요.

자신이 생각하고 있는 바가 뚜렷하고 명분이 확실하다면, 그 다음은 어떻게 계획하고 준비하고 실행할 것인지를 설정하면 됩니다. 즉 막연히 돈을 모아 사업을 하겠다는 것이 아니라 자신이 하고자 하는 일에 소요되는 비용과 그 일에 대한 전망, 실제 그 일을 하고 있는 사람들로부터 얻은 정보, 그리고 위험성까지 구체적으로 요모조모 따져봐야 합니다.

물론 이렇게 어느 정도 준비가 되었다 하더라고 새로운 일에 대한 두려움과 불안이 완전히 없어지는 것은 아니겠지요. 그럴 때는 자신이 어디에 생각의 초점을 둘 것인지 명확하게 결정하는 것이 중요합니다. 왜냐하면 생각의 초점을 어디에 맞추느냐에 따라 감정도 달라질 수 있기 때문입니다. 즉 '회사를 그만두어도 과연 내가 잘할 수 있을까?'라는 막연한 생각에 초점을 맞추면 두려움과 불안함이 동반되고, 새롭게 시작하고자 하는 일에 대한 의욕마저 떨어뜨릴 수 있음을 기억하세요.

구체적인 준비가 다 되었다면 두려움은 두려움 대로 안은 채 하고자 하는 일에 모든 에너지를 집중하는 것이 최선의 방법일 것입니다. 무엇을 하면 내가 만족스럽고, 행복한 생활을 할 수 있느냐를 생각한다면 뭔가를 새롭게 시작하기에 30대 후반이라는 나이는 결코 늦은 나이가 아닙니다. 힘내시기 바랍니다.

Summary

• 무엇을 하고자 하는데 그것으로부터 자신이 얻고자 하는 것이 무엇인지 불분명할 경우 불안과 두려움의 강도는 더욱 커지게 됩니다.
• 자신이 생각하고 있는 바가 뚜렷하고 명분이 확실하다면, 그다음은 어떻게 계획하고 준비하고 실행할 것인지를 설정해야 합니다.

고과와 평가 없는
세상에서 살고 싶어요!

Q 저는 요즘 마음이 초조하고 불안해 미치겠습니다. 하반기만 되면 재발되는 불안! 이건 다름이 아니라 고과에 대한 불안입니다. 세상살이는 평가의 연속인 것 같아요. 성적순으로 학생들을 평가하는 학교에서 자유로워지나 싶었는데, 조직생활에서도 여전히 등급이 매겨지더군요. 특히 저희 회사는 인사평가가 더욱 심한 것 같습니다. 그래서 고과를 잘 받아보려고 상사에게 슬슬 기는 동료나 선배가 있는가 하면, 고과를 핑계로 은근히 아랫사람에게 압력을 넣는 상사들도 있어요. 이러한 현실이 정말 마음에 들지 않으면서도 저 역시 올해는 고과를 어느 정도 받을까 노심초사하고 있답니다. 이러한 제 자신이 너무

싫습니다. 평가에서 자유로워지고 싶은데 마음처럼 잘 되지 않네요. 어떻게 하면 좋을까요?

– 인사평가 시즌만 되면 불안이 재발하는 고 대리

A 직장생활을 하는 사람 중에 평가에서 자유로워질 수 있는 사람은 몇 안 될 것입니다. 다만 각자 평가에 대해 어떤 입장을 취하느냐에 따라 일에 임하는 태도와 반응의 정도가 다르겠지요. 고 대리님처럼 불안과 초조 속에서 지내는 것은 평가 결과와 자기 자신을 동일시하려는 마음 때문에 오는 반응일 수 있습니다. 즉 평가를 잘 받으면 나는 괜찮은 사람이고, 평가를 못 받으면 나는 못난 사람이라는 자기 시나리오가 깔려 있는 것이지요. 이러한 상황에서는 실제 주변 사람들도 그렇게 생각하고 바라보는 것처럼 보일 수도 있습니다. 하지만 궁극적으로 주변 반응에 함께 휘둘리느냐 마느냐는 고 대리님의 태도에 달려 있습니다. 그렇다면 어떤 입장을 취할 때 평가에 대해 심리적으로 자유로워질 수 있을까요?

우선 자신에게 좀더 겸손하고 엄격해질 필요가 있습니다. 사람의 심리가 자신에게는 관대하고 타인에게는 냉정하기 쉽습니다. 거꾸로 자기가 먼저 자신에게 한 단계 높은 기준을 적용함으로써 평가 결과에 대해 심리적으로 방어하거나 회피할 수 있는 수단으로 삼기도 합니다. 스스로에게 엄격해지고 자신을 솔직히 인정할 수 있으려면 자기 능력의 한계와 장단점, 성격상의 결함 등을 다른 누구보다 뚜렷하게 파악하고 있어야 합니다. 그래야만 평가 결과로 인한 어려움을 주변의 탓으로 돌리지 않고 자신을 좀더 겸손하게 들여다볼 수 있는 여유가 생기게 됩니다.

다음으로 평가를 자신의 '종착역'이 아니라 조직에서 비전을 달성하기 위해 거쳐가야 할 '간이역' 정도로 생각해보시기 바랍니다. 즉 고 대리님이 원하는 비전을 이루기 위해 간이역에서 현재 자신의 수준을 스스로 점검하고, 그 점검을 통해 본인이 나아가고자 하는 방향을 보다 객관적으로 살펴보는 기회로 삼는 것입니다.

평가를 현재 자신보다 더 큰 자신으로 성장하기 위한 일종의 '몸에 좋은 쓴 약' 정도로 수용할 수 있다면, 오히려 자신이 볼 수 없었던 자기의 모습을 들여다볼 수 있는 좋은 기회로 활용할 수 있으실 것입니다.

Summary

- 스스로에게 엄격해지고 자신을 솔직히 인정할 수 있으려면 자기 능력의 한계와 장단점, 성격상의 결함 등을 다른 누구보다 뚜렷하게 파악하고 있어야 합니다.
- 평가를 자신의 '종착역'이 아니라 조직에서 비전을 달성하기 위해 거쳐 가야 할 '간이역'으로 생각해봅시다.

좋은 평가가 오히려 저를
부담스럽게 합니다

Q 신입 때는 느끼지 못했던 일에 대한 강박관념이 요즘 저를 점점 힘들게 합니다. 직급이 올라갈수록 제가 짊어져야 하는 책임감 때문인지, 아래로는 후배들의 요구에 위로는 상사 눈치에 이래저래 마음이 조여옵니다.

누가 곁에서 못한다고 질책하는 것도 아닌데, 저는 제 자신이 부족하다고 느껴집니다. 주변에 평가가 잘 안 나왔다고 힘들어하는 동료들도 있지만, 솔직히 저는 평가가 잘 나와도 기분이 그리 좋지 않습니다. 왜냐하면 늘 이 수준을 유지해야 한다는 긴장감이 저를 힘들게 하거든요. 그래서 동료나 후배들이 제 속도 모르고 평가가 잘 나왔으니 한턱

내라고 할 때면 어찌할 바를 모르겠어요.

지금껏 살아보니 소위 남들이 부러워하는 일류대학, 좋은 회사, 좋은 평가가 삶을 완벽하게 만족시키는 것은 아닌 것 같아요. 도대체 어떻게 살아야 제가 만족할 수 있을까요? 이런 이야기를 하면 배부른 소리 한다고 할까봐 누군가에게 하소연도 못하고… 정말 괴롭습니다.

– 인사평가 결과가 좋아도 전혀 기쁘지 않다는 설 과장

A 좋은 평가를 받아도 만족스럽지 않다는 것은 자신도 모르게 본인에게 끊임없이 더 나은 수준을 요구하고 있다거나, 늘 좋은 평가에 머물러야 된다는 강박으로 스스로를 몰고가고 있다는 이야기일 수도 있겠지요.

'완벽하고자 하는 열정'과 '그 결과에 대해 만족하느냐'는 좀 다른 문제인 것 같습니다. 완벽을 추구하는 것 자체는 삶의 발전의 원동력이라고 할 수 있습니다. 그러나 그것이 너무 지나쳐 항상 현재의 자신에게 만족하지 못하고 기쁨을 누릴 수 없다면, 이는 완벽하지 못하면 곧 모자라고 열등한 것이라는 도식이 내면에 깔려 있는 것이지요. 열등감, 실패에 대한 두려움이 성공에 대한 의지를 불사를 수도 있지만 그러면 그럴수록 성공은 행복과 거리가 먼 이야기가 되기 쉽습니다.

완벽해야 한다는 것은 그저 추상적인 '개념'일 뿐입니다. 즉 완벽이라는 허상에 맞추어 자신의 경험을 논리적으로 설명하고 평

가하려는 순간, 자신의 주체적 경험은 없고 개념 속에 갇힌 자신만이 존재할 뿐입니다. 완벽이라는 개념에 자신의 경험을 맞추려고 하기보다는 완벽을 향해 최선을 다해가는 과정 속에서 오는 기쁨이 더욱 소중한 것임을 잊지 마시길 바랍니다.

이러한 과정 속에서 경험하는 충족감이 스스로에게 힘이 되기 때문에 우리는 완벽을 향해 나아가는 과정이 힘든 줄 알지만 그래도 희망을 안고 나아가는 게 아닌가 싶습니다. 고통이 있기에 희망도 있다는 말은 어쩌면 고통 뒤에 오는 잠시 동안의 성취감, 기쁨을 느낄 수 있기에 가능한 역설일 것입니다.

주어진 좋은 평가와 좋은 환경을 누릴 수 없는 것은 '이 정도로는 안 돼!' 혹은 '그것만이 전부다.'라는 식의 고정된 시각으로 자신을 바라보는 설 과장님의 마음이 현재 경험하는 성취에 대한 기쁨을 앗아가고 있기 때문일지도 모릅니다. 완벽에 대한 강박을 내려놓고 소소한 성취의 순간들을 누릴 줄 알 때 행복한 성공도 따라올 것입니다.

Summary

- 열등감, 실패에 대한 두려움이 클수록 성공은 행복과 거리가 먼 이야기가 되기 쉽습니다.
- 완벽을 향해 최선을 다해가는 과정 속에서 오는 기쁨이 더욱 소중한 것임을 잊지 맙시다.

조직이동이 잦아 '평생 동료'의 개념이 없어요

Q 요즘 들어 회사에서 조직이동을 너무 자주 합니다. 몇 년 전만 해도 사람을 좋아하고, 그 덕분에 힘든 팀 생활도 버텨온 저였습니다. 그런데 요즘처럼 본인 의사와 상관없이 팀 이동이 진행되는 상황에서는 굳이 사람들과 마음을 나눠서 뭐하나 하는 회의감마저 듭니다. 함께 지냈던 동료들도 떠나고 나면 끝이고, 새로 온 팀원들도 서로 어색하기는 매한가지입니다. 그렇다고 팀장님이 팀원들 한 사람 한 사람을 챙겨주시는 것도 아닙니다. 그래서 그냥 기계처럼 일만 하면서 생활하는 것이 조직생활이겠거니 생각하려고 하지만, 그렇게 생각하면 회사 다닐 재미가 안 납니다. 이런 분위기에서는 어떻게 해야 마음 편

하게 생활할 수 있을까요? 힘든 직장생활에서 누구 하나 마음 터놓고 기댈 수 있는 사람이 없다는 현실이 정말 짜증납니다.

— 팀원이 자주 바뀌니 정붙일 사람이 없다는 길 대리

A 잦은 조직이동으로 사람들과 마음을 터놓기가 어려우시 군요. 더욱이 친하게 지내던 동료가 떠난 뒤 서먹해진 관계를 경험하면서 회사에서의 인간관계가 더욱 삭막하다고 느껴지셨나봅니다. 결국 그런 감정이 어차피 난 혼자일 수밖에 없다는 생각으로 이어지게 되고, 사람들과 마음을 터놓는 것이 어려운 일처럼 여겨지셨겠네요.

길 대리님은 어쩌면 사람을 좋아하고, 사람을 곧잘 신뢰하는 분이 아닐까 싶습니다. 그러다 보니 상대방에 대한 기대가 더 커질 수밖에 없지요. 이러한 경우 길 대리님이 기대했던 반응이 상대방으로부터 오면 다행이지만 인간관계가 수학공식처럼 넣은 만큼 그대로 나오는 게 아닙니다. 따라서 기대와 다른 반응이 오면 지금처럼 힘들 수도 있습니다. 즉 인간관계에서는 결과에만 기대면 지금처럼 관계가 재미없고 불편할 수 있습니다.

우선 내가 상대방에게 준 대로 상대방으로부터 받을 수 있다는 생각부터 내려놓으세요. 상대방과 뭔가를 나눌 때는 내가 진정 좋아서 나누는 것이어야 합니다. 다시 말해 내가 좋아서 줘야 흥이 나며, 그 행복감으로 인해 상대방으로부터 어떤 반응이 돌아오는지에 대한 결과가 그리 중요하지 않게 느껴집니다. 만약 '내가 주면 상대도 주겠지?' 하는 마음으로 주면, 주면서도 이래 저래 따지게 되고 머릿속이 복잡해지면서 결국 주는 내가 즐겁지 못한 상황이 됩니다. 즉 관계를 통해 진정한 '나눔'의 기쁨을 경험한다는 것은 내가 꼭 상대로부터 받을 수 있어 행복한 것이 아니라 줄 수 있는 상대가 내 곁에 존재한다는 것만으로도 감사하다는 마음이 저절로 생기는 그 순간일 것입니다.

사람은 살아가면서 인간관계에서 이런저런 만족감을 얻을 수 있습니다. 하지만 상대방의 반응에 자신을 너무 가두어두거나, 반대로 자신의 반응에 맞춰 상대방을 따라오게 만들려는 것 모두 불편하고 건강하지 못한 관계를 만들게 되지요. 현재 길 대리님이 사람들과의 관계 속에서 자신을 어떤 마음으로 이끌고 있는지 곰곰이 생각해보시기 바랍니다.

Summary

- 관계를 통해 진정 '나눔'의 기쁨을 경험한다는 것은 내가 꼭 상대로부터 받을 수 있어 행복한 것이 아니라 줄 수 있는 상대가 내 곁에 존재한다는 것만으로도 감사하다는 마음이 저절로 생기는 그 순간일 것입니다.
- '내'가 살아 있으면서 적당한 양의 '우리'가 있을 때 관계에서 만족감을 얻을 수 있습니다.

대기업에서 근무하는 것이 마냥 좋은 건 아니네요

Q 처음에는 남들이 알아주는 대기업에 입사해서 좋았는데, 지금은 예전만큼 마냥 좋지만은 않습니다. 야근이 계속되다 보니 개인 생활이 점점 줄어들어 회사가 싫어집니다. 주변에 있는 선배들도 어쩔 수 없이 다닌다며 푸념을 하는데, '나도 나중에 저렇게 찌들어가 겠지?' 하고 상상하면 참으로 암울하기만 합니다. 자기역량을 개발하라고 하지만 그럴 시간은 전혀 주지도 않고 계속해서 새로운 아이디어를 요구하니, 업무에 대한 압박만 심해지고 정작 제 자신의 발전은 없는 것 같아 미치겠습니다. 물론 대기업이라 다른 회사보다 비교적 복리후생이 좋고, 남들보다 돈은 많이 벌어요. 하지만 저녁이 없는 삶에 친

구들은 물론 애인과도 사이가 멀어져 점점 혼자 있게 됩니다. 매일 피곤하고 지치는 건 기본이고, 조그마한 일에도 짜증이 날 만큼 신경도 예민해졌습니다.

저도 정상적인 생활을 하고 싶습니다. 연차가 있어도 제대로 쓰지 못하고, 명절 때도 고향에 내려가지 못했습니다. 어떤 선배는 납기 일정 때문에 신혼여행중에도 일을 했다고 합니다. 원래 회사가 이런 건가요? 저는 계속 이렇게 살아야 할까요?

— 자기 삶이 없어 자꾸만 지쳐간다는 방 사원

A 지금 같은 상황에서 방 사원님이 힘들어하는 것은 이상한 것도 아니며, 회사에 적응을 못해서 그런 것도 아닙니다. 사실 소수를 제외하고 대부분의 직장인들은 방 사원님처럼 회사생활에 힘들어하고, 때로는 관두고 싶다는 생각이 들 만큼 재미없는 회사생활을 합니다. 즉 자신의 직업만을 통해서 모든 즐거움과 삶의 큰 보람을 찾기에는 어려움이 있다는 말이지요.

이럴 때는 우선 자신의 허전함과 어려움을 다른 것으로 달래야 합니다. 회사에서 일만 하는 것이 아니라, 회사 내에서 여러가지 활동을 해보거나 동료들과 좋은 인간관계를 쌓아가면서 거기에서 즐거움을 얻겠다고 생각하시면 직장과 일에 대한 스트레스가 조금은 줄어들 것입니다.

한편으론 방 사원님께서 지금의 일을 시작하려고 했을 때 무엇 때문에 지금의 길을 선택했는지 다시 한 번 생각해보시기 바랍니다. 현재 회사는 방 사원님이 '선택'한 길이지요. 그런데 그러한 선택과 동시에 방 사원님이 포기해야 할 뭔가가 있었을 것입니다. 예를 들어서 방 사원님은 대기업이라는 이미지와 상대적으로 많은 월급을 보고 이 회사를 선택한 대신에 저녁이 있는 삶을 보장해주는 직장생활을 포기해야 했었는지도 모릅니다. 언제나 모든 것을 다 만족시키기란 어렵지요. 직장생활도 그렇습니다.

물론 방 사원님의 어려움을 충분히 이해합니다. 하지만 힘들 때일수록 지금 상황에서 자신이 얻을 수 있는 것과 기쁨을 줄 수 있는 것이 무엇인지 동시에 생각해보시면 좋을 것 같습니다. 어떤 하나에서 모든 즐거움을 찾을 수 없기에 힘들 때는 자신을 즐겁게 해줄 수 있는 다른 무언가를 찾는 것이 좋습니다. 지금까지 잘 견뎌오셨으니 앞으로도 충분히 잘해내실 수 있을 거라고 생각합니다. 건투를 빌겠습니다.

Summary

• 자신의 직업만을 통해서 모든 즐거움과 삶의 큰 보람을 찾기에는 어려움이 있습니다.

• 힘들 때일수록 지금 상황에서 자신이 얻을 수 있는 것과 기쁨을 줄 수 있는 것이 무엇인지 함께 생각해봅시다.

지방대 출신이라는
열등감 때문에 힘듭니다

Q 4년 정도 직장생활을 하고 있는 사람입니다. 예전에는 능력만 있으면 된다는 생각으로 열심히 살았는데, 요즘 들어 제 학벌에 대한 열등감 때문에 괴롭습니다. 소위 일류대를 나온 동료들을 보면 부럽기도 하고, 한편으로는 지방대를 나온 제 자신이 초라하게 느껴지기까지 합니다.

회사생활은 제가 더 오래했지만 학벌이나 다른 스펙 등을 보면 다들 저보다 잘난 것 같아 열등감이 느껴지곤 합니다. 그래서 요즘은 출근하고 싶은 마음도 안 생깁니다. 예전에는 출신 대학에 대한 미련이 없었는데 요즘에는 당시에 가정형편 등 여러 가지 이유로 서울에 위치한 대학에 진학하지 못한 것이 너무 후회가 됩니다. 시간을 되돌릴 수도 없고, 이런 제 마음을 어떻게 하면 좋을까요?

— 지방대를 나왔다는 열등감으로 자존감이 떨어진 제 대리

A 제 대리님께서 표현하신 대로 되돌릴 수 없는 자신의 과거에 대한 후회와 스스로에 대한 자책으로 소중한 현재를 낭비하지 마세요. 이는 제 대리님 스스로가 원하지 않은 삶을 자초하고 있는 것일지 모릅니다. 현재 자신이 회사 내에서 원치 않은 모습으로 지내고 있는 것은 지방대 출신이라는 학벌의 문제라기보다 지나간 시간을 원망하면서 현재의 불만을 자신의 외적 조건(학벌 열등감) 탓으로만 돌리려고 하기 때문입니다.

우리가 몸담고 있는 현실 속에는 학벌에 대한 열등감뿐만 아니라 출신 지역, 외모, 재산, 성격 등 수많은 열등감이 존재합니다. '비교'를 통한 열등감은 마치 끝나지 않는 인간의 욕망과도 같은 것입니다. 예를 들어 누군가 100을 가지고 있으면 남들이 생각하기에 행복할 듯싶지만, 정작 그 사람은 또 100이라는 조건 안에서 자신보다 더 나은 가치를 가지고 있는 사람을 찾아 끊임없이 비교하고 평가합니다. 이처럼 우리는 끊임없는 비교 속에서 자신의 행복과 만족을 찾으려 합니다. 그러나 그럴수록 주관적 행복과 점차 멀어지게 될 뿐입니다.

우리가 명심해야 할 것은 이러한 외적 조건만이 절대적 행복

을 가져다주는 것은 아니라는 점입니다. 학벌이 직장생활을 하는데 유리한 조건을 만들어줄 수는 있지만 그것이 결코 전부는 아니라는 말입니다. 왜냐하면 외적 조건 이외에도, 이를테면 한 개인이 지니고 있는 성실성, 책임감, 한 번 시작한 것은 포기하지 않는 집념, 타인에 대한 배려, 관대함 등등 눈에 보이지 않는 숨은 가치들이 외적 조건의 한계를 넘어 직업에서의 성공과 보다 가치롭고 행복한 삶을 살아갈 수 있도록 하는 힘이 될 수 있기 때문입니다.

하지만 이러한 가치의 실현은 눈에 보이는 조건처럼 당장 눈에 띄는 것이 아니기 때문에 인내와 기다림의 시간이 필요하지요. 잘 살펴보세요. 현재 제 대리님이 몸담고 있는 회사에서 소위 잘나가는 동료나 선배들이 과연 일류대 출신이라는 이유만으로 인정받고 있을까요? 일류대라는 조건 덕분에 조직에서 당장 주목받기에 유리했을 수 있다고 하더라도 그것을 뒷받침해주는 또 다른 요소들은 없었는지 한 번 살펴보면 어떨까 싶습니다.

아울러 지방대 출신이라는 조건이 문제가 아니라 자신이 지방대 출신이라는 이유로 스스로를 먼저 깎아내리려고 했던 것은 아닌지 살펴보셨으면 합니다. 지금처럼 계속해서 스스로의 조건이 불리하다고 생각하면 매사에 신경이 쓰이고 괜히 긴장하게 만들어 결국 업무적으로도 자신의 잠재력을 발휘하는 데 방해가 될 수 있습니다.

지방대 출신이라는 과거는 물론 지울 수 없는 자신의 '흔적'과도 같은 것입니다. 하지만 진정 중요한 것은 그 흔적은 과거이며 그 과거를 인정하고 지금 내가 할 수 있는 것에 얼마나 최선을 다하는가입니다. 어쩌면 제 대리님 자신이 가지고 있는 충분한 능력을 발휘하지 못하도록 방해하는 것은 열등감으로 인해 스스로 한계를 두고 있기 때문이 아닐까 싶습니다. 자신이 과거에 어떤 사람인지, 어디에 있었는지에 의미를 두기보다는 과거를 발판삼아 앞으로 지금보다 더 나아질 수 있는 방법은 무엇인지, 지금 상황에서 자신이 할 수 있는 것은 무엇인지에 대한 구체적인 방법을 모색하고 실천해보시기 바랍니다.

Summary

• 우리가 몸담고 있는 현실 속에는 학벌에 대한 열등감뿐만 아니라 출신 지역, 외모, 재산, 성격 등 수많은 열등감이 존재합니다.

• '비교'를 통한 열등감은 마치 끝나지 않는 인간의 욕망과도 같은 것입니다.

• 자신이 가지고 있는 충분한 능력을 발휘하지 못하도록 방해하는 것은 열등감에 스스로 한계를 두고 한정 짓는 본인일 수도 있습니다.

무기력도 학습이 된다는 사실을 알고 있나요?

김 과장은 오늘도 독불장군 부장과 어떻게든 잘해보려고 애를 씁니다. 그런데 기껏 기안해 올리는 보고서마다 꼬투리가 잡힙니다. 그리고 상사는 자기 생각만 늘어놓습니다. 만일 당신이 김 과장이라면 어떻게 하겠습니까? 용기 있게 상사와 부딪칠 것인가요? 회사를 박차고 나올 건가요? 아니면 꾹 참고 그냥 그렇게 독불장군 부장의 비위에 맞춰 보고서를 쓸 것인가요? 오늘도 김 과장은 복잡한 마음이 교차하는 가운데 그저 상사의 생각에 맞춘 보고서를 쓰고 있습니다. 그리고 깊은 무력감에 빠집니다.

직장인들의 슬럼프는 자신의 업무에 대한 주도권을 잃게 되면서 시작됩니다. 그러나 대부분의 상사들은 자신이 부하직원들에게 무슨 잘못을 했는지 모릅니다. 나중에 이런 이야기를 듣게 되면 상사들은 오히려 어찌 조직생활을 마음대로 할 수 있느냐, 원래 그런 것이 조직생활 아니겠느냐는 식의 변명을 늘어놓습니다. 물론 그럴 수도 있습니다. 하지만 무기력에 빠진 채 순응하는 조직을 마치 원활히 운영되는 조직으로 착각하는 상사들이 많습니다.

미국의 심리학자인 마틴 셀리그만(Martin Seligman)은 1975년 '학습된 무기력'에 관해 24마리의 개를 대상으로 흥미로운 실험을 진행했습니다. 개를 두 그룹으로 나누어 한 그룹에게는 코로 조작기를 누르면 전기 충격을 피할 수 있는 환경을 제공해주었고, 다른 그룹에게는 조작기를 눌러도 전기 충격을 피할 수 없고, 몸을 묶어두어 스스로 어떠한 대처도 불가능한 환경을 제공했습니다.

그렇게 24시간이 경과한 뒤 셀리그만은 두 집단의 개를 차단막을 넘으면 전기 충격을 피할 수 있는 상자에 옮겨두어 이전과 똑같은 전기 충격을 주었습니다. 그 결과 스스로 전기 충격을 피할 수 있는 방법을 알고 있던 개들은 바로 차단막을 넘어 전기 충격을 피했습니다. 그러나 자신이 통제할 수 없는 전기 충격에 노출되었던 개들은 그냥 그 자리에 주저앉아 낑낑대면서 전기 충격을 피하는 것 자체를 포기했습니다.

직장생활을 하다보면 거듭되는 좌절과 실패로 도저히 빠져나올 수 없을 것 같은 무기력함을 경험하기도 하고, 통제력을 상실한 적도 있을 것입니다. 이 실험의 개처럼 좌절과 실패를 경험하다보면 인간도 자신의 절망과 불행을 운명처럼 받아들여 학습된 무기력에 빠져 체념 상태에 이를 수 있습니다. 이러한 절망의 덫에서 빠져나올 수 있는 방법은 좌절과 실패의 두려움을 넘어 직면하는 수밖에 없습니다.

셀리그만은 무기력도 학습되는 것처럼 낙관주의도 학습될 수 있다는 이론을 만들어냅니다. 즉 사고방식도 개인의 노력에 의해 언제든지 긍정적으로 수정할 수 있다는 것입니다.

실패의 덫에 사로잡힐 때는 자신도 성공할 수 있는 잠재력을 갖고 있는 존재라는 것을 망각할 수 있습니다. 학습된 무기력이란 스스로가 학습된 무기력 상황에 빠진 채 아무 것도 하지 않고 있다는 사실을 알아차리지 못함을 의미합니다. 그러므로 학습된 무기력 상황을 벗어나기 위해서는 스스로가 무기력 상태에서 벗어나겠다는 마음가짐이 무엇보다 중요합니다. 혼자의 힘으로 무기력 상태에서 벗어나기 힘들다면 주변 사람들의 도움을 받는 것도 한 가지 방법이 될 수 있습니다. 더불어 아주 사소한 것이라도 스스로에게 성공의 경험을 주어야 합니다.

　　성공의 경험이든 실패의 경험이든 우리는 끊임없이 변화하고 성장하고 있다는 점을 잊어서는 안 됩니다. 긍정과 부정을 구분하는 것 자체가 무의미한 행위일 수 있습니다. 어쩌면 긍정과 부정을 넘어 보다 통합적인 단계로 나아가기 위해 우리는 끊임없이 새로운 도전과 두려움과 직면해야 할지 모릅니다. 우리는 회사 안에서 주변의 간섭과 통제에서 완벽히 자유로워질 수는 없지만, 그러한 역경이 자신에게 끼치는 의미를 찾을 수 있다면 적어도 직장생활이 무기력하지만은 않을 것입니다.

좌절과 실패를 경험하다보면 자신의 절망과 불행을 운명처럼 받아들여
학습된 무기력에 빠져 체념 상태에 이를 수 있습니다. 이러한 절망의 덫에서
빠져나올 수 있는 방법은 좌절과 실패의 두려움을 넘어 직면하는 수밖에 없습니다.

꿈과 열정을 가지고 시작했던 직장 초년시절을 누구나 기억할 것입니다. 하지만 어느 날 거울을 보면 과거의 열정은 온데간데없고, 사방에서 날아오는 스트레스에 무방비로 노출된 채 무력해진 자신을 발견하게 됩니다. 그렇다고 해서 그대로 물러날 수 없는 것이 또한 직장의 현실입니다. 6장에서는 어느덧 자신의 한계에 이르렀지만 그 한계를 수용하고 넘어가는 성숙한 직장인의 모습을 함께 보고자 합니다.

6장

방황하는
직장인을 위한
고민상담소

이제 조직생활의 막다른 골목에 온 듯합니다

Q 제가 조직생활을 한 지도 거의 20년이 넘어갑니다. 입사 후 지금까지 회사라는 한 곳만 바라다보면서 살아왔습니다. 그런데 점점 젊고 똑똑한 후배들이 들어오고, 조직에서는 늘 새로운 것만을 요구하는 요즘, 제가 조직에서 '퇴물' 같은 존재로 느껴집니다.

게다가 몇 달 전부터는 팀 실적이 부진하고, 윗선에 잘못 찍힌 죄로 여기저기서 눈치를 보며 생활하고 있습니다. 그래도 먹여 살려야 하는 처자식이 있어 자존심도 내팽개치고 회사에 나오고 있지만, 정말 사는 게 사는 것 같지 않습니다. 한때 잘나가가던 CEO가 죽음으로 자신을 몰고 갔던 그 심정도 요즘 상당히 공감이 갑니다. 그렇다고 제가 극단적인 선택을 하겠다는 것은 아닙니다. 그저 그 마음이 이해가 될 만큼 많이 지쳐버린 것 같습니다. 아무튼 이래저래 마음도 뒤숭숭하고, 언제까지 이렇게 무기력하게 밥벌이 직장인으로 회사에 남아야 되는지 의미를 찾기 어렵습니다. 어떻게 하면 좋을까요?

　　　　　　　　　　　　　　　　　　— 직장에서 설 자리가 없다고 느끼는 용 팀장

A　지금까지 앞만 보고 달려온 자신의 인생이 어느새 내리막 길로 가려는 듯해 마음이 막막하고, '죽음'까지 생각할 만큼 절망에 가까운 심정이신가봅니다. 20년이라는 긴 시간 동안 회사를 위해 열심히 일하느라 가족과 살뜰한 시간도 보내지 못하고 즐길 수 있는 많은 것을 유보하고 여기까지 오셨을 텐데, 결과적으로 남는 것은 또 다른 내리막이라는 생각에 실망감과 좌절감이 크지 않을까 싶습니다.

정상이 있으면 내리막이 있는 것이 인생입니다. 하지만 대부분의 사람들이 정상을 향해 오르기 위해서만 애쓸 뿐, 내리막길을 마주했을 때 어떻게 하면 유연하게 대처할 수 있는지에 대해서는 덜 고민하지요. 그렇기 때문에 막상 내리막이 시작될 것 같으면 용 팀장님처럼 '두려움'에 사로잡히는 것입니다. 하지만 내리막길을 잘 내려오는 것도 정상을 올라가는 것만큼이나 중요합니다. 그것을 잘 넘기지 못할 때 정상에서 벼랑 끝으로 자신을 내모는 극단적인 선택을 하게 되는 것이지요.

자신의 물리적 성취를 자기 자신과 동일시하면 우리는 너무나 쉽게 극단적인 평가의 유혹을 받게 됩니다. 하지만 용 팀장님이 지금까지 지위와 부 같은 사회적 가치를 성취하려고 노력했던 것은 행복한 삶을 살기 위해서였지 그 자체가 목표였던 것은 아니었을 것입니다. 지금 성취한 것들이 삶의 목표였다고 생각하면, 그것이 없어지려 하는 순간 더할 수 없는 위기와 절망에 빠지게 됩니다. 그러니 '죽음'이라는 극단적인 생각까지 떠올리게 되는 것이고요. 지위, 부 같은 물질적 가치는 '행복한 자신'을 만들어주는 수단일 뿐 삶 자체가 아니라는 것을 생각해보셨으면 합니다. 주객을 전도시켜서는 안 될 것입니다. 그러니 그동안 용 팀장님이 지금의 조직에서 누렸던 행복의 순간을 다른 공간에서 다른 방식으로 찾는다고 생각해보시면 어떨까요?

아울러 변화의 흐름을 인정하고 그 변화 속에서 자신도 변화하려는 노력, 즉 끊임없는 배움과 성장만이 지금의 자신을 한 단계 더 끌어올릴 수 있다는 것을 기억하시기 바랍니다. 모든 살아 있는 생명체는 '생성-성장-소멸'의 과정을 겪기 마련입니다. 용 팀장님이 성장하는 동안 다른 후배들이 새롭게 등장하고 성장하며 언젠가는 지금의 용 팀장님처럼 물러서야 할 단계에 도달하게 되겠지요. 그것이 자연의 이치입니다. 그런데 억지로 그것을 거역하려고 하면 결국 불행해지는 것은 용 팀장님 자신일 것입니다. 아직 끝나지도 않았는데도 마치 끝난 것 같은 절망감에 허덕일 수밖에 없겠지요. 그런데 생성-성장-소멸의 과정은 우리

생이 마감할 때까지 끊임없이 반복됩니다. 지금 용 팀장님이 소멸이라고 느끼는 이 상황은 어쩌면 새롭게 자신을 잉태해야 하는 과정일 것입니다.

인생의 제2막을 살기 위해 어떻게 자신을 새롭게 탄생시켜야 할지는 지금 용 팀장님의 마음먹기와 실천에 달려 있습니다. 그러니 절망과 무기력으로 자신을 내몰 것이 아니라 지금까지 익숙했던 삶에서 새로운 인생을 창조하기 위해 어떤 준비를 실제적으로 해야 할지 선택적인 전략과 집중을 해야 합니다.

지금까지 누린 삶은 용 팀장님의 열정 덕분이었을 것입니다. 용 팀장님의 앞으로의 삶 역시 그 열정으로 새롭게, 그리고 다른 방식으로 '투자'한다고 생각하십시오. 건투를 빌겠습니다.

Summary

- 정상이 있으면 내리막이 있는 것이 인생입니다. 하지만 대부분의 사람들이 정상을 향해 오르기 위해서만 애쓸 뿐, 내리막길을 어떻게 하면 유연하게 대처할 수 있는지에 대해서는 덜 고민합니다. 그러나 내리막길을 잘 내려오는 것도 정상을 올라가는 것만큼이나 중요합니다.
- 지위, 부 같은 물질적 가치는 '행복한 자신'을 만들어주는 수단일 뿐 삶 자체가 아닙니다.
- 인생의 제2막을 살기 위해 어떻게 자신을 새롭게 탄생시켜야 할지는 마음먹기와 실천에 달려 있습니다.

**자기 목소리를 못 내는
제가 한심합니다**

Q 벌써 직장생활을 한 지 5년이라는 시간이 흘러가버렸군요. 하지만 5년이라는 시간 동안 직장에서 제 목소리를 얼마만큼 내고 생활했는지를 돌아보면, 제 자신이 너무도 한심할 뿐입니다. 다른 사람들은 조직생활에 잘 적응하면서도 나름대로 자신의 목소리를 당당히 내는데, 저는 전혀 그렇지 못합니다. 예를 들어 회의나 세미나에 참석했을 때 솔직히 하고 싶은 말도 많고 궁금한 점도 많지만 다른 사람들의 생각을 살피다가 결국 제 의견을 말하지도 못하고 주저하기 일쑤입니다. 질문을 한다고 해도 다른 사람들이 질문을 하면 그때 슬쩍 끼어 질문을 합니다. 좋은 아이디어가 떠올라도 그 의견을 당당히 제시하

지 못하고 우물쭈물 망설이다가 지나가버린 다음에 후회하곤 합니다. 아마도 제가 생각해낸 의견이나 질문이 무시당할까봐 두려워서 늘 소극적으로 행동하는 것 같아요. 어떻게 하면 이런 생각과 행동을 바꿀 수 있을까요?

— 자신의 의견이 무시당할까 입을 꾹 다물게 된 석 대리

A 주변 사람들이 자신의 생각이나 의견을 어떻게 생각하고 어떻게 느낄지에 신경을 쓰다보면 정작 다른 사람들 앞에서 당당히 자신을 드러내지 못하게 됩니다. 남이 자신을 인정해 줘야 스스로를 가치 있는 존재라고 믿게 되면 스스로 결정하고 판단한다는 것이 어렵게 되지요.

그럼 어떻게 하면 좋을까요? 우선 타인이 자신을 괜찮고 훌륭한 사람이라고 평가하기 이전에 스스로가 먼저 자기 자신을 괜찮은 사람이라고 인정할 수 있어야 합니다. 즉 있는 그대로의 자기를 존중하고 사랑할 수 있어야 합니다. 있는 그대로의 나를 존중하고 사랑한다는 것은 곧 자신의 한계나 실수에도 바람 앞의 등잔불처럼 흔들리기보다는 그것을 극복하고 유연하게 대처할 수 있는 마음가짐을 지니고 있음을 의미합니다. 우리는 이러한 사람을 흔히 '자존감이 높은 사람'이라고 칭합니다. 반면 자존감이 낮은 사람들은 자신의 결함에 초점을 맞추어 자신보다 남들이 더 뛰어나다고 생각하는 경향이 높습니다. 자존감이 낮으면

자신의 긍정적인 부분이 가려지고, 자신의 목소리를 낼 수 있는 기회를 놓치게 됩니다.

둘째, 타인과의 비교를 통해 우월감을 증명하려고 하기보다는 그저 서로의 다름을 인정할 필요가 있습니다. 실수를 하지 않는다고 해서 자신이 남보다 우월하다고 생각한다거나, 역으로 실수를 하니 자신은 열등하다고 여기는 사고방식은 결국 종이 한 장 차이입니다. 남의 시선을 통해 자신을 입증하려고 하는 태도는 동일하니까요. 주변 사람들이 자신의 실수에 대해 비난하지 않을까 하는 생각은 소극적인 태도를 만듭니다. 그러므로 '충분히 할 수 있고 해낼 수 있으니 그냥 부딪혀 보자.'라는 마음가짐이 중요합니다.

누구나 무언가를 행동으로 옮기기 전에 '과연 내가 이것을 잘 해낼 수 있을까? 못하면 어떡하지?'라는 염려의 마음이 앞섭니다. 하지만 설령 일이 잘못되었다고 하더라도 자신의 존재를 부정할 만큼 큰 문제가 되지 않습니다. 우리 자신을 좌절시키는 것은 실제 타인의 생각보다는 타인이 나를 나쁘게 볼지 모른다는 자신의 생각과 두려움입니다. 과거에 중요하다고 생각한 사람에게서 거부당했던 경험이 있으면 두려움이 더 크며, 타인을 의식해서 정작 자신이 하고자 하는 바를 추진하지 못하고 소극적인 태도를 더 많이 취합니다.

자기 목소리를 내는 과정에서 어느 누구도 주변의 비판으로부터 완전히 자유로울 수 없을 것입니다. 그럼에도 불구하고 자기 목소리를 낼 수 있어야 합니다. 즉 염려스럽고 불안하지만 끊임없이 자신의 목소리를 내려고 시도해야 합니다. 내가 옳아서가 아니라 내가 보내는 목소리를 통해 일에 참여하고 주변과 함께 할 수 있기 때문이지요.

어느 누구도 실수를 저지르지 않고 다른 사람들의 지적으로부터 완전히 자유로울 수 없습니다. 그러나 자신의 의견을 말하고 다른 주변의 목소리를 들음으로써 '차이'를 통한 성장을 경험하고, 그 차이를 통해 창조적인 대안들을 찾아갈 수 있는 기회를 얻게 되겠지요. 실수하지 않을까 하는 생각에 길을 가지 않고 후회하기보다는 일단 시도해보고 후회하는 것이 더 나을 때가 많습니다.

Summary

- 있는 그대로의 자기를 존중하고 사랑할 수 있어야 자신의 한계나 실수에 흔들리지 않으며, 이를 잘 극복하고 유연하게 대처할 수 있는 마음가짐을 지니게 됩니다.

- 우리 자신을 좌절시키는 것은 실제 타인의 생각보다는 타인이 자신을 나쁘게 볼지 모른다는 자기 생각과 두려움입니다.

- 나와 다른 주변의 목소리를 들음으로써 '차이'를 통한 성장을 경험하고, 그 차이를 통해 창조적인 대안들을 찾아갈 수 있습니다.

무의미한 일상 속에
삶이 정체된 것 같습니다

Q 저는 30대 중반의 평범한 회사원이자 한 아이의 아빠입니다. 최근 들어 회사에서 일을 하다가도 멍하니 허공을 쳐다보는가 하면, 저도 모르게 한숨을 내쉬는 일이 많아졌습니다. 특별히 어떤 문제가 있었던 것도 아닌데 늘 피곤하고, 회사에서 하는 모든 일들이 무의미하게만 느껴집니다. 남들이 부러워할 만한 대기업에 취직도 했고, 결혼해 토끼 같은 예쁜 자식도 있어 제 삶이 어느 정도 안정된 궤도에 올랐다고 생각하지만 여전히 마음 한구석이 허전합니다. 그야말로 앞만 보고 내달렸는데 특별한 것이 하나도 없는 느낌이랄까요? 제 삶이 여기서 멈춰버린 느낌입니다. 그렇다고 목표 없이 가만히 있자니 불안

하고, 앞으로 나아가자니 뭘 해야 할지 모르겠습니다. 이런 고민으로 심각해하는 모습을 보이면 가족이나 주변 사람들을 불편하게 할까봐 내색도 못하고 속앓이만 하고 있습니다. 속 빈 강정처럼 하루하루를 살아가는 제 모습에서 벗어나고 싶습니다.

— 변화 없이 정체된 삶을 바꾸고 싶은 하 과장

A 우리들의 삶은 꿈과 열정으로 목표를 향해 내달립니다. 하지만 때로는 이정표를 잃어버린 것처럼 혼란에 휩싸일 때가 있지요. 목표를 향해 달리고 있을 때는 마치 목표만 달성하면 그것이 모든 행복을 안겨줄 것 같습니다. 하지만 막상 목표를 달성하면 또 다른 목표를 만들어야 한다는 강박감에 나도 모르게 휘둘려 현재의 소중함을 놓치고 살아가는 경우가 많지요. 특히 자기 삶의 만족을 외부 조건에 두고 자신이 삶의 도구가 된 것처럼 달려오면, 막상 그것을 이뤘는데도 충분치 않다는 생각에 허탈함에 빠질 수 있습니다.

이럴 때는 어떻게 하면 좋을까요? 우선 주변과 자신의 내면을 둘러보세요. 다음에 무엇을 더 해야 할지에 대해 궁리하고 고민하는 일은 잠시 미루어두고 바로 눈앞에 있는 '지금-현재'에 주의를 집중하는 것입니다. 그동안 취업, 결혼 등 자신의 목적을 이루기 위해 고군분투하느라 무심코 놓쳤던 부분들이 많았을 것입니다. 지금 당장 그동안 잊고 지냈던 일상에 눈을 돌려보세요. 요즘 아내는 무슨 재미로 살고 있을까요? 최근에 자녀와 살갗을 맞대고 신나게 웃어본 적은 언제인가요? 청명한 가을 햇살 아래 시원하게 불어오던 바람의 감촉을 기억하시나요? 이러한 일상의 소소한 즐거움이야말로 목표를 향해 나아가더라도 현재의 충만감을 잃지 않기 위한 최고의 자원일 것입니다. 인생은 경주가 아니라 음미하고 즐기면서 살아내야 하는 기다란 여정임을 잊지마셨으면 합니다.

현재 자신의 삶이 정체된 것 같이 느껴져 괴로운 것은 어쩌면 새로운 변화에 대한 욕구는 크나, 현재의 안정적인 삶을 벗어나려고 할 때 마주하게 될 두려움 또한 크다는 의미일 수 있습니다. 즉 바꾸기 힘들다는 것은 그만큼 익숙한 현재의 삶의 틀이 아주 견고하다는 반증입니다. 진정 꼼짝달싹할 수 없는 정체 상황에서 벗어나고 싶으신가요? 그렇다면 자신의 상황을 인정하고 현재의 상황에 매인 원인이 무엇인지 냉정하게 들여다보세요. 혹시 너무 완벽하게 모든 것을 이루려는 욕심 때문은 아니었는지, 주변을 지나치게 의식하며 살았던 것은 아니었는지, 늘 삶에는 목표가 있어야 한다고 생각했던 것은 아닌지 말입니다.

스스로를 가두었던 틀이 무엇인지 알았다면 그 안에서 스스로가 하고 싶었던 것들 중 부담이 덜 가는 것부터 하나씩 시도해보시기 바랍니다. 그러한 시도를 통해 성취감이 쌓이다보면 일상에서 새로운 열정들이 다시 올라올 수 있을 것입니다. 현재 내가 누리지 못한 상실감에 빠져 있기보다는 이런저런 이유로 억압하고 잊고 있었던 마음의 울림에 귀 기울여보시기 바랍니다. 내면의 울림에 찬찬히 귀를 기울이고 그 안에 머무르며 충분히 즐기고 누려보세요. 잠시 멈춰 있을 때 오히려 그동안 잊고 있었던 생생한 삶이 더욱 크게 느껴질 것입니다.

지금 하 과장님께서 경험하는 정체된 느낌은 현재 놓인 삶의 한계를 극복하고자 하는 일종의 자기 몸부림일 것입니다. 힘내시기 바랍니다.

Summary

- 현재의 충만감을 잃지 않으려면 무엇을 해야 할지 생각하고 고민하는 일은 잠시 미뤄두고 바로 눈앞에 있는 현재에 모든 주의를 집중해봅시다.
- 현재 내가 누리지 못한 상실감에 빠져 있기보다는 이런저런 이유로 억압하고 잊고 있었던 마음의 울림에 귀 기울여보는 것이 필요합니다.

굴욕감을 느끼면서까지
회사를 다녀야 하나요?

Q 회사에서 인간적인 수모와 굴욕감을 느꼈습니다. 지금까지 그 누구에게도 들어본 적이 없는 욕을 상사에게 들었거든요. 제가 한 말이 신경질적으로 들렸을 수도 있지만, 그렇다고 사람들이 보는 앞에서 저에게 욕을 하면서 함부로 대하는 겁니다. 얼마나 당황스럽고, 화도 나고, 또 분하던지! 이 문제를 어떻게 해야 할지 정말 고민이 됩니다.

하루가 지나니 어제보다는 감정이 조금 누그러들었지만 이대로 가만히 있을 수는 없습니다. 제가 잘못한 부분이 있다면 제대로 사과를 하고, 제가 그 사람에게 요구할 수 있는 것은 당당히 요구해 정중하게 사과를 받고 싶어요. 제가 한두 살 먹은 어린아이도 아니고, 또 제가 그렇게 잘못한 것도 아닌 것 같은데, 갑자기 사람들 앞에서 그렇게 욕을 하니 정말 다시 생각해도 분합니다. 만일 상사가 사과를 안 한다고 하면 어떻게 해야 할지 걱정입니다. 앞으로 그 사람을 같은 부서에서 계속 볼 생각을 하니 짜증이 나네요. 제가 어떻게 하면 좋을까요?

– 자신에게 수모를 준 상사에게 사과를 받고 싶은 도 대리

A 이유가 어찌 되었든지 간에 회사 내에서 상대방에게 욕을 하고, 상대방이 인격적인 수모와 굴욕감을 느낄 만큼 함부로 대하는 것은 옳은 태도가 아닌 것은 분명합니다. 평생 한 번도 들어보지 못한 욕을 먹었으니 얼마나 황당하고 분하고 어이가 없으셨겠어요. 이러한 상황에서 자신의 감정을 진정시키는 것이 쉽지 않았을 텐데 자신의 감정을 다잡으면서 차분히 문제를 해결하고자 하는 도 대리님의 모습에 지지를 보내드리고 싶습니다.

사내에서 인격비하의 욕설이나 인격모독 행위는 개인 차원만의 문제라기보다는 회사 차원에서도 분명히 문제 삼아야 하는 사안입니다. 왜냐하면 도 대리님뿐 아니라 제2, 제3의 또 다른 피해자가 발생함으로써 회사 내에서의 이미지 실추 및 조직 분위기를 떨어뜨려 결과적으로 업무상의 손실로 이어질 수 있기 때문입니다. 그러므로 그런 상사 또는 직원이 있다면 정확하게 사

실을 파악해서 관리자에게 합당한 중재와 조치를 요구할 수 있어야 합니다.

가해자로부터 도 대리님이 원하는 바가 무엇인지에 따라 구체적인 문제해결 방식이 다소 달라질 수는 있겠지요. 그러니 지금 상황에서 자신이 원하는 것이 무엇인지부터 정리해보시기 바랍니다. 즉 당사자로부터 정중한 사과를 원하는 것인지, 부서를 바꾸고 싶은 것인지, 아니면 가해자의 태도에 대해 뭔가 회사 차원의 징계를 원하는 것인지 곰곰이 생각해보셨으면 합니다. 자신이 원하는 바가 정리되었다면 조직책임자에게 지금의 사실을 말씀드리는 것이 좋을 것 같습니다.

피해자 입장에서는 가해자의 보복이 두려워 자신의 신분을 알리지 않고 가해자에 대한 징계를 원할 수도 있겠지요. 그러한 경우 해당 사건의 처리자가 피해자의 신분을 보장한 상태에서 사건의 과정을 처리할 수 있습니다. 하지만 조사하는 과정에서 가해자가 자신이 해당 행위를 하지 않았다고 부인한다면, 피해자에게 양해를 구하고 가해자와 피해자의 신분을 공유하게 됩니다. 이때는 사건 처리자에게 여러 사람의 귀에 들어가지 않도록 조용히 말씀드리고 원하는 것을 요구하는 것이 좋습니다. 사건이 분명히 그 사람의 잘못이고, 또 원하는 것이 합당하다고 판단되면 부서 내에서 조치를 해주시겠지요.

도 대리님이 꼭 기억해야 할 점은 이러한 문제는 '한 번의 사례'에서 끝나지 않을 가능성이 크다는 것입니다. 그냥 방치하면 다른 사람이 다른 상황에서 이와 비슷한 문제를 또 경험하겠지요. 두 사람 모두의 잘못이라면 두 사람 모두가, 그리고 한 사람이 더 잘못했다면 그 사람을 더 문제 삼아야 할 것입니다. 그래야 질서와 공평함이 지켜집니다.

Summary

- 원하는 바가 무엇인지에 따라 구체적인 문제해결 방식이 다소 달라질 수 있으므로 자신이 원하는 것이 무엇인지부터 정리합시다.
- 상사의 인격모독 행위와 비하는 '한 번의 사례'에서 끝나지 않을 가능성이 큽니다. 그냥 방치하면 다른 사람이 다른 상황에서 이와 비슷한 문제를 또 경험하게 됩니다.

구성원들이 자신의 실수를 인정하려 들지 않습니다

Q 파트장으로서 구성원들의 업무를 챙기다 보면 문제 상황들이 수시로 발생합니다. 문제가 발생했으니 그냥 무시하고 넘어갈 수 없어 문제점을 구성원에게 이야기하게 되지요. 그런데 제가 답답한 점은 대체로 지적을 받은 당사자들이 본인의 실수를 인정하지 않는 경향이 많다는 것입니다. 오히려 다른 사람 또는 다른 일의 핑계를 대니 정작 문제해결은 늦어지는 경우가 많습니다.

리더 입장에서 제가 원하는 것은 조속한 문제해결입니다. 그런데 문제 당사자들이 끝까지 본인의 실수를 인정하려 들지 않을 때면 저도 사람인지라 가끔 욱할 때가 있습니다. 이러한 상황에 유연하게 잘 설득할 수 있는 방법은 없는지 조언 부탁드립니다.

　　　　　　　– 실수를 인정하지 않는 구성원들 때문에 고민인 기 과장

A　몇 가지 도움이 될 만한 말씀을 드리자면, 우선 실수를 인정할 수 있는 방식이 사람마다 다를 수 있음을 이해하는 것이 중요합니다. 기 과장님처럼 자신의 실수를 솔직히 시인하고 상대가 요구하는 방향으로 나아가는 사람들이 있는가 하면, 설령 실수를 했다고 하더라도 자신의 입으로 시인하는 것 자체를 상당히 어려워하는 사람도 있습니다. 후자의 유형에게 실수를 왜 인정하지 않느냐고 계속 추궁하는 것은 당사자의 두려움을 더욱 강화시켜 오히려 역효과를 불러일으킬 뿐이지요. 이런 유형의 성격에게는 실수로 인한 상대의 잘잘못을 따지려고 하기보다는 잘하고 싶었는데 부득이하게도 실수를 할 수밖에 없었던 마음을 헤아리고 들어주는 것이 우선일 것입니다.

둘째, "당신의 이런 부분이 잘못되었으니, 이렇게 해야 하지 않겠냐?"라는 식의 요구하는 방식보다는 "당신의 방법도 괜찮지만 이러한 방향으로 수정을 부탁한다."라는 식의 제안을 구하는 방식으로 접근하는 것도 좋을 듯싶습니다. 지적하는 방식은 두려움을 증폭시킬 수 있어 문제 당사자가 오히려 방어적인 태도를 취할 수 있음을 명심하셔야 합니다.

마지막으로 평소 기 과장님 자신이 실수에 대해 얼마나 관대한

지 살펴보셨으면 합니다. '조직에서는 한 치의 실수도 용납되어서는 안 된다.'라는 자신만의 전제를 강하게 머릿속에 입력해두었다면, 타인의 실수에 대해서도 역시 관대한 마음을 가지기 어려울 수 있습니다.

실수를 해도 좋다는 말은 아니지만, 실수를 긍정적인 방향으로 나아가는 하나의 과정으로 여길 줄도 알아야 합니다. 실수를 하면서 몰랐던 사실을 배우게 되고 깨닫게 될 수도 있으니까요. 그러니 상사라면 부하직원이 어떻게 하면 실수를 하지 않게 만드느냐에 초점을 두기보다는 실수로부터 어떻게 하면 긍정적이고 건설적인 방향으로 회복할 수 있을까에 초점을 두어야 하겠지요. 그렇게 될 때 구성원들 역시 자신의 실수를 부인하지 않고 실수를 한 단계 발전할 수 있는 기회로 삼을 수 있을 것입니다.

Summary

- 상대방에게 실수를 이야기해줄 때는 지적하는 방식보다는 제안을 구하는 방식으로 이야기하는 것이 좋습니다. 지적하는 방식은 두려움을 증폭시킬 수 있어 문제 당사자가 오히려 방어하는 태도를 취할 수 있기 때문입니다.
- 실수를 긍정적인 방향으로 나아가는 하나의 과정으로 여길 줄도 알아야 합니다. 왜냐하면 실수를 하면서 몰랐던 사실을 배우고 깨닫게 될 수도 있기 때문입니다.

매번 말을 바꾸고 지적하는 상사가 너무 싫습니다

Q 요즘 상사의 깐깐함에 속이 터질 지경입니다. 뭘 해도 항상 지적이니, 마치 그 지적들이 저를 트집 잡기 위한 것처럼 여겨질 때가 한두 번이 아닙니다. 그뿐만 아니라 매번 말을 바꾸는 상사 때문에 도저히 업무의 갈피를 못 잡겠습니다. 예를 들어 A방식으로 일을 진행하라고 해서 그렇게 일을 마무리했는데, 계약을 코 앞에 두고 다시 B방식으로 바꿔 수정하라며 완전히 뒤집어버리는 식입니다. 아무리 자신이 실무를 하지 않는다고 해도 막무가내로 이리 갔다 저리 갔다 하는 식의 업무 스타일은 도저히 참을 수가 없습니다. 조직에서는 상사의 말이 우선이라고는 하지만 이건 해도 너무한 것 아닙니까? 일처리를

완전히 자기 마음대로 하니, 정말 일하고 싶은 의욕이 싹 사라져버립니다.

이제는 상사 얼굴만 봐도 피하고 싶고, 마주하고 싶지도 않은 심정입니다. 저의 이런 태도에 상사도 내심 불쾌하겠지만 저로서도 자존심이 상할 대로 상했습니다. 그 상사 때문에 제가 회사를 떠나야 되나 고민한다는 게 왠지 억울하기도 하고, 막상 사표를 내려고 해도 저만을 바라보는 처자식 생각에 망설여집니다. 어쩌면 좋을까요?

– 자신과 업무 스타일이 맞지 않는 상사 때문에 고민인 송 과장

A 상사의 거듭되는 지적이 마치 송 과장님을 트집 잡기 위한 의도로 여겨지고, 상사의 의사결정 방식 또한 일방적으로 바뀌는 경우가 많아 화도 나고 혼란스러우셨을 것 같습니다. 이 모든 상황이 상사의 뜻대로 진행되는 듯싶어 일할 의욕이 나질 않는데, 회사를 당장 그만둘 수 있는 상황도 아니니 많이 답답하시겠어요.

사실 자율적으로 움직이고 싶어하는 것은 송 과장님뿐만 아니라 인간이라면 누구나 원하는 바일 것입니다. 자신의 판단과 결정대로 세상이 굴러가면 참 좋겠지만, 나 혼자만의 세상이 아니기에 우리 모두는 선택에 대한 제약은 물론 서로의 생각과 선택이 '다르다'는 이유로 인해 갈등과 오해를 경험합니다. 특히 조직에서는 이러한 상황이 더 빈번하고 심각할 수밖에 없겠지요. 그

런데 상사의 지시를 무작정 따르라는 것은 아니지만 이러한 조
직의 생리를 먼저 이해할 필요가 있습니다.

상사 때문에 스트레스를 받는 상황에서 벗어날 수 있는 방법
에는 어떤 것이 있을까요? 우선 방법을 떠올리기 전에 상사와의
친밀감이 탄탄하게 형성되었는지부터 살펴보시기를 권합니다.
내가 상대를 좋아하면 주변에서 그 사람을 아무리 욕해도 그 사
람 편에서 그 사람의 처지와 상황을 이해하려는 시도를 먼저 하
게 되지요. 이것을 심리학에서는 '동일화'라고 합니다. 반대로 상
대방과 친밀감이 형성되지 않으면 지금처럼 자신이 불리한 상황
에 놓이게 될 때 상대의 의도를 의심하고, 거기에 더해 상대방에
대한 적대감까지 생겨 더욱 업무관계가 힘들어집니다.

다음으로 조직은 근본적으로 위계질서를 통해 운영될 수밖에
없는 한계를 가진 구조임을 인정할 필요가 있습니다. 위계질서가
존재한다는 것은 일에 대한 권한이 상부에 있다는 뜻이겠지요.
부하직원들의 목소리를 듣고 이를 업무에 반영하는 것이 좋지만,
사실 그 의견을 반영할지 말지에 대한 판단과 결정은 오로지 윗
사람들의 몫이라는 것입니다. 다시 말해 송 과장님의 상사 역시
그 위의 상사의 결정에 따라 움직일 수밖에 없는 처지인 것이지
요. 그러므로 지금의 상황을 누가 누구를 통제하려는 '개인적인
의도'로 해석하기보다는 그저 '조직 내 메커니즘에 따라 그 상사
도 움직일 수밖에 없는 상황이구나.' 하고 이해하고 넘어갈 수 있
는 조망능력과 관대함이 필요합니다.

마지막으로 지금의 상사 분이 일과 관련된 상황뿐만 아니라 모든 상황에서 자기 방식대로 주도하려는 성향을 가지고 있다면 더더욱 파워 게임에 휘말려서는 안 됩니다. 소모전만 반복할 뿐이거든요. 즉 이러한 상사의 유형을 대할 때는 힘이나 설득으로 그를 굴복시키려고 하지 말고 상사의 기분에 신경을 쓰고, 그를 존중하는 아량이 필요합니다.

　　자기 방식만을 고수하려는 상사는 상대적으로 다른 사람으로 부터 통제받는 것에 대한 두려움을 안고 있습니다. 그러므로 상사가 보기에 전적으로 자신과 같은 편이라는 것을 경험할 수 있도록 송 과장님이 그러한 기회를 많이 만들어보시길 바랍니다. 그래야 상사 또한 송 과장님을 위협적인 존재가 아니라 협력자로 여겨 송 과장님의 말에 조금씩 귀를 기울일 것입니다. 송 과장님 자신이 지금의 상사를 받아들이고, 그분의 기분을 존중하려는 마음의 준비가 되었을 때 상대방에게도 송 과장님의 목소리가 들릴 것입니다.

Summary

• 상사와의 친밀감이 탄탄하게 형성되면 그 사람의 편에 서서 상대방을 이해하려고 노력하게 됩니다.

• 자기 방식만을 고수하려는 상사는 상대적으로 다른 사람으로부터 통제받는 것에 대한 두려움을 안고 있습니다. 그러므로 상사에게 자신과 같은 편임을 경험할 수 있는 기회를 만들어봅시다.

**돈 벌어오는 기계가
되고 싶지 않아요**

Q 결혼 10년 차의 두 아이의 아빠이자 남편입니다. 계속되는 야근 때문에 아내와 아이들과 함께할 수 있는 시간이 정말 얼마 되지 않습니다. 그런데 그 짧은 시간 동안 아내와 대화를 나누면 힘을 받기는커녕 싸움으로 이어집니다. 솔직히 대화의 내용도 다른 사람들 사는 이야기, 애들 이야기, 시댁과 친정 이야기뿐이니 점점 말을 하지 않게 됩니다.

제가 시골 출신이라 아내가 기대하는 것만큼 호강을 시켜주지 못한 것도 사실입니다. 그런데 툭하면 누구 남편의 연봉은 얼마이고, 주변 엄마들은 영어유치원을 보내는데 우리는 그럴 형편이 안 된다는 게 속상하다는 둥 하소연을 해요. 잘난 남편을 만나지 못해 이런가 싶어 애써 아내 말을 들어주려고 하지만, 계속 듣다보면 저도 모르게 "그럼 나보고 어쩌란 말이야!"라고 말하고 자리를 뜨게 됩니다. 또 이런 제 행동이 못마땅한 아내는 계속 저의 이런 태도를 두고 잘하는 것도 없으면서 큰소리나 친다면서 맞대응을 합니다.

제가 잘못된 건가요? 저도 열심히 살려고 나름 노력합니다. 그런데 저의 재력이 한순간에 대한민국 상위 5%에 들 수 있는 것도 아니고, 제가 돈만 벌어다주는 기계도 아니잖아요. 이럴 때는 회사도 가정도 모두 때려치우고 싶은 마음이 굴뚝 같습니다. 어떻게 하면 좋을까요?

– 자신의 능력을 남과 비교하는 아내가 야속한 서 과장

A 나름대로 최선을 다하며 살고 있는데 아내가 연봉을 운운하며 주변 사람들과 현재 자신의 능력을 비교하니, 아내가 야속하고 원망스러우셨을 것 같습니다. 그러한 아내의 비난과 야유에 '진정 내가 잘못 산 것은 아닌가?' 하는 자신의 삶에 대한 회의가 들고, 또한 이런 상황을 인정하고 싶지 않다는 자기 내면의 거부의 목소리가 서 과장님을 더 괴롭게 만드는 것 같습니다.

평소 잦은 야근으로 자신의 육체와 마음을 돌볼 겨를도 없이 살면서도 그게 잘 사는 거라 내심 자부하고 계셨을 텐데, 서 과장님은 어떤 생각 때문에 아내의 지적과 평가에 쉽게 무너져 내린 걸까요? 어쩌면 이번 기회가 서 과장님의 마음을 돌보고, 스스로

가 가지고 있었던 삶에 대한 가치관을 재구성할 수 있는 좋은 시간이 되지 않을까 싶습니다.

우선 서 과장님의 능력과 처지에 대한 아내의 비난이 자신은 우월해야 하고 뭐든지 해결해줄 수 있는 강한 남자여야 한다는 자신의 신념과 위배되는 신호였기에 더욱 화가 난 것은 아니었는지 살펴보시기 바랍니다. 다시 말해 가족들이 원하는 것을 다 해결해줄 수 있는 만능해결사가 아님을 자기 자신이 먼저 인정할 수 있는 마음의 여유가 필요합니다. 그러니까 자신의 한계를 화를 내며 밝힐 것이 아니라 웃으면서 말할 수 있어야 합니다.

아울러 "제가 잘못된 건가요?"라는 서 과장님의 질문에 대한 답변을 드리자면 "아무에게도 잘못이 없다."라고 말씀드리고 싶습니다. 다만 서로가 다른 방식으로 문제를 해결해나가려고 하다 보니 오해가 생긴 것 뿐이지요.

서 과장님은 아내의 말을 듣고 '내가 어떻게 하면 아내가 원하는 것을 빨리 해결해줄 수 있지?'에 주목했지만, 아내가 원한 것은 남편의 구체적인 조언과 문제해결보다는 공감이었을 것입니다. 즉 어쩌면 아내는 지금의 상황에 대한 어려움과 불편함을 남편에게 털어놓으면서 그 마음을 서 과장님이 자상하고 따뜻한 마음으로 위로해주고 공감해주기를 원했을지도 모릅니다. 물론 서 과장님 또한 아내의 마음을 모르는 것은 아니었겠지만 아내가 금방 알아차릴 수 있는 방식으로 서 과장님의 공감을 보여주지 못했던 것이지요. 이러한 상황에서 소통이 이루어지려면 서 과장님 자신이 느끼고 있는 불편함과 모든 것을 해결해줄 수 없는 한계를 스스로가 인정하고, 이러한 마음을 아내와 함께 열어놓을 수 있을 때 부부 사이의 진정한 교감이 일어나게 될 것입니다.

아내가 서 과장님의 생각과 기대를 읽지 못해 서 과장님이 속상하신 것처럼 아내 또한 서 과장님이 자신의 마음을 몰라준다는 생각에 불편한 감정의 골이 더욱 깊게 생겼을지 모릅니다. 사실 남녀의 차이는 단지 신체적인 차이를 넘어 심리적인 면에서도 꽤나 다릅니다. 아내는 세상살이의 이런저런 어려움 그 자체에 대한 공감을 받고 싶어서 불만을 이야기하고 있는데, 남편은 문제의 책임과 해결책에만 집중하는 성향이 강해 소통이 제대로 이루어지지 못하는 경우가 많습니다. 이럴 때일수록 서로에 대한 관심과 이해, 그리고 관대함이 필요하다는 점을 잊지 마시기 바랍니다.

Summary

- 자신이 가족들이 원하는 것을 다 해결해줄 수 있는 만능해결사가 아님을 먼저 인정할 수 있는 마음의 여유가 필요합니다.
- 서로가 다른 방식으로 문제를 해결해나가려고 하다보면 오해가 생길 수 있습니다. 소통이 이루어지려면 자신이 느끼고 있는 불편함과 모든 것을 해결해줄 수 없는 한계를 스스로가 인정해야 합니다.

보고 싶은 것만 보고,
듣고 싶은 것만 듣는다

외부 업체와의 계약에 대해 김 과장과 박 부장은 의견이 달라 언쟁이 오간 상황입니다. 하필 이럴 때 부서 회식에 다들 참석하라는 연락을 받았습니다. 김 과장은 상사인 박 부장에게 너무했나 싶은 생각에 박 부장에게 했던 말실수가 자꾸 떠오릅니다. 김 과장은 회식 자리는 안중에 없고, 멀리 맞은편에 앉아 있는 박 부장이 계속 신경 쓰입니다. 다른 사람의 목소리는 들리지 않고 박 부장의 목소리만 계속 맴돕니다.

이 사례의 김 과장처럼 시끄러운 장소에 노출되어 있음에도 불구하고 모든 정보들이 자신에게 다 들어오는 것이 아니라 자신에게 의미 있는 정보만이 유난히 크게 보이고 들리는 경험을 누구나 해봤을 것입니다. 이처럼 자신에게 의미 있는 정보만을 선택적으로 받아들이는 현상을 '선택적 지각'이라고 합니다. 선택적 지각으로 인해 우리는 시끄러운 파티나 나이트클럽, 회식 장소에서도 서로 대화가 가능한 것입니다.

칵테일파티 같은 시끄러운 장소에서는 많은 소리들이 귀에 들어오지만 의식되는 정보는 별로 없습니다. 그러다가 누군가가 자기 이름을 부르는 소리가 희미하게 들리면 돌아보게 되는데, 영국의 인지과학자인 콜린 체리(Colin Cherry)는 이 현상을 '칵테일파티 효과(Cocktail Party Effect)'라고 불렀습니다. 인간이 타인의 말을 보통 귀로 듣는다고 생각하지만 정작 듣는 것은 귀가 아니라 뇌입니다. 이는 인간에게 감각기억이 존재하기 때문에 가능합니다. 감각기억은 청각에서 일어나는 잔향기억과 시각에서 일어나는 영상기억으로 구분되는데, 그 중에서도 칵테일파티 효과는 잔향기억에서 일어나는 현상이라고 볼 수 있습니다.

우리는 일상생활에서도 칵테일파티 효과를 종종 경험하게 됩니다. 예를 들어 지하철 안에서 한참 졸다가도 자신이 내려야 할 장소가 안내방송으로 나오면 잠이 깨거나, 아니면 공공장소에서 자신의 휴대폰 울림소리만은 잘 알아들을 수 있는 것 등이 칵테일파티 효과에 의한 현상입니다. 즉 특정한 소리에 한해서 우리 뇌가 민감하게 지각하는 것입니다.

칵테일파티 효과에서 보여주는 선택적 지각 현상으로 인해 사람이라면 누구나 자신만의 프레임으로 주변 대상이나 상황을 대할 수 있는데, 이것이 부정적으로 작용할 때가 있습니다. 자신이 현재 보고 있는 선택적 지각이 100%라고 믿는 경우입니다. 이러한 선택적 지각의 결과를 자신의 논리에 맞춰 생각하다보면, 자신이 처한 상황을 있는 그대로 보지 못한 채 스스로가 만든 세계 안에 갇혀 살아가게 됩니다.

인간에게 100% 진실이란 것은 허상일지 모릅니다. 우리는 어쩌면 스스로 보고 싶은 것만 보려 하고, 듣고 싶은 것만 들으려 하면서 살고 있는 것이 아닐까요? 불완전한 우리 존재를 먼저 인정하고 주변 사람들의 지각에서도 이러한 한계를 허용하는 관대함이 필요합니다.

직장에서 일을 통해 인생의 전반기를 보냈다면, 인생의 후반기 또한 직장에서 준비를 해야 하는 것이 우리 직장인들의 현실입니다. 그래서 직장인들은 더욱 분주하고 불안합니다. 7장에서는 일과 사랑, 이 두 마리의 토끼 사이에서 어떻게 삶의 의미를 회복하고 주어진 미래를 펼쳐나가야 할지 살펴볼 것입니다.

7장

일하고
사랑하며
인생을 즐기자

진짜 하고 싶은 것이 무엇인지 모르겠습니다

Q 대학을 졸업하자마자 바로 입사해 올해로 6년째 회사에서 일하고 있습니다. 대학원에 진학하고 싶었지만 집안 사정 때문에 계속 미루다가 지금까지 오게 되었지요. 작년까지는 정말 악으로 버텼다고 할 수 있습니다. 일이 그리 재미있는 것도 아니고, 사람들도 거의 업무상 만나는 사람들뿐이니 주변 분위기가 참으로 삭막하기 그지없습니다. 점점 나이는 들어가고, 평가와 맞물려 이직을 준비하려는 동료들도 늘어나고…. 어쨌든 요즘 정말 분위기가 술렁술렁합니다.

제가 제일 고민하고 있는 것은 지금 하는 일이 정말 몸서리치게 싫음에도 불구하고, 막상 뭔가를 새롭게 시작하려고 하니 엄두가 나지 않는다는 점입니다. 미뤄두었던 공부를 할까 해도 주변 이야기를 들어보면 다시 공부를 시작했다고 해서 뭐 뾰족하게 보장되는 것도 없다고 하니, 제가 진짜 하고 싶은 것이 무엇인지 모르겠습니다. 목표가 확실해야 뭔가 할 수 있다는 것을 아는데 잘 되질 않습니다. 제가 어떻게 해야 진정으로 하고자 하는 일을 찾을 수 있을까요?

– 무엇을 진짜로 하고 싶어하는 것인지 모르겠다는 은 대리

A 자신에게 힘들었다는 6년이라는 시간을 지금껏 버텨올 수 있었던 은 대리님의 의지를 칭찬해드리고 싶군요. 그 의지가 남들과 다른 은 대리님의 자원이라고 할 수 있습니다.

현재 하는 일도 손에 안 잡히니 자신의 감정이 좋을 리 없고, 그러니 누가 곁에 있다고 한들 신이 날까 싶습니다. 결국 자신이 처한 환경을 어떻게 대하느냐에 따라 막막한 터널이 될 수도 있고, 희망봉을 향해 가는 열정에 찬 용사가 될 수도 있답니다.

모든 것이 막막할 때는 6년 전 자신과 현재의 자신을 비교해보세요. 현재 하고 있는 일이 몸서리칠 정도로 싫다고 하지만 어찌 보면 그 덕분에 과거보다 경력도 많아졌고, 맡은 분야에 대한 확신도 더 생겼을 것이며, 자신의 삶을 좀더 깊이 생각해보려는 진지함도 더 생기지 않았을까요? 이는 6년 동안의 직장생활이 헛된 것만은 아니라는 반증입니다. 그러니 앞으로의 삶을 구상할 때 지금까지의 자신의 삶을 후회하고 자책하기보다는 그동안 은

대리님이 누리고 쌓아온 것부터 하나씩 정리해보시기 바랍니다.

그다음에는 예전에 더 누리고 싶었는데 그렇지 못했던 것들이 무엇이었는지 구체적으로 종이 위에 써보십시오. 그래도 자기 마음을 잘 모르겠다면 시중에 나와 있는 여러 자기계발서에 수록된 체크리스트를 참고함으로써 객관적인 데이터를 종합해 자신의 목표를 재정립해볼 수도 있겠지요. 자기 삶의 미래를 구상한다는 것은 맨바닥에서 처음부터 탑을 쌓아가는 것이 아니라 그동안 자신이 쌓아온 바탕에서부터 뺄 것은 빼고, 덧붙일 것은 덧붙이면서 살아가는 것입니다. 그러니 너무 좌절할 일도, 체념할 일도 아닙니다.

지금껏 힘드셨다고 하지만 충분히 의미 있는 성취의 삶을 이어오셨으니 앞으로도 충분히 발전할 수 있을 것입니다. 다만 지금보다 조금 더 행복해지기 위해 억누르고 있었던 것을 시도한다는 마음으로 다시 한 번 출발해보시기 바랍니다.

Summary

- 앞으로의 삶을 구상할 때 지금까지 자신의 삶을 후회하고 자책하기보다는 그동안 자신이 누리고 쌓아온 것부터 하나씩 정리해볼 필요가 있습니다.
- 삶의 미래를 구상한다는 것은 맨바닥에서 처음부터 탑을 쌓아가는 것이 아니라 그동안 자신이 쌓아온 것에서부터 뺄 것은 빼고, 덧붙일 것은 덧붙이면서 살아가는 것을 의미합니다.

회사생활 자체에 흥미를 잃어버렸어요

Q 중소기업에 다니다가 경력사원으로 대기업에 입사했습니다. 대기업에 들어오면 뭔가 좀 다를 줄 알았는데, 막상 겪어 보니 그것도 아니더군요. 대기업이라는 곳에 첫발을 들여놓을 때의 흥분도 잠시, 시간이 지나면서 회사생활이 점점 재미가 없어졌습니다. 그래서 인지 승진에도 의욕이 별로 생기지 않고, 그냥 주어진 일만 하고 언제 면 퇴근을 할 수 있나 시계만 바라보면서 지내고 있습니다.

지금의 회사가 제게 맞지 않는 것일까요? 그렇다고 요즘처럼 경기 가 좋지 않은 상황에서 무작정 회사를 나가자니 한 가정의 가장으로서 너무 무모한 행동인 것 같고…. 부모님과 처자식이 제게 바라는 삶이 있는데, 어떻게 제가 원하는 대로 살 수가 있겠습니까? 요즘 조직개편으로 회사 분위기가 뒤숭숭해서 제 마음이 더 심란한 것 같습니다. 앞으로 남은 인생이 너무나 긴데, 계속 이렇게 수동적으로 재미없는 삶을 살아야 할까요?

— 자신이 원하는 삶을 살고 있지 않다는 구 과장

A 누구든 상황을 주도하는 삶이 아니라 상황 속에 자신을 맞춰가는 부분이 많다면, 당연히 재미와 멀어지는 삶을 살게 되지요. 그러므로 대기업이라는 환경이, 또 일 그 자체가 나를 의미 있게 만들어주기보다는 내가 처한 환경에 내가 어떤 의미를 부여하면서 살아가느냐가 결국 의미 있는 삶의 관건이 됩니다. 그렇지 않으면 구 과장님이 말씀하신 대로 수동적인 존재로서 삶을 살아가게 될 수 있습니다. 그래도 자신이 수동적으로 살고 있다는 것을 알아차렸다는 것만으로 일단 변화의 끈을 당긴 셈이니 그 점은 다행스럽네요.

우선 '나'를 객관적으로 이해할 필요가 있습니다. 내가 하고 싶은 것, 내가 잘할 수 있는 것, 나의 삶에 가치를 부여할 수 있는 의미 있는 일이 어떠한 것인지 좀더 구체적으로 곰곰이 생각해보시기 바랍니다. 즉 직업의 관점보다는 일의 관점에서 어떤 일을 하고 싶은지, 그리고 그 일을 왜 꼭 해야만 하는지에 대한 분명한 명분을 만드는 작업이 우선입니다. 이러한 생각을 하다보면 과연 그것을 할 수 있을까 하는 염려와 걱정이 밀려올 수 있겠지만, 그래도 그 부정적인 감정을 극복하고 긍정의 감정을 최대화할 수 있는 일이 떠오른다면 그것이 바로 구 과장님에게 의미 있는 일이 될 것입니다. 의미 있는 일을 발견했다는 확신이 들면 불안의 감정은 사라지고 오히려 기쁜 마음이 되겠지요.

다음으로 내가 스스로 이끄는 삶을 살아가려면 그에 따른 자기 책임도 감수하겠다는 다짐도 중요합니다. 냉정하게 들릴지 모르겠지만 부모님이 원하는 대로, 처자식이 원하는 대로 자신의 삶을 내맡긴 것은 구 과장님의 선택이고, 그렇게 해서 남아 있는 몫 또한 구 과장님이 감당해야 할 대가입니다. 전적으로 자기만을 위한 삶이란 있을 수 없습니다. 결국 가족을 위한 삶도 자기 삶의 중요한 부분으로 받아들여야 하겠지요. 그렇지 않고 현재 스스로가 선택한 삶을 부인하고 탓하는 것은 결국 자기의 삶에 스스로가 침을 뱉는 격이겠지요.

과거의 나도, 현재의 나도, 미래의 나도, 결국은 구 과장님이 선택해나가고 만들어가는 것입니다. 그러한 자신에게 꿈을 넣어주고 힘을 불어넣어주는 것 역시 자신의 일이고요. 누군가가 나의 삶을 안내하고 지원해줄 수는 있지만, 나의 인생을 전적으로 책임지고 보장을 해줄 수 있는 사람은 없습니다.

어쩌면 지금 구 과장님이 느끼는 무력감과 허무함은 구 과장님 스스로의 삶을 선택해나가고 싶다는 자기 내면의 목소리일지도 모릅니다. 주변 사람들이 알아주지 않아도 스스로를 믿고 나아갈 수 있는 길을 찾아 떠나보시기 바랍니다. 물론 그 길 역시 늘 재미있거나 행복함을 주지는 않겠지요. 다만 인생의 롤러코스트를 즐기면서 탈 준비가 되어 있다면 순간순간의 지루함과 무력함은 나를 방해하는 걸림돌이 아니라 극복하고 넘어가야 할 하나의 도전이 될 수 있을 것입니다.

삶의 의미를 전적으로 실현시키는 단 하나의 일이란 없습니다. 다만 의미 있는 여러 일들을 고루 모아서 인생의 모자이크를 완성하는 것이지요. 그러니 결국 작은 조각에서부터 자신의 의미를 부여하는 것이 중요합니다. 아주 작은 출발은 잃어버린 꿈을 다시 찾는 데서부터 시작됩니다.

Summary

- 자신이 처한 환경에 어떤 의미를 부여하면서 살아가느냐가 결국 의미 있는 삶의 관건이 됩니다.
- 내가 스스로 이끄는 삶을 살아가려면 그에 따른 자기 책임도 감수하겠다는 다짐이 중요합니다. 누군가가 나의 삶을 안내하고 지원해줄 수는 있지만, 나의 삶을 전적으로 책임지고 보장해줄 수 있는 사람은 없기 때문입니다.

끊임없이 밀려오는 슬럼프, 어떻게 해야 하나요?

Q 지난주에 큰 프로젝트 하나를 마무리했습니다. 그런데 문제는 이전보다 시간 여유가 생겼는데 무엇을 해야 할지 그냥 막막하다는 것입니다. 정신없이 살 때는 쉴 날만을 기다렸는데, 막상 시간이 주어지니까 무엇을 해야 할지 몰라 오히려 불안할 뿐입니다. 작년에 진급에 실패해 이번에 맡은 프로젝트는 나름대로 열심히 했지만, 혹시 올해도 평가를 제대로 받지 못해 진급에서 누락되지 않을까 하는 걱정에 쉬어도 쉬는 것 같지가 않습니다. 심지어 설령 올해 평가를 잘 받는다고 하더라도 언제까지 이렇게 하루하루를 평가에 연연하면서 살아야 할지 생각하면 마음이 무거워집니다.

짧지 않은 인생인데 이렇게 쉬어도 제대로 쉬는 것 같지 않은 회사 생활을 참고 견디며 계속 다녀야 할까요? 최근 친한 형이 벤처 기업을 하나 시작했는데 저보고 함께하자며 제안을 해왔습니다. 그런데 지금의 회사를 떠나 새로운 직장에 간다고 과연 내 마음이 편할까 하는 생각이 듭니다.

요즘 제 머릿속이 복잡해서 그런지 집에 가면 모든 것이 귀찮아져요. 아이들과 아내는 시간이 좀 생겼으니 주말에 어디 놀러 가자고 하는데 전혀 흥이 나질 않습니다. 그냥 지금처럼 우울하고 무력한 채로 계속 살아야 할까요?

– 삶이 너무나도 무겁게 느껴진다는 정 차장

A 이래저래 조금 여유가 생겼는데도 사는 게 재미가 없고, 무겁게만 느껴지시는가 봅니다. 정 차장님뿐만 아니라 다른 사람들에게도 삶 자체가 녹록지 않기는 마찬가지입니다. 하지만 자신이 처해 있는 삶을 어떠한 시각으로 바라보고, 그것을 어떻게 활용하느냐에 따라 주어진 삶이 다르게 느껴질 수 있습니다. 삶의 주권은 우리들 자신에게 있으니까요. 즉 나에게 주어진 삶을 어떻게 일으켜 세우는가에 따라 어떤 이에게는 재미있고 살 만한 인생인가 하면, 어떤 이에게는 고달프고 그저 그런 삶일 수 있다는 말이지요.

요즘 삶이 재미없고 자신에게 주어진 시간 또한 편하게 누릴 수 없다면 현재 정 차장님의 삶에 '사랑'이 빠져 있는 것은 아닌지 살펴보시기 바랍니다. 여기에서 말하는 사랑이란 자기의 존재 가치에 대한 사랑을 의미합니다. 시간이나 돈 등의 조건을 통해 자신을 사랑해주는 것이 아니라 있는 그 자체로 자신을 사랑해주는 것이지요. '나는 필요 없는 존재'가 아닌 '나를 둘러싼 세상은 적어도 내가 조금만 노력하면 더 살 만한 세상으로 만들어 갈 수 있다는 희망'을 자신에게 건넬 수 있어야 합니다. 그러려면 너그러운 마음으로 스스로를 돌볼 수 있어야 하겠지요.

때로는 하고 싶은 대로 자신을 내버려두거나, 일상의 소소한 즐거움에 자신을 던질 수 있어야 합니다. 그럴 수 있으려면 자신이 놓인 상황을 평가와 분석, 비난의 시선으로 바라보면 안 됩니다. 공감과 연민의 마음으로 스스로를 느끼고 돌보려는 노력이 필요할 것입니다.

다음으로 이미 지나가버린 과거와 아직 오지 않은 미래에 자신을 저당 잡힌 채 현재 자신이 누릴 수 있는 즐거움을 놓쳐버리고 있는 것은 아닌지 생각해보시기 바랍니다. 삶은 내가 준비하고 예측했다고 해서 기대한 대로 흘러가는 것이 아닐 것입니다. 필요한 걱정은 해야겠지만, 걱정 자체에만 사로잡혀 있다고 지금의 현실이 달라지지는 않습니다.

그렇기 때문에 지금 현재 내가 다룰 수 있는 것부터 하나씩 해결해나간다는 마음이 중요한 것입니다. 현재 시간이 주어졌다면 그동안 하고 싶었는데 미루어두었던 것부터 하나씩 해보시기 바랍니다. 도전과 실험은 설렘을 만들고, 그것이 자신의 권태로움을 날려버릴 수 있는 기회가 될 것입니다.

주위를 잘 관찰해보시면 한동안 내가 잊고 있었던 것, 보지 못했던 것, 느끼지 못했던 것이 많이 있을 것입니다. 정 차장님 주위 사람과 사물에 자신의 감각을 활짝 열어두면 그 모든 것이 배우고 경험할 수 있는 소중한 자원임을 알게 될 것입니다.

지금처럼 외부의 환경이나 주위 사람들의 인정과 평가에 휘둘려 걱정 속에 자신을 내맡기는 삶을 살아갈 것인지, 세상의 중심에 자신을 두고 지금 이 순간에 몰입하며 살 것인지는 정 차장님의 선택에 달려 있습니다. 부디 건투를 빌겠습니다.

Summary

- 자신이 처해 있는 삶을 어떠한 시각으로 바라보고, 그것을 어떻게 활용하느냐에 따라 주어진 삶이 다르게 느껴질 수 있습니다.
- 이미 지나가버린 과거와 아직 오지 않은 미래 때문에 현재 자신이 누릴 수 있는 즐거움을 놓치지 맙시다.
- 도전과 실험은 설렘을 만들며, 그것이 자신의 권태로움을 날려버릴 수 있는 기회가 될 것입니다.

> # 이제는 정말 '예스맨'에서
> # 벗어나고 싶습니다!

Q 회사생활을 한 지도 어느덧 5년 차가 되어갑니다. 이제 과장으로 직급도 올라갔는데, 아직까지도 누군가에게 일을 주는 것보다 제가 다 도맡아 일을 하는 경우가 많습니다. 사실 지금껏 '나 하나 희생하면 그만이지.' 하고 그냥 주위에서 요구하는 부탁들을 다 들어주었는데, 계속 그렇게 일을 하다 보니 후배들마저 당연히 제가 일을 다 해줄 거라고 기대하는 것 같습니다.

최근에 부장님이 A대리에게 일을 맡기셨습니다. 그런데 A대리가 자기 밑에 있는 사원에게 보고서를 작성하라고 일을 맡기면서 잘 못하겠으면 과장인 저에게 부탁하면 알아서 잘해줄 거라고 했다더군요. 속으로는 A대리를 혼쭐내주고 싶었으나, 중간에 있는 사원이 난처할까봐 그러지도 못하고 또다시 그 일을 제가 맡아서 도와주었습니다.

이렇게 살다 보니 모든 일들이 저에게 다 떨어지는 것 같고, 제가 마치 '속없는 사람'처럼 비쳐지는 것 같아 답답할 따름입니다. 제가 다른 사람의 요청을 거절하면 그 사람이 저를 안 좋게 평가하지 않을까 하는 두려움도 사실 큽니다. 그 두려움 때문에 과장의 자리에서도 누군가의 요청을 거절하는 게 쉽지 않은 것 같습니다. 어떻게 하면 좋을까요?

             – 부하직원에게도 거절을 못해 고민이라는 장 과장

A 살다보면 뻔히 내가 손해보는 줄 알면서도 상대의 요구를 들어줘야 할 때도 물론 있습니다. 하지만 그러한 상황이 자기 삶의 주요한 부분이 되어버리면 지금의 장 과장님처럼 마치 나는 없고 주변 사람들의 꼭두각시가 된 것 같은 생각에 답답한 기분이 들 수 있지요. 남들이 보기에는 좋은 사람일지는 몰라도, 장과장님 자신을 '속없는 사람'으로 평가절하한다면 주변의 평판이 뭐 그리 중요할까 하는 생각까지 들 수 있을 것입니다.

스스로 주변 사람들과의 관계에서 '수용'과 '거절'의 적절한 균형점을 만드는 것이 중요합니다. 하기야 조직과 같이 권력이 존재하는 곳에서는 상대적이긴 하지만 거절하기 힘든 때 가 많을 수도 있습니다. 이러한 경우에는 당장 손해보는 듯해도 장기적인 관점에서 볼 때 '신용'이나 '의리'의 측면에서 긍정적인 효과를 만드는 전략일 수도 있을 것입니다. 그러므로 손해보다는 '양보'나 미래의 자신을 위한 '투자'로 자신의 선택을 긍정적으로 해석해볼 수도 있겠지요.

　그러나 상대를 위한 호의가 자신의 욕구를 희생해야 하거나 일상생활에 제약을 가져올 정도로 과한 수준이라면 평소에 생각하고 있는 '거절'의 의미를 재평가해보시기 바랍니다. 혹시 자신이 거절한 것이 타인이 요구한 행위나 요청에 대한 거절이 아니라 그 사람 자체를 무시하고 외면한 것으로 확대 해석한 나머지 주변 사람들의 요청을 무조건으로 다 들어주지는 않았는지 말입니다. 이러한 상황이 지속이 되면 지금처럼 주변 사람들 또한 장 과장님의 호의에 대한 가치를 잊고 당연하게 생각할 수밖에 없겠지요. 더불어 그것은 부하직원이 스스로 생각하고 성장할 수 있는 중요한 기회를 빼앗는 셈이 될 수도 있습니다.

　상대방의 요구를 거절하는 것과 동시에 자신이 인정받지 못하지 않을까 하는 두려움이 장 과장님 마음속에 내재되어 있는 것은 아닌지도 살펴보시기 바랍니다. 더불어 자신이 관여해야만 일이 잘될 수 있다는 태도를 가지고 있는 것은 아닌지도 살펴보셨으면 합니다. 장 과장님은 현재 상대방의 요구를 거절함으로써 인정받지 못하는 선배가 되지 않을까 하는 두려움과, '나'라도 나서질 않으면 일이 제대로 성사되지 않을 수 있다는 불안함을 가지고 있는 것이 아닌가 싶습니다. 스스로의 선택에 대한 믿음이 없고 타인에 대한 신뢰가 취약할 때 '나 아니면 안 된다.'라는 과도한 책임감에 휩싸일 수 있습니다. 그러므로 평소에 어떤 선택이나 결정을 할 때는 자신과 타인에 대한 신뢰와 기다림의 마음이 무엇보다 중요합니다.

타인에게 자신이 어떤 것은 할 수 있고, 어떤 것은 하기 싫다고 말할 수 있을 때 진정 기쁜 마음으로 자신의 선택을 마주할 수 있습니다. 그러므로 때로는 부하직원의 요구에 용기 있게 '거절' 의사를 보이고, 부하직원들이 스스로 해낼 수 있도록 지켜봐주고 기다려주는 여유의 마음도 한 번 챙겨보시길 바랍니다. 부하직원들의 요구를 무조건적으로 다 들어준다고 훌륭한 리더라고 할 수는 없습니다. 구성원들의 스타일에 맞게 그들이 할 수 있도록 이끌어주고, 믿고 기다려줄 수 있는 리더가 좋은 리더일 것입니다.

Summary

- 주변 사람들과의 관계에서 '수용'과 '거절'의 적절한 균형점을 만드는 것이 중요합니다.
- 스스로의 선택에 대한 믿음이 없다면 타인의 선택과 요구에 일방적으로 끌려가기 쉽습니다. 그러므로 평소에 어떤 선택이나 결정을 할 때는 자신에 대한 신뢰와 애정이 무엇보다 중요합니다.

제2의 인생 설계,
어떻게 하면 좋을까요?

Q 올해로 불혹의 나이를 넘긴 직장인입니다. 앞으로 오래 해야
10년 정도 지금과 같은 직장생활을 할 수 있겠지요. 매년 평
가와 맞물려 실직 위기에 처해 있는 동료들을 볼 때면 남 일이 아닌 것
같아 불안합니다. 상황이 이러한데도 정작 제 자신을 위해 준비한 것은
아무것도 없고, 그냥 나만은 예외이겠지 하는 일말의 희망을 안고 살고
있습니다. 이쯤에서 제2의 인생을 구체적으로 설계해야 한다는 필요성
은 알고 있지만, 내가 원하고 잘할 수 있는 일을 한다고 해서 과연 성
공할 수 있을지 의문스럽기만 합니다. 더구나 뭔가를 새롭게 시작했다
가 실패하면 어쩌나 하는 두려움도 있고요. 그래서인지 요즘 들어 회사

일이 그다지 재미있지도 않고, 집에서는 시간이 있어도 하루 종일 잠만 자거나 인터넷과 텔레비전만 보게 됩니다. 제2의 꿈을 위해 아무것도 시도하지 않은 채, 매달 통장에 들어오는 월급에 미련을 두면서 살아가는 제 모습이 한심하게 느껴집니다.

저의 문제는 지금의 삶에 만족하지 못함에도 불구하고 어떻게 새로운 삶을 만들어나갈지 머뭇거리고 있다는 것입니다. 앞으로 남은 인생 계획을 위해 제게 필요한 것이 무엇인지도 잘 모르겠습니다. 더욱 두려운 것은 지금보다 상황이 나아지지 않을 경우에 제가 감당해야 할 가족과 주변 사람들의 눈초리입니다. 이렇게 재미없고 무력하게 현실을 인정하며 초라한 노년을 준비하지 않으려면 어떻게 해야 할까요?

– 제2의 인생에 대해 고민만 하고 있는 홍 차장

A 자신이 원하는 삶을 찾아 나서지 못하고 그냥 흘려보내는 삶이 못마땅하게 느껴지시는군요. 실제 장기적인 삶의 계획 없이 직장생활을 하는 것은 안갯속을 헤매며 경력을 쌓아가는 것이나 마찬가지입니다. 그렇기 때문에 지금처럼 때로는 직장이라는 안전지대를 벗어나 그 너머에 있는 새로운 삶에 자꾸 관심을 가져보는 것이 필요할 것입니다. 하지만 현재의 안전지대를 벗어날 경우 만나게 될 불안과 두려움에 대부분의 사람들은 기존의 틀을 벗어나는 것을 주저하게 되지요. 그러므로 안전으로 무장된 현재의 삶을 탈피하기 위해서는 무엇보다 '용기'가 필요

하지 않을까 싶습니다.

앞으로 홍 차장님에게 주어진 삶을 리모델링하기 위해 다음과 같은 몇 가지에 대해 한 번 생각해보시기 바랍니다.

우선 지금 꿈꾸는 제2의 인생을 자신이 진정으로 실현하고 싶어하는 것인지를 자문해봐야 할 것입니다. 어떤 사람들은 자신이 원해서라기보다는 또 다른 자신의 모습을 타인에게 증명하고 싶은 마음 때문에 변화를 시도하는 경우가 있습니다. 이는 끊임없는 자기도전이라는 미명 아래 남들에게 인정받고자 하는 열등감의 다른 표현일 수도 있습니다. 지금까지는 과도한 책임감과 인정받고 싶은 마음에 정작 자신의 삶을 살지 못했다면, 제2의 인생만큼이라도 책임과 의무를 벗고 진정으로 하고 싶은 것을 누릴 수 있는 기회를 만들어가보시기 바랍니다. 홍 차장님이 제2의 인생을 만들어가는 과정에서 홍 차장님께서 도전하지 않으면 안되는 '변화'에 대한 자신만의 필연성을 찾으셨다면 일단 마음의 준비는 되어 있다고 볼 수 있습니다.

둘째, 제2의 꿈을 통한 변화 역시 현재의 조건에서부터 출발한다는 것을 잊지 마시기 바랍니다. 그러므로 현재 자신이 가지고 있는 역량을 냉정하게 평가할 수 있어야 합니다. 즉 제2의 꿈을 실현하는 데 필요한 자신의 역량은 어느 정도인지, 그리고 준비는 얼마만큼 되어 있는지 등을 꼼꼼하게 살펴보는 것이지요. 막연한 미래를 상상하고 무작정 도전하는 것은 모래 위에 성을 쌓는 것이나 다름없습니다. 그렇다고 주변 조건이 완벽해질 때까지 꿈을 미루라는 말은 아닙니다. 다만 보다 견고한 실행을 위한 현실적 토대를 충분한 시간을 두고 만들어야 합니다.

셋째, 제2의 인생을 펼치기 위해 목표와 계획을 구체적으로 구상하고, 더불어 주변 사람들과 함께 그 계획을 공유해야 합니다. 왜냐하면 계획을 세웠다 해도 비밀처럼 혼자서만 간직한다면 자칫 자기 함정에 빠질 수도 있기 때문입니다. 따라서 주변 사람과 계획을 공유하고 전문가들의 의견을 반드시 참고해 현실적이고 실제적인 조언을 통해 홍 차장님의 계획을 재평가할 필요가 있습니다. 또한 누군가에게 자신의 계획을 공표했기에 변화에 대한 책임감이 더욱 커질 수도 있겠지요. 이러한 시도는 새로운 변화를 향한 홍 차장님의 의지를 꺾기 위함이 아니라 환상이 아닌 현실을 제대로 알고 원하는 목표로 나아가도록 하기 위함입니다.

마지막으로 계획을 행동으로 옮기기 전에 그 계획을 뒷받침해줄 수 있는 대안 또한 함께 그려봐야 합니다. 즉 홍 차장님의 계획이 실패하거나 기대에 못 미칠 경우를 미리 생각해보고, 홍 차장님이 처할 수 있는 상황도 그려보는 것이지요. 전혀 예측할 수 없었던 위기보다 예상했던 위기가 덜 위협적으로 느껴질 수 있기 때문입니다. 새로운 일에 대한 도전의 양면성을 함께 안고 나아갈 수 있을 때 그것에 대한 책임도 질 수 있습니다.

인생 제2의 시나리오는 홍 차장님이 경험하고 있는 현재의 삶에서부터 시작한다는 것을 명심하시기 바랍니다. 그런 면에서 홍 차장님이 무력하고 재미없다고 하는 지금의 현실도 어찌 보면 제2의 행복한 변화를 위해 톡톡히 치러야 할 기회비용일지도 모릅니다. 현재의 삶에서의 배움 없이는 미래 계획이 불가능하다는 사실, 즉 홍 차장님의 현재가 미래를 만든다는 사실을 잊지 마시기 바랍니다.

Summary

- 안전으로 무장된 현재의 삶을 탈피하기 위해서는 '용기'가 무엇보다 필요합니다.

- 제2의 꿈을 실현하는 데 자신의 역량은 어느 정도인지, 그리고 준비는 얼마만큼 되어 있는지 꼼꼼하게 살펴봐야 합니다.

- 제2의 인생을 펼치기 위해 목표와 계획을 구체적으로 구상하고, 더불어 주변 사람들과 함께 그 계획을 공유해야 합니다. 왜냐하면 계획을 세웠다 해도 비밀처럼 혼자서만 간직한다면 자칫 자기 함정에 빠질 수도 있기 때문입니다.

- 계획을 행동으로 옮기기 전에 그 계획을 뒷받침해줄 수 있는 대안 또한 함께 그려봐야 합니다.

'중년'이라는 말이
무겁게만 느껴지는 요즘입니다

Q 새해를 맞이했지만 저에게는 새해가 설렘과 기대보다는 막막함과 우울함으로 다가옵니다. 40대를 훌쩍 넘어 낼 모레 50대를 앞둬서 그런지 마음이 착잡하고 무겁습니다. 점점 머리숱도 줄어가고, 거울을 보면 이제는 남성적인 매력도 별로 없는 것 같고요. 살아온 날보다 살아갈 날이 얼마 남지 않았다는 생각에 불안하기까지 합니다.

최근에는 진급에 실패까지 했습니다. 마음 같아서는 회사를 박차고 나가고 싶은 심정인데, 그럴 용기도 없는 제 자신이 초라하게 느껴질 뿐입니다. 그렇다고 제가 게을리 살았거나 한눈팔면서 살지도 않았는데 왜 이리 마음은 허무한지 모르겠습니다. 더구나 늘 현재 생활에 불만인 아내 앞에만 서 있으면 스스로 뭔가 잘못한 것 같다는 생각이 들어 집에 들어가는 것조차 고역입니다. 이런 제 자신을 제가 어떻게 대해야 할지 모르겠습니다.

– 중년이라는 제2의 사춘기에 들어선 나 차장

A 지금껏 열심히 달려온 만큼 자신에게도 최상의 조건, 최고의 결과, 실패 없는 성공이 계속되길 원할 수 있습니다. 하지만 인생이 어디 다 그런가요? 특히 나 차장님처럼 중년에 이르러 뭔가 자신의 삶이 자기 뜻대로 흘러가지 않는다 싶을 때 드는 허무감은 20대의 허무감과는 사뭇 다르게 느껴질 수 있습니다. 20대는 신체적으로 젊다는 이유만으로도 위기에 맞설 수 있는 힘이 생길 수 있지요. 하지만 중년에 이르면 몸도 자기 뜻대로 움직이질 않고, 더구나 직장 내에서 달려온 시간보다 남은 시간이 별로 없기에 더욱 초조하고 불안할 수 있습니다.

그렇기에 중년의 나이에 주어진 시간들은 인생의 길목에서 한 번쯤 마주하게 되는 자기 자신을 재평가하고 성찰해볼 수 있는 시기일 것입니다. 이처럼 제2의 사춘기와도 같은 시기가 있기에 다시 한 번 스스로의 삶을 되돌아보고, 주변과의 관계를 돌볼 수 있는지도 모릅니다.

그런데 문제는 한동안 한 가지 목표를 향해 매진했던 사람들이 자신의 내면을 들여다보려고 하면 자신이 직면한 상황을 어떻게 해석하고 살펴야 할지 잘 몰라 당황해하는 경우가 많다는 것입니다. 특히 남성들의 경우 더 심합니다. 그 이유는 남자들은 자기에 대한 정체성을 내가 무엇을 얼마나 소유했고, 경쟁에서 얼마만큼 승리했는지에 대한 결과로서 증명하려고 하기 때문입니다. 그렇다 보니 나 차장님의 경우처럼 '더이상 젊지도 않고 혈기도 왕성하지 않은데, 과연 내가 가치 있고 사랑받을 수 있을까?' 하는 스스로에 대한 '불신'과 '회의'에 사로잡히기 쉬운 것이지요.

그럼 어떻게 하면 좋을까요? 먼저 지금 현재 위치의 자신에 대해 너그러워질 필요가 있습니다. 스스로에게 뭔가를 해야 된다고 압박만 할 것이 아니라 그동안 자신이 해온 것에 대해 스스로를 칭찬해주고 위로해줄 수 있어야 합니다. 그동안은 성과를 내기 위해 가장 빠르고 효율적인 방법만을 추구했다면, 이제부터라도 '지금 여기'를 음미하고 과정을 즐길 수 있는 여유를 누려보시기 바랍니다.

다음으로 '어떻게 살아가야 할까?'라는 질문도 좋지만 '어떻게 삶을 마무리할까?'라는 질문도 자신에게 해보시기 바랍니다. 나이가 들어가는 것은 누구에게나 공평하게 주어진 인생의 단계입니다. 그 시기를 어떻게 준비하고 마무리할 것인지 곰곰이 생각하다보면 자기 자신에게 진정 소중한 가치가 무엇인지, 그리고 지금 현재 주어진 시간들이 얼마나 감사한 것인지 다시 한 번 경험할 수 있습니다.

지금까지 나 차장님께서 만들어온 '틀'을 비난하고 외면하면 할수록 자기 자신은 물론 주변 사람들과의 마음의 골은 점점 깊어질 수밖에 없습니다. 또한 주변에서 나의 상황을 이해해주기만을 기다릴수록 주변 사람들과의 벽은 더욱 높아져 점점 고립된 중년을 맞이할 수밖에 없습니다. 나 차장님이 먼저 현재 겪고 있는 상황을 배우자나 혹은 주변 사람들과 함께 나누는 시간들을 마련해보시기 바랍니다. 아내 앞에서 작아진 자신의 모습을 마주하기 싫다는 것은 여전히 완벽한 남편이자 아빠임을 스스로에게 요구하는 것이나 다름없습니다. 오히려 '지금으로도 난 괜찮은 남편이고, 아빠다.'라는 태도로 자신을 대해보시기 바랍니다.

완벽함을 내려놓는 순간 자신을 끊임없이 쪼아대던 압박에서 벗어날 수 있으실 것입니다. 이것이 진정 스스로에게 관대해지는 것이며, 그래야 먼저 상대에게 다가설 수 있습니다. 자신만이 자기 인생을 바꿀 수 있습니다. 아무도 나 차장님을 대신해줄 수 없음을 기억하시길 바랍니다.

Summary

• 자신에게 뭔가를 해야 된다고 압박만 할 것이 아니라 그동안 자신이 해온 것에 대해 스스로를 칭찬해주고 위로해줄 수 있어야 합니다.

• 자기 자신에게 '어떻게 살아가야 할까?'라는 질문만 할 것이 아니라 '어떻게 삶을 마감할까?'라는 질문도 해봐야 합니다.

실직의 불안,
계속 긴장하며 살아야 하나요?

Q 요즘 잠이 오질 않아 불면증에 시달리고 있습니다. 잠을 제대
로 자지 못하니 몸이 피곤하고, 피곤한 상태로 회사에 오니 당
연히 업무에 집중이 되질 않는 악순환이 반복됩니다. 제가 불면증에 시
달리는 이유는 아마도 불안해서인 것 같아요. 회사 사정이 날로 어려워
지고 있다 보니 여기저기서 인원 감축이 되고 있습니다. 아내와 맞벌이
를 하고 있어 사실 노후는 큰 걱정이 없으며, 제 경력이라면 실직을 한
다고 해도 눈만 조금 낮추면 갈 곳이 전혀 없지는 않습니다. 그럼에도
불구하고 시간이 가면 갈수록 계속 쫓기는 듯한 느낌이 들어요. 이런
제 자신이 못마땅해 이럴 바에는 내가 먼저 당당히 사표를 쓰고 나갈

까 하는 생각까지 듭니다. 아직 구조조정 명단이 발표되지는 않았지만 매년 이렇게 숨 죽이면서 살아야 하는지 고민입니다. 제가 왜 사는지에 대해 혼란스럽기까지 합니다. 어떻게 하면 좋을까요?

— 실직의 불안함으로 하루하루 긴장하며 살고 있다는 인 부장

A 인 부장님의 경우 실직한다는 그 자체가 두렵기보다는 무언가에서 떨어져나가 영영 어떤 무리에도 속하지 못할지도 모른다는 상상이 자신을 더욱 불안하게 만들었는지 모릅니다. 특히 사회적 무리 또는 조직 안에서만 자신의 가치와 의미를 찾으려고 했던 사람일수록 이러한 불안은 더욱 커집니다.

하지만 자신을 둘러싼 환경은 변화할 수밖에 없습니다. 그 외부 환경을 자기가 어찌할 수 없는 경우라면 결국 할 수 있는 것은 그러한 상황에 놓였을 때 나의 생각과 대처방안을 어떻게 만들어가느냐 하는 것입니다. 지금과 같은 불안에서 스스로를 지켜나갈 수 있으려면 평생직장을 찾는 게 중요한 것이 아니라 평생을 두고 내가 하고 싶고 할 수 있는 일이 무엇인지부터 찾아야 할 것입니다. 그런 다음에야 그것을 경제적인 수입과 연결할 수 있는 방법과 정보를 구체적으로 살펴나갈 수 있겠지요.

한편으로는 나이 듦과 자신의 인생 경험에 대해 스스로가 존중하고, 그것을 지금 현재 어떻게 활용할 수 있을지에 대해 살펴볼 수 있어야 하겠지요. 어쩌면 과거의 인 부장님의 모습을 되돌

아보면 지금의 위치에 오기까지 앞뒤 살피지 않고 시간에 쫓기면서 주변의 기대에 맞추어 열심히 살아온 자신이 있을 것입니다. 그렇게 살아온 자신에게 그동안 애썼으니 이제 좀 쉬엄쉬엄 가자고 여유의 마음을 줄 필요도 있겠지요.

나이가 들고 직장 연차가 늘어나면 왠지 중심에서 멀어지는 것 같아 불안할 수 있지만, 그 덕분에 누릴 수 있는 긍정적인 부분도 있을 것입니다. 예를 들어 주변의 기대감이 줄어들었다는 것은 성과에 대한 압박에서 벗어나 내가 원하는 삶을 선택하고 스스로 자유로워질 수 있는 시간이 더 많이 생겼다고 볼 수 있겠지요. 물론 물질과 외적인 조건에 연연해하는 대신에 내면의 삶을 더욱 풍성하게 만들어갈 수 있는 시간적인 여유가 생기기도 한 것이고요.

잠깐 멈추면 큰일 날 것 같은 두려움 때문에 앞만 보고 달리는 경우가 있습니다. 그 두려움이 너무 커서 자신을 삼킬 정도가 되어버리면 결국 내가 세상을 끌고 가는 게 아니라 세상에 끌려가는 존재가 되어버립니다. 하지만 잠깐 멈춰서 보면 '나'라는 존재의 세상은 정말 무궁무진한 천연자원일지 모릅니다. 그동안 시간이 없어 돌보지 못했던 나의 숙제들을 다시 점검해보고 비어 있는 시간들을 통해 스스로가 미래의 과제를 설정해 현명하게 대처하는 데 활용해보겠다는 다짐만 있어도 실직에 대한 심리적 공포는 다소 줄어들 것입니다.

시작이 있으면 끝이 있는 것이 인생사이지요. 최선의 끝을 만들어가기 위해 우리가 할 수 있는 것은 지금 이 순간이 나에게 의미 있고 행복하다고 자부할 수 있어야 한다는 것입니다. 물론 이렇게 과정에 최선을 다했느냐 아니냐는 나의 몫이지만, 우리가 처한 '한계'가 있는 이상 결론에는 여러 가지 다른 변수도 있을 수 있음을 받아들일 수 있어야 합니다. 왜냐하면 내가 열심히 살았다고 해서 그에 따른 결론 역시 내가 원하는 대로 이루어진다고 볼 수 없기 때문이지요.

일에서든 삶에서든 자기의 끝은 어느 누구도 예측할 수 없습니다. 그러니 실직의 위기에 처해 있다고 해서 지금 현재 안달복달해도 결론을 바꿀 수 있는 것은 아닐 것입니다. 끝이 어찌 될까 싶어 미리 걱정하고 노심초사하기보다는 차라리 끝이 날 때까지 어디 한 번 최선을 다해보자는 마음이 오히려 지금 인 부장님에게 필요한 것이 아닐까 싶습니다. 위기가 있어도 용감하게 위기를 마주보고 가려는 마음을 가지고 있다면 그것은 더 넓은 미래를 향한 도전이 될 수 있을 것입니다.

Summary

- 열심히 살아온 자신을 위해 여유의 마음을 줄 필요가 있습니다.
- 최선의 끝을 만들어가기 위해서는 지금 이 순간이 나에게 의미 있고 행복하다고 자부할 수 있어야 합니다.

직장인을 위한 심리학

긍정의 힘이
인재를 만든다

조직 내에서 구성원들에게 칭찬을 많이 하면 일시적으로 조직의 분위기가 밝아질 수는 있겠지만 구성원들이 정신적으로 안이해질 수 있다며 불안해하는 관리자들이 있습니다. 그들은 팀원들에게 칭찬이라는 당근을 주다가도 조금이라도 업무에 느슨해질 것 같으면 어느새 채찍과 의심의 눈초리로 되돌아갑니다. 관리자들 자신의 성과에 대한 불안과 구성원들에 대한 불신이 진정한 칭찬의 효과를 가로막고 있음을 모르는 것입니다.

칭찬 효과에 대한 실험으로 가장 많이 알려진 실험을 소개하려 합니다. 1968년에 교육학자인 로버트 로젠탈(Robert Rosenthal)과 레노어 제이콥슨(Lenore Jacobson)이 미국 샌프란시스코의 한 초등학교 학생들을 대상으로 실험을 했습니다. 초등학교 학생에게 지능검사를 진행하고, 검사 결과와 상관없이 무작위로 몇 명의 학생들을 뽑아 교사들에게 이 학생들은 지적능력이 높은 학생들이라는 거짓 정보를 주었습니다. 그런데

8개월 후 놀라운 결과가 나타났습니다. 이전에 했던 것과 똑같은 지능 검사에서 그 학생들이 다른 학생들보다 실제로 평균 점수가 높아졌을 뿐만 아니라 학교성적도 크게 향상된 것입니다. 교사들이 지적능력이 우수하다고 생각되는 학생들에게 기대를 가지고 관심을 보여주고 칭찬을 해주다 보니, 학생들 역시 그 기대에 부응하기 위해 노력하게 되고 실제로 성적 향상에 영향을 주게 된 것입니다. 이러한 현상을 '피그말리온 효과'라고 합니다.

이처럼 타인에게 거는 기대와 칭찬은 한 개인에게 그 자신도 몰랐던 잠재력을 발견하게 해주고 성장하게 도울 수 있는 놀라운 힘을 가지고 있습니다. 따라서 인사관리자들은 조직 내 핵심인재라고 뽑힌 구성원들 외에도 숨어 있는 핵심인재가 있을 수 있다는 사실을 잊어서는 안 됩니다. 즉 처음에는 평범하게 출발하겠지만 구성원에게 긍정적인 기대와 지속적인 믿음을 준다면 탁월한 인재가 언제든지 만들어질 수 있다는 말입니다. 결국 인사관리의 진정한 힘은 시간이 흐르면서 구성원들이 자신의 잠재적인 능력을 100%, 120% 발휘할 수 있도록 지원해주는 데 있습니다.

다만 칭찬의 효과는 바로 나타나지 않는 경우가 많기 때문에 지속적인 믿음과 기다림이 필요합니다. 단기간에 관리자가 원하는 성과가 나오지 않았다 해서 구성원들에게 실망하고 채찍질할 것이 아니라 노력하면 이룰 수 있다는 가능성과 자신감을 계속 심어주는 것이 중요합니다. 그러면 결국 구성원들은 조직에게 성과를 가져오고, 구성원들 간의 유대감은 더 단단해질 것입니다.

머리로는 구성원들에 대한 기대와 칭찬이 도움이 된다는 것을 이해하지만, 그것은 조직의 현실과는 거리가 먼 이야기라고 생각하는 관리자들이 많습니다. 대부분의 관리자들은 오히려 칭찬과 기대의 부작용을 더욱 민감하게 받아들입니다. 이런 경우에 그리스 신화의 피그말리온 이야기를 떠올려보세요.

젊은 조각가 피그말리온은 한낱 조각상에 불과한 여인을 사랑한다고 주변 사람들에게 조롱과 멸시를 받았지만, 그는 누가 뭐라고 하든 상관없이 그 여인 조각상을 너무도 귀하고 사랑스러운 존재처럼 대했습니다. 조각상을 향한 피그말리온의 끊임없는 사랑과 관심에 감동한 사랑의 여신 아프로디테는 그 조각상에 생명을 불어넣어 진짜 여인으로 변신시켜주었습니다. 상대를 귀하게 대하면 결국 우리들 자신이 귀한 대접을 받을 수 있다는 이 이야기의 교훈을 기억할 필요가 있습니다. 당신이 구성원들에게 거는 기대와 칭찬의 효과에 의구심을 품기 전에 하늘이 감동할 만큼(!) 구성원들을 진정으로 존중하고 일관된 애정과 관심으로 대하고 있는지 자문해보는 것이 우선일지 모릅니다.

우리는 행복한 삶, 의미있는 삶을 너무 멀리서 찾으려 하는 경향이 있습니다. 일에서의 성공을 좇는 사람들은 대부분 행복하기 위해 오늘도 정신없이 달린다고 말합니다. 행복은 매일 저녁 마주하고 있는 아내와 자녀를 통해 느낄 수 있을 만큼 아주 가까이에 있는 줄도 모르고 말입니다. 8장에서는 멀리서만 행복을 찾을 때 소중한 무언가를 놓치고 살아가는 것은 아닌지 되돌아보겠습니다.

8장

가정이 행복하면
직장생활이
즐겁다

제 남편이지만
너무 무능력한 것 같아요

Q 결혼 10년 차 맞벌이 부부입니다. 남편이 일을 마치고 집에 들어올 때의 모습을 보면 속이 터질 지경입니다. 일하랴, 애 키우랴, 저도 힘든데 남편이 마치 자기 혼자 세상의 모든 짐을 다 떠안은 듯 파김치처럼 축 늘어져 있을 때면 정말 집을 나가고 싶을 정도입니다. 주말에도 애들 보는 일은 모두 다 제 몫입니다. 저 또한 평일에 일을 해서 주말에는 쉬고 싶은데, 남편은 소파에 앉아 계속 리모컨이나 눌러대고 있고…. 제가 보기에는 정말 아무 생각 없이 사는 사람처럼 보여 한심하기 짝이 없습니다.

지난번에는 제가 참다 못해 "도대체 당신은 무슨 생각을 하면서 사는 거야? 당신이 하는 게 뭐가 있어." 하면서 면박을 주었더니, 적반하장으로 "마누라가 남편을 이렇게 무시하는데 뭔들 하고 싶겠냐?"라며 큰소리를 치더군요. 그러면서 "집에 들어와주는 것만으로도 감사해라."라고 말하는데 기가 차더라고요.

무조건 저만 참고 살자니 화병이 날 것 같고, 회사에 와도 집안일만 생각하면 답답한 마음에 모든 게 불편하게 느껴집니다. 이런 사람과 평생을 살아야 할까요?

– 혼자만 힘든 줄 아는 남편이 미운 이 과장

A 남편 분에 대해 이 과장님이 스스로 가졌던 기대가 무너짐과 동시에 따라오는 실망감과 좌절감 때문에 많이 힘드시죠. 더구나 맞벌이를 하는 과정에서 이 과장님의 육체적인 고충 또한 만만치 않았을 텐데 이 모든 것을 다 자기 혼자 감당하고 있다는 생각을 하니 더욱 남편에게 서운하고, 심지어 억울하기까지도 할 수 있습니다.

현재 이 과장님은 회사일은 회사일대로 하면서 아내와 엄마로서의 역할을 위해 최선을 다하자니 너무 힘이 들어 자신의 상황에서 도망치고 싶다는 마음이 생기신 듯싶습니다. 그래서 그 출구를 남편을 통해 찾고 싶어하지만 남편 또한 너무도 피곤한 상태이기에 이 과장님이 원하는 출구 역할을 해주지 못하고 있는 것이겠지요.

그렇다면 어떻게 해야 할까요? 먼저 이 과장님 자신부터 시작해야 합니다. 냉정하게 들릴지도 모르겠지만 자신의 필요를 채워달라고 아무리 노래를 해도 남편은 이 과장님의 요구를 다 채워줄 수 없습니다. 그러나 이 과장님이 먼저 마음을 열고 남편이 원하는 것을 채워주면 남편도 아내가 원하는 것이 무엇인지 알려는 마음이 생길 것이고, 그것을 채워주기 위해 노력하게 될 것입니다.

어쩌면 지금 이 과장님의 남편이 원하는 것은 아내의 '인정'과 '지지'일지 모릅니다. 남편이 이 과장님의 고충을 헤아리고 살펴주기를 원하는 것처럼, 남편 또한 자신의 존재를 아내가 인정해주기를 바라고 있다는 것입니다. 다시 말해 남편은 자신의 존재 그 자체를 믿어주기를 바라는 것이지요. 나에게 무엇을 해주어서라든지 어떠어떠한 능력이 있어서 등의 조건부 인정이 아닌 그저 "당신이 곁에 있어 든든하다." 또는 "나는 당신을 믿어."와 같이 있는 그대로의 인정과 지지, 격려가 남편의 에너지를 불러일으킬 것입니다.

둘째, 남편이 아무 생각도 없는 것처럼 여겨진다면, '남편도 현재 지쳐 있는 상태구나.'라고 생각해보시기 바랍니다. 지쳐 있는 사람에게 "왜 아무것도 하지 않고 가만히 있어?"라는 식의 압박을 주면 더 큰 저항으로 반응할 수도 있습니다. 지쳐 있는 남편에게 휴식처까지 되어줄 여유가 없다면 그저 위로와 격려의 말이라도 전해보세요. 그 한 마디면 충분할 것입니다.

마지막으로 평소에 자기만의 심리적 휴식의 공간과 여유를 만들어놓는 것이 중요합니다. 내 마음이 편안하고 행복할 때 상대의 고충을 품을 수 있는 여유 또한 생기기 마련입니다. 대개 모든 것을 자기가 계획대로 처리해야 한다는 슈퍼맘 콤플렉스가 맞벌이 엄마들의 마음을 지배하고 있습니다. 이러한 슈퍼맘 콤플렉스에서 벗어나 자기만의 여유를 찾는 것이 중요합니다. 자기만의 여유는 오로지 자신만을 위해 즐기는 짧은 한두 시간의 산책에서 시작될 수도 있답니다. 아울러 남편에게도 그런 시간이 필요하다는 사실을 인정하고 이해해줄 필요가 있습니다.

Summary

• 먼저 마음을 열고 남편이 원하는 것을 채워주면 남편도 아내가 원하는 것이 무엇인지 알고자 하는 마음이 생길 것이고, 그것을 채워주기 위해 노력할지도 모릅니다.

• 남편의 존재감 그 자체를 믿어줄 필요가 있습니다. 나에게 무엇을 해주어서라든지 어떠어떠한 능력이 있어서 등의 조건부 인정이 아닌 있는 그대로의 인정과 지지, 격려가 남편의 에너지를 불러일으킬 것입니다.

• 내 마음이 편안하고 행복할 때 상대의 고충을 품을 수 있는 여유가 생깁니다.

가족에 대한 화가
가득 차 있습니다

Q 요즘 따라 주변 사람들이 저보고 이상해 보인다고 합니다. 마치 건드리면 터질 것 같은 폭탄같다고 그러네요. 사실 제 마음속에는 가족에 대한 화가 가득 차 있습니다. 휴가 때 집에만 내려가면 쉬고 오는 것이 아니라 화가 난 감정만을 안고 옵니다. 그게 이제 주변 사람들이 금방 알아챌 정도로 드러나는 것 같네요. 화가 나는 이유는 여러 가지이지만, 특히 부모님에 대한 원망과 섭섭함은 어린 시절부터 시작되었어요. 어릴 때 부모님이 제가 하고 싶은 일을 못하게 하기도 했고, 자신들에게 문제가 생겼을 때 그 화풀이를 저에게 한 적도 있거든요. 그런데 이런 일에 대해 부모님께 반항 한 번 제대로 한 적이 없

으니 부모님에 대한 화가 여전히 마음속에 남아 있는 것 같습니다.

부모님과 직접 해결해야 할 문제일까요? 부모님께 불만을 말하고 화도 내보면 해소가 될까요? 그런데 지금까지 부모님에게 슬쩍 불만을 말하면 결국은 제가 모자란 탓이고 제가 속이 좁아서 그렇다는 말밖에 듣지 못했어요. 그래서 제대로 말한다고 해결이 될지 의문이 들어 말하기도 싫습니다. 이 마음속 화 때문에 너무도 많은 것을 잃고 있다는 생각이 들어 답답합니다.

– 가족이라는 울타리 자체를 거부하고 싶다는 오 대리

A 어린 시절부터 시작된 부모님에 대한 원망과 섭섭함이 여전히 마음속 응어리로 남아 있으신 듯해요. 그리고 어른이 된 지금까지도 견디기가 참으로 힘들고 괴로웠을 것 같습니다. 그래도 이제라도 자신이 힘들고 괴롭다는 것을 이렇게 사연으로 함께 나누고 도움을 받고자 마음을 먹게 되었으니 참으로 다행이다 싶기도 합니다.

사람은 신기하게도 생각은 속일 수 있어도 마음은 속이지 못하나봅니다. 지금껏 부모님이 원망스럽고, 심지어 가족이라는 울타리 자체조차 거부하고자 애를 써보았지만 여전히 마음은 불편하고, 화만 쌓이게 되는 결과가 되었지요. 다른 문제들도 대부분 그렇겠지만 어떠한 식으로든지 자신의 마음을 털어놓고 싶은 사람에게 자신의 감정을 표현할 수 있는 기회를 갖는 것이 자기 돌봄의 시작일 수 있습니다. 만일 부모님에 대한 섭섭함과 원망을 직접 말로 표현하기 힘들다면, 편지로나마 그동안 부모님에게 표현하지 못했던 마음을 전해보는 것도 한 가지 방법이 되지 않을까 싶습니다.

아니면 스스로 화를 해소하는 방법도 있습니다. 상담전문가의 도움을 통해 마음을 털어놓고 구체적으로 도움을 받거나, 자신이 정말 원하는 것은 무엇인지, 그리고 그것을 통해 내가 얻고 싶었던 것은 무엇인지, 지금 바로 내가 할 수 있는 것은 무엇인지 등을 차분히 생각해본 뒤 지금의 문제에 접근하셔도 좋습니다.

쌓여 있는 불만이나 힘든 감정을 누군가에게 이야기하는 것은 자신이 모자라고 속이 좁아 그런 것이 아닙니다. 더더욱 부모님한테는 말입니다. 오히려 이는 지혜롭게 문제의 해결 방법을 찾아가고자 하는 용기 있는 선택입니다.

Summary

- 어떠한 식으로든지 마음을 털어놓고 싶은 사람에게 감정을 표현할 수 있는 기회를 갖는 것이 자기 돌봄의 시작일 수 있습니다.
- 지금의 문제에 접근하기 전에 자신이 정말 원하는 것은 무엇인지, 그리고 그것을 통해 내가 얻고 싶었던 것은 무엇인지, 지금 바로 내가 할 수 있는 것은 무엇인지 등에 대해 차분히 생각해보세요.

Q 안녕하세요. 남편과의 성격 차이 때문에 함께 살아가는 게 참으로 힘이 드네요. 저는 6년이라는 오랜 연애 끝에 6살 연상의 남편과 결혼해 현재 21개월 된 딸아이가 있는 맞벌이 주부입니다. 예쁜 딸아이 덕에 어느 때보다도 행복한 생활을 하고 있지만, 남편과의 관계는 생각처럼 쉽지 않네요. 남편은 워낙 말수가 적고 자신의 감정을 잘 표현하지 않는 성격입니다. 보통의 남자들이 다 그렇다고는 하지만, 무뚝뚝한 홀어머니 아래서 자란 탓인지 저희 남편은 유독 더 심한 것 같아요.

반면 작은 것 하나도 부모님과 형제들과 나누며 자라온 저는 그런 남편과 대화할 때면 늘 벽에 부딪힙니다. 대화할 때는 상대방의 이야기를 잘 들어주고 감정을 공유해야 하는데, 남편과는 그게 잘 안되거든요. 평소 대화할 때는 물론 제가 흥분해서 이야기를 해도 남편은 말없이 듣기만 해요. 결국 저 혼자 떠들다 마는 꼴이 되지요. 이런 불만이 계속되다 보니 저 역시 남편이 하는 말을 의도적으로 무시해버릴 때가 있어요. 그러면 결국 싸움으로 번지고요.

전에는 이런 일로 자주 다투었지만, 지금은 아이 앞에서 그런 모습을 보이고 싶지 않아 기분이 상해도 그냥 참고 넘어갑니다. 그런데 이렇게 제 감정을 이해받지 못하는 상황이 지속되니 남편이 제 감정을 무시한다는 생각, 결국 저라는 존재 자체를 무시한다는 생각이 듭니다.

저는 남편과 대화 없이 사는 현재의 생활이 너무나 불만족스럽고 답답해요. 한편으로는 남편의 성격이 그런 걸 어쩌겠나 싶다가도 이렇게 참고만 살 수는 없다는 생각이 들기도 해요. 부부관계에서 가장 중요한 것은 대화를 통해 서로를 이해하고 존중하는 것이라고 생각하는데 저희 부부는 그 부분이 너무 약한 것 같아요. 남편한테 이런 말을 하면 또 싸움만 하게 되겠지요. 어떡하면 좋을까요?

— 남편과의 대화가 필요한 기 대리

A 말로 다한다 해도 모든 것을 다 이해할 수 없는 것이 사람의 마음일 텐데, 하물며 말까지 하지 않으니 얼마나 답답하고 외로우셨을까 싶습니다. 지금의 관계를 개선하기 위해서는

몇 가지 알아두어야 할 것이 있습니다.

우선 남편의 '침묵'은 남편만의 또 다른 의사표현임을 인정해 주셔야 합니다. 사람들이 침묵을 고수할 때는 여러 가지 이유가 있어요. 예를 들어 아내를 먼저 생각하려는 마음 때문일 수도 있겠고, 아니면 이야기를 해놓고 결국 자신이 무능해 보이거나 더 큰 갈등이 생기지 않을까 하는 염려 때문일 수도 있지요. 또는 이야기를 했다가 아내에게 거절당하지 않을까 하는 두려움 때문일 수도 있습니다.

이러한 여러 가지 의미에서 남편 분은 침묵이라는 다른 형식의 대화 방식을 채택하는 듯싶습니다. 그러므로 기 대리님이 먼저 남편 분에게 침묵에 대해 기 대리님이 어떻게 하면 좋을지 역으로 물어보고 도움을 구해보는 것도 한 가지 방법이 될 수 있습니다.

둘째, 기 대리님 자신이 남편의 침묵의 희생양이 되지 마셔야 합니다. 흔히 외향적인 분들이 내향적인 남편과 지낼 때 남편의 침묵을 참다 기다리지 못해 결국 자신이 모든 말을 더 꺼내버리고 혼자서 화를 삭이지 못하는 경우가 더러 있습니다. 그러나 이런 경우에는 상대방에게 생각할 수 있는 시간과 감정을 다스릴 수 있는 여유를 주는 것이 더 좋아요. 마음이 다급하고, 상대의 의도를 바로 알고 싶어하는 욕구는 남편이 아니라 기 대리님 자신의 모습일 테니까요.

마지막으로 남편의 너무 많은 것을 알려고 시도하는 순간, 아무엇도 알 수 없게 되는 우를 범할 수도 있다는 것을 아셔야 합니다. 설사 부부라고 하더라도 때로는 숨기고 싶고 감추고 싶은 부분도 있을 수 있다는 점을 이해해줄 필요가 있어요. 그 경계를 존중해주는 것 또한 남편에 대한 사랑이자 배려의 마음일 것입니다.

부부 간에 수다를 떨 수 있다는 것은 말 그대로 상대방과 스텝을 맞추며 춤을 추는 거라고 볼 수 있지요. 상대방과 멋진 춤을 추려면 나의 기량도 중요하지만 상대방의 호흡과 속도에 내가 발을 맞출 수 있을 때 아름다움 춤이 완성됩니다. 기 대리님이 남편을 포기하지 않고, 남편이 한 발짝 한 발짝 스텝을 내디딜 수 있을 때까지 기다려주는 여유의 마음이 필요한 때인 것 같습니다.

Summary

- '침묵'은 상대방만의 또 다른 의사표현일 수 있음을 기억하세요.
- 상대방이 침묵으로 일관한다면 그에게 생각할 수 있는 시간과 감정을 다스릴 수 있는 여유를 주는 것이 좋습니다.
- 부부라고 하더라도 때로는 숨기고 싶고 감추고 싶은 부분도 있을 수 있다는 점을 이해해줄 필요가 있습니다. 그 경계를 존중해주는 것 또한 남편에 대한 사랑이자 배려의 마음일 것입니다.

권태로운 결혼생활을 도저히 견딜 수가 없어요

Q 이제 어느덧 결혼 8년 차에 접어든 사람입니다. 워낙 회사생활이 바쁘다 보니 제 자신은 물론 남편과 아이들을 신경 쓸 겨를이 없어요. 그런데 저를 가장 힘들게 하는 것은 결혼생활에서 느껴지는 '무력감'입니다. 남들에게는 우리 부부가 문제가 없는 것처럼 보이겠지만 사실 퇴근하고 집에 들어가도 별 흥이 나질 않고, 이전에 남편에게 느꼈던 감정조차 무감각해졌습니다.

물론 저에게도 문제가 없는 것은 아닙니다. 가끔씩 남편이 성관계를 요구해올 때면 늘상 거부하고 싫은 내색만 했으니 어느 남자가 좋아할까 싶기도 해요. 그래도 가끔 노력한답시고 남편의 요구에 응해보기도 하지만, 너무 남편 위주여서 그것 역시 저에겐 별다른 즐거움이 되지 않습니다.

이 문제가 성관계의 갈등에서 오는 문제인지, 아니면 제 성격에 뭔가 잘못이 있는 것이지 정말 모르겠습니다. 이대로 결혼생활을 계속하다간 숨이 막힐 것 같네요. 남편도 말은 하지 않지만, 요즘 들어 밤늦게 들어오는 횟수가 늘어나고, 부부 간의 대화도 없어지는 것을 보면 사사로운 문제가 아닌 것 같아요. 저희는 어떻게 하면 좋을까요?

— 부부 간에 권태기가 찾아온 것 같다는 배 과장

A 배 과장님이 느끼는 권태로움은 인간이라면 누구나 느낄 수 있는 자연스러운 욕구입니다. 삶이 항상 즐거울 수 없듯이 부부관계 역시 늘 같을 수 없겠지요. 그러므로 누군가가 변화를 주도해야 하는데, 그 변화를 주도해야 할 사람이 어쩌면 바로 배 과장님이지 않을까 싶습니다. 왜냐하면 현재 분명한 것은 배 과장님이 권태로움을 느끼고 있고, 이는 스스로가 어떠한 자극을 원한다는 메시지이기 때문입니다.

변화를 주는 방법으로 우선 일종의 회상요법을 사용할 수 있습니다. 남편과 신혼시절 즐거웠던 일들을 대화의 화제로 꺼내본다거나, 시간이 될 때 이전에 찍었던 사진을 함께 본다거나, 서로 즐겨 듣던 음악을 듣는 등의 방법을 통해 사랑의 감정을 되새겨볼 수 있습니다.

둘째, 스스로 도전할 거리를 만들거나 남편에게 도전거리를 제안해보시기 바랍니다. 인간이란 본래 도전이 없으면 지루함을 느끼기 마련입니다. 결혼생활에도 뭔가 도전할 거리가 생겼을 때 재미가 있고, 서로에게 활력을 되찾아줄 수 있습니다.

마지막으로 성적인 욕구가 시들해졌다면 우선 내부적으로 배 과장님을 자극할 수 있는 것들을 찾고, 새로운 자극이 필요할 경우 솔직하게 남편에게 배 과장님이 원하는 바를 요구해보시기 바랍니다. 성관계 역시 늘 같은 감정이 지속되길 기대할수록 오히려 권태감의 정도가 커집니다. 우리는 기계가 아니기 때문이지요. 그러니 자신의 생각이나 감정을 숨기지 말고 원하는 것을 구체적으로 요구해보세요. 부부 간에 문제가 생겼다면 상대방이 변화하기를 기대하기보다는 자신이 먼저 변화를 주도해보시기 바랍니다.

Summary

- 회상요법을 통해 사랑의 감정을 되새겨볼 수 있습니다.
- 결혼생활에도 뭔가 도전할 거리가 생겼을 때 재미가 있고, 서로에게 활력을 되찾아줄 수 있습니다.
- 성적인 욕구가 시들해졌다면 자신의 생각이나 감정을 숨기지 말고 원하는 것을 구체적으로 요구해보세요.

> ## 무능한 남편과 사는 게
> ## 너무나 힘드네요

Q 저희 남편은 저보다 나이가 어립니다. 그런데 시간이 흐를수록 남편이 저에게 의존하는 정도가 점점 심해지는 것 같아 고민입니다. 저는 여자지만 성격이 본래 강하고 활발한 편입니다. 반면 남편은 연애시절에도 주로 저를 즐겁게 해주고 이야기를 들어주는 등 자상하면서 여성스러운 면이 강한 편이었습니다. 그런데 부부가 되어 살다 보니 저 혼자 아둥바둥 일하는 것 같고, 남편은 정작 제 그늘이 되어주지 못하고 그저 기대려고만 하는 것 같아 남편이 무능하게 느껴집니다. 그러다 보니 저도 모르게 남편을 자꾸 무시하는 말과 행동을 하게 되네요.

최근 회사 사정이 나빠져 계속 스트레스를 받고 있었는데, 어느 날 남편이 저에게 아예 집에서 살림을 하면서 살고 싶다고 말해 정말 울화가 치밀었습니다. 이렇게 험한 세상에서 치열하게 살아도 모자랄 판에 제가 이 사람을 먹여살려야 한다고 생각을 하니 끔찍하기까지 합니다. 어떻게 하면 좋을까요?

— 연하 남편의 든든한 아내가 되어주기에 지친 서 대리

A 결혼생활을 하다 보니 연하의 남편이 주는 자상함보다는 기댈 수 있는 남편의 중후함과 정신적인 안정감이 필요하신가봅니다. 삶을 살아가다보면 어느 순간 나에게 빛이 되었던 것이 어떤 상황에서는 그림자가 되어 스스로를 무겁게 만들기도 하지요.

서 대리님에게 현재의 남편이 더욱 무능하게 느껴지는 것은 남편의 능력에 서 대리님 자신이 기대어 좀 쉬고 싶다는 마음이 반영되었기 때문은 아닐까 싶습니다. 즉 서 대리님이 현재 삶에 지쳐 있어 쉬고 싶다는 신호인 셈이지요. 그리고 자신의 기대를 남편이 채워주길 기대하는 마음이 클수록 현재의 남편에 대한 실망과 원망의 마음 또한 더욱 커지겠지요.

그렇다면 어떻게 하면 좋을까요? 먼저 남편의 변화를 요구하기 전에 서 대리님의 일상에서 자신을 변화시킬 수 있는 부분부터 하나씩 변화시켜보시기 바랍니다. 일로 스스로를 과도하게 몰

아세우고 있다면 정작 쉬어야 된다는 생각을 하면서도 불안하고 두려운 나머지 어떤 행동도 취하지 못하는 것은 아닌지도 한 번 살펴보셨으면 합니다.

둘째, 남녀의 역할과 일에 대해 선입견을 가지고 있는 것은 아닌지 돌아볼 필요가 있습니다. 맞벌이를 하더라도 남편이 주도적이어야 하고 여자의 경제활동은 부차적인 경제활동으로 여겼던 것은 아닌지 말입니다. 그런데 누군가를 위해서만 일을 한다면 그것은 그저 '노동'으로만 느껴질 것입니다. 그러나 나의 발전을 위해서 일을 하고 있다면 그에 따른 어려움은 이루고자 하는 목표를 위해 극복해야 할 하나의 과정으로 여길 수 있을 것입니다.

셋째, 서 대리님께서 먼저 남편이 원하는 것을 할 수 있는 기회를 주되 그에 따른 분명한 책임을 공유할 수 있도록 '약속'을 정해보시기 바랍니다. 예를 들어 남편이 전업주부를 하길 원한다면 전업주부를 하는 동안 남편이 얻고자 하는 부분이 무엇인지, 어떤 의미와 가치가 있는지 남편으로부터 한 번 들어보세요. 남편이 원하는 것이 절실하다면 실험적으로 일정 기간의 시간(전업주부 2년, 5년식으로)을 주면서 남편 스스로 자신을 검증해볼 수 있는 기회를 제공해보는 것이지요. 남편의 의사를 거절하기에 앞서 남편이 원하는 것이 어떠한 동기에서 비롯된 것인지 잘 들어보고, 정말 그것이 남편이 절실히 원하는 것이라면 남편에게 단기적으로라도 시간과 기회를 주는 것도 좋습니다.

마지막으로 관계에서의 불편함을 해소하는 방식이 상대를 무시하는 태도로 이어지는 것은 아닌지도 점검해보시기 바랍니다. 남자의 나이가 많든 적든 아내로부터 존경과 신뢰를 받을 때 남자들은 자신감을 갖고 사회생활을 할 수 있습니다. 그것은 여자의 입장도 마찬가지겠지요.

상대에 대한 존경과 신뢰는 '칭찬'이라는 메시지로 전달될 것입니다. 칭찬을 할 수 있다는 것은 상대방에 대한 자신의 기대를 당연하게 여기지 않는다는 것을 의미합니다. 다시 말해 남편이 서 대리님에게 보여주는 모습들을 어느 순간 너무도 당연한 것으로 여긴 나머지, 그 이상의 것을 요구하는 서 대리님의 기대가 남편에 대한 실망으로 이어진 것은 아닌지요? 서 대리님의 칭찬 한 마디가 남편에게는 자신의 능력을 최대한 끌어올릴 수 있는 '보약'이 될 수 있음을 명심하시기 바랍니다.

Summary

• 내가 좋아서, 그리고 나의 성장을 위해서 일을 하고 있다면 그에 따른 어려움은 누구의 탓도 아닌 내가 이루고자 하는 목표를 위해 스스로가 넘어가야 할 하나의 과정으로 여길 수 있게 될 것입니다.

• 상대에 대한 존경과 신뢰는 '칭찬'이라는 메시지로 전달할 수 있습니다. 칭찬 한 마디가 남편에게 자신의 능력을 최대한 끌어올릴 수 있는 '보약'이 될 수 있음을 명심하시기 바랍니다.

아내와의 소통이
생각보다 어렵습니다

Q 안녕하세요. 요즘 저는 아내 때문에 고민이 많습니다. 무슨 이유 때문인지 최근 들어 아내가 스트레스를 많이 받고 있습니다. 이 스트레스들이 점점 쌓이면 나중에는 신경질적으로 변하는데, 그럴 때 저는 정말 어떻게 해야 할지 모르겠습니다. 퇴근해서 집에 들어가면 저도 힘든데, 아내의 신경질적인 반응까지 감당해야 하니 너무 힘이 듭니다. 아무래도 제가 아내의 마음을 헤아리고 다독거리는 것에 미숙한 것 같습니다. 가끔 서로가 문제를 풀어보려 하는데, 생각처럼 잘 안되면 화를 내는 통에 서로의 감정만 불편해지는 상황이 되어버립니다. 이러한 것들이 풀리지 않고 점점 쌓여 냉담한 부부관계로 이어질까

봐 노심초사합니다. 제가 어떻게 하면 될지 조언을 부탁드리겠습니다.

– 아내의 마음을 다독여주는 것이 어렵다는 조 차장

A 마음이 서로 통한다는 것은 참 쉽지 않은 일이지요. 그런데 역설적이게도 통해야 한다고 생각하는 전제 자체가 상대방과의 소통을 더욱 어렵게 만들 수 있습니다. 부부 사이의 소통관계도 마찬가지겠지요. 어쩌면 아내와 통하지 않는 게 너무도 당연한 것인데, 아내가 나와 통해야 된다는 생각을 하니 지금 상황이 더욱 힘들게 여겨지는 것일지도 모릅니다.

아내뿐만 아니라 자기 이외에 자신과 똑같은 사람은 없으므로 누군가와 100% 통한다는 것 자체는 비합리적 기대입니다. 통하고자 한다면 노력이 필요합니다. 하지만 노력은 수고와 인내를 필요로 하기 때문에 대부분 자신이 먼저 노력하기보다는 상대가 먼저 노력해주기를 기다리지요. 그런데 조 차장님은 먼저 이렇게 조언을 구하고 스스로의 변화를 시도하고자 하시니, 이미 상대의 마음에 반은 다가선 것이라 여겨집니다.

우선 자신의 마음을 가장 솔직하고 편안하게 내보일 수 있는 자신만의 방식을 찾아보세요. 상대의 마음을 읽기 위해서는 자신의 마음을 먼저 내보이는 것이 중요합니다. 말로 표현하기가 불편하시면 글로 지금의 심정과 바람을 전달해보는 것도 좋을 듯 싶습니다.

다음으로 아내의 불편한 마음의 출발이 시댁이나 처가 문제와 관련된 것이라면 그 관계 속에서 아내 분이 조 차장님께 기대하는 것이 무엇이고, 그 상황에 대해 조 차장님이 어디까지 할 수 있을지에 대해 대화를 나누면서 서로가 함께할 수 있는 합의점을 찾으려고 노력해보시기 바랍니다. 이때 주의해야 할 점은 자신과 상대방 모두가 100% 만족하는 것을 목표로 삼을 경우 서로에게 실망하기 쉽다는 점입니다.

부부관계에서 서로의 기대와 욕구의 충족은 옳고 그름의 정답을 찾아가는 과정이 아니라 서로의 생각과 그 생각의 의도를 헤아리고 그 과정에서 함께 서로의 부족한 부분을 채워가는 과정일 것입니다. 조 차장님께서 아내가 자신의 마음을 읽어주길 기대하는 것처럼 아내 역시 자신의 마음을 알아주길 바라고 있겠지요. 상대가 원하는 것을 맞춰주려고 먼저 노력하는 태도가 중요합니다. 독심술로는 한계가 있으니까요.

아내가 무엇을 원하는지를 들을 때 설사 조 차장님이 동의할 수 없고 이해가 되지 않더라도 그것을 '다름'의 관점으로 들을 수 있어야 합니다. 아내 분과 조 차장님이 '다르다'는 것은 누가 옳고 틀리다가 아니라 그동안 서로 알지 못했던 관계를 배우고 채워나갈 수 있는 기회일 수 있습니다. 그렇게 배우자의 마음을 먼저 살피고 배우자가 원하는 것을 들어주려고 노력할 때, 배우자도 거울이 되어 조 차장님의 마음을 함께 살펴주는 든든한 동반자로서 발걸음을 함께할 것입니다.

조 차장님 스스로 '아내가 나와 평생 마음을 함께 나눌 동지라면 무엇인들 못 나누겠냐.'라는 심정으로 다가선다면 분명 그 진심은 언젠가 아내에게도 전달이 될 것입니다. 무조건적인 공감, 상대방에 대한 존중, 진실한 마음만으로도 충분합니다. 그동안 어려운 고비도 잘 넘기셨으니 앞으로도 잘할 수 있을 것입니다.

Summary

• 상대의 마음을 읽기 위해서는 자신의 마음을 먼저 내보이는 것이 중요합니다.

• 관계에서의 서로의 욕구 충족은 옳고 그름의 정답을 찾아가는 과정이 아니라 서로의 마음을 헤아리고 그 과정에서 함께 서로의 부족한 부분을 채워가는 과정입니다.

이혼 후의 재혼이
솔직히 많이 두렵습니다

Q 이혼 전 남편은 제 첫사랑이었습니다. 만난 지 8개월 만에 결혼했고, 아이가 태어나기 전까지만 해도 행복했었습니다. 아이가 태어나자 남편이 이유도 없이 폭력적으로 바뀌기 시작했고, 다른 여자와 만나면서 이혼을 요구하더군요. 결국 이혼했고, 현재는 6살짜리 여자아이를 데리고 6년을 혼자 지내고 있습니다.

그런데 최근 마음에 드는 남자가 생겼습니다. 그와 만나면 즐겁고 재미있습니다. 게다가 제 딸아이에게도 무척 잘해줍니다. 그러나 지금 만나고 있는 이 사람과 장차 미래를 약속할 수 있을지를 생각하면 솔직히 자신이 없습니다.

이 사람 역시 전 남편과 마찬가지로 결혼을 하면 돌변하진 않을지, 시간이 흘러도 내 아이에게 지금처럼 잘해줄지 알 수가 없으니까요. 다시는 전 남편과 같은 남자를 만나 상처받고 싶지 않아 이 남자와 헤어질까 수백 번 생각도 해보았지만 그것 또한 마음처럼 쉽지 않네요. 어떻게 해야 할지 모르겠습니다.

– 한 번의 결혼 실패로 아픔을 겪은 변 대리

A 한 번의 상처로도 충분히 아프고 고통스러웠기에 그 상처를 다시 되풀이하고 싶지 않은 변 대리님의 심정, 충분히 이해합니다. 하지만 과거의 고통스러운 기억 때문에 현재의 삶이 방해를 받고 있다면 그것은 분명히 극복하고 넘어서야 할 과제임에 틀림없습니다. 다시 말해 과거의 남편에 대한 배신감으로 현재의 이성관계가 흔들리고 있다면 이것은 어떤 방식으로든지 적극적으로 해결해야 할 과제라는 것이지요.

변 대리님에게 중요한 것은 과거가 아니라 현재입니다. 과거의 괴로움 속에 머물기보다는 현재 처한 상황에 맞추어 최선의 방식으로 자신을 '치유'해야 합니다. 물론 쉽지 않겠지만 그렇게 하기 위해 노력해야 할 것입니다. 과거는 바꿀 수 없지만 적어도 지금 변 대리님의 현재를 어떻게 맞이하느냐에 따라 다가올 미래는 바꿀 수 있으니 말입니다.

그러려면 과거의 남편에 대한 배신감과 혹시나 또 거절당하지 않을까 하는 두려움 때문에 변 대리님에게 다가오는 손길을 먼저 거절해버리는 실수를 범하지 않기를 바랍니다. 물론 사람에 대한 배신의 상처가 너무 큰 나머지 새로운 만남이 두려울 수도 있겠지요. 하지만 그럴수록 상처받지 않을까 하는 마음의 밑바닥을 살펴보면서, 시간을 충분히 두고 상대를 살펴볼 수 있는 기회를 가져보시기 바랍니다.

상대방이 변 대리님과 결혼을 할 수 있을 정도로 변 대리님을 사랑하는 분이라면 변 대리님의 지금 심정 또한 충분히 공감하겠지요. 상대방이 변 대리님의 상처를 어떻게 이해하고, 앞으로 그것을 어떻게 받아들이면서 살아갈지에 대해 충분한 시간을 가지고 이야기를 나누어보기 바랍니다. 지금 순간순간 주어지는 행복한 만남을 두려움 때문에 먼저 뿌리치기보다 어떻게 가꾸어나갈지 진지하게 생각해보는 시간을 가져보시기 바랍니다.

Summary

• 중요한 것은 과거가 아니라 현재입니다. 과거의 괴로움 속에 머물러 있지 말고 자신이 처한 상황에 맞춰 최선의 방식으로 마음의 상처를 '치유'해야 합니다.

• 지금 순간순간 주어지는 행복한 만남을 두려움 때문에 먼저 뿌리치기보다 어떻게 가꾸어나갈지 진지하게 생각해보는 시간을 가져보시기 바랍니다.

회사 사람과의 잘못된 만남, 관계정리가 어렵습니다

Q 저는 회사에 입사한 지 1년도 안 된 사원입니다. 회사에 입사할 때 제 원칙은 '회사 사람과는 절대 엮이지 말자.'였습니다. 그런데 그 원칙을 지키지 못해 현재 매우 곤란한 상황에 빠져버렸어요.

B대리님은 회사에서 제 멘토이신데 제가 출근한 첫날부터 너무 편하게 대해주셨어요. 그래서 제가 세운 원칙도 잊고 오빠처럼 사심 없이 지냈지요. 그런데 어느 순간부터 저녁에 밥도 같이 먹고, 노래방도 가는 등 연인들의 데이트 코스를 제가 밟고 있더군요. 문제는 그분이 유부남인데, 그 사실을 알면서도 관계를 정리하지 못해 여전히 제 마음이 끌린다는 거예요. 그분 역시 저에게 좋은 감정이 있는 건지, 회사에 와

서 메신저를 통해 저에게 출근인사를 하는 것으로 업무를 시작하세요. 그리고 퇴근 후에도 전화나 문자로 서로의 안부를 묻곤 합니다. 상황이 이렇다 보니 더욱 관계를 끊을 수도 없어요.

요즘은 와이프랑 사이가 너무 안 좋다는 등 개인적인 고민까지 털어놓는데, 제가 어떻게 해야 할지 모르겠습니다. 관계가 더 깊어지기 전에 정리하려면 어느 정도 거리를 두어야 하는데 그것도 쉽지 않습니다. 팀에서 친하게 지내고 있는데 갑작스럽게 냉정한 태도를 취하면 서먹해질까봐 염려가 되기도 하고, 답답한 마음뿐입니다.

－ 유부남과의 잘못된 만남으로 힘든 마 사원

A 상대가 어떤 사람이든지 간에, 누군가를 좋아하는 감정을 무 썰듯 딱 자른다는 것은 쉬운 일이 아닐 것입니다. 그래서 더욱 답답하고 혼란스럽지 않을까 싶습니다. 문제는 행복한 만남이어야 할 관계가 시간이 더해질수록 고통과 갈등을 안겨준다면, 그때는 자신의 감정에 기대기보다는 자신의 머리, 즉 이성의 힘에 의존하는 편이 낫지 않을까 싶습니다.

이럴 때는 지금의 마음을 현실로 옮겼을 때 일어날 수 있는 일들을 생각해보는 것이 좋습니다. 시작은 좋은 감정에서 출발했다고 하더라도, 이후 자신이 감당해야 할 상황이 쉽지만은 않을 것입니다. 그로 인해 주변에서 상처받을 사람들도 생기게 되지요.

지금 당장에는 여태껏 느껴보지 않았던 소중한 감정이기에 놓치고 싶은 않은 생각이 자신을 압도할지 모릅니다. 현재의 자신의 감정 자체를 부정하라는 것은 아닙니다. 다만 그 감정이 현실로 이어졌을 때 마 사원님 자신이 감당할 수 있을지 그것도 더불어 곰곰이 살필 수 있었으면 합니다. 결국 마 사원님의 인생이기 때문입니다.

다음으로 뭔가를 당장 결정내려야 한다는 생각에 앞서 잠시 자신의 감정과 거리를 두는 시간을 가져보는 것도 방법입니다. 예를 들어 그 사람에 대한 마음과 생각보다는 그동안 마 사원님이 챙기지 못했던 다른 일에 마음을 써보시기 바랍니다. 감정은 일시적인 것이어서 시간이 흐르면서 일어나는 변화가 문제를 해결해줄 수도 있습니다. 우선순위를 자신에게 필요한 다른 일에 마음을 쏟다보면 감정은 어느새 가라앉고 사라질 수도 있습니다. 시간이 문제해결의 실마리가 되어줄 것입니다.

어쨌든 힘이 들겠지만 지금의 감정 자체에 너무 몰두하지 말아야 합니다. 살다가 한때 스쳐가는 좋은 감정이려니 생각하고, 깊이 생각하지 마셨으면 합니다. 누구나 한 번쯤 앓을 수 있는 홍역처럼 자연스러운 감정일 수 있으니까요. 신중하고 현명한 선택을 하시기 바랍니다.

다른 한편으로 유부남인 상대와 헤어져야 한다는 사실보다 앞으로 마 사원님 자신이 그 사람으로부터의 보살핌과 의존에서 벗어난다는 사실 자체가 마 사원님을 더 두렵게 만드는 것은 아닌지도 살펴볼 만한 일입니다. 만일 자신도 모르는 사이에 부모님과 같은 보살핌을 그 남자로부터 기대했었다면, 마 사원님 마음속에 도사리고 있는 의존하려는 어린 마음에서 벗어나야 합니다.

마 사원님 자신이 스스로를 돌볼 수 있고 당당히 홀로 설 수 있어야 어떤 관계이든 당당히 맞설 수 있는 용기와 의지도 생기는 것입니다. 이번 기회를 통해 자신의 감정과 행동에 책임을 지고, 스스로를 보살필 수 있는 '심리적 독립'이 가장 필요한 것은 아닌지 들여다보시기 바랍니다.

Summary

- 즐겁고 행복한 만남이어야 할 관계가 시간이 더해질수록 고통과 갈등을 안겨준다면, 그때는 감정에 의존할 것이 아니라 자신의 머리에 의존하는 편이 낫다고 생각됩니다.

- 감정은 일시적인 것이어서 시간이 흐르면서 일어나는 변화가 문제를 해결해줄 수도 있습니다. 애써 다른 일에 마음을 쏟다보면 감정은 어느새 가라앉고 사라질 수도 있습니다.

**가장으로서의 무거움과
서러움이 갈수록 커져갑니다**

Q 요즘 회사 사정이 좋지 않아 여기저기서 인력을 줄인다는 소문이 나돌고 있습니다. 그래서인지 파트장이 자기 실적을 올리려고 팀원들에게 야근을 종용하거나, 납기 내 성과를 내야 한다며 압박을 줍니다. 가끔 야근을 하는 것은 넘어갈 수 있습니다. 그런데 특별한 업무가 없을 때는 가급적이면 가족들과 함께 시간을 보내고 싶은데, 파트장이 워낙 술자리를 좋아하는 사람이라 예정에 없던 회식을 하자고 할 때면 정말 곤혹스럽기 그지없습니다. 파트장은 회사를 진정 위한다면 가족은 포기할 수 있어야 한다는 가치관을 가지고 있는 사람이에요. 작년에 인사고과가 잘 나오지 않아 올해는 어떻게든 파트장에게 인

정을 받긴 받아야 하는데, 한편으로는 '내가 무슨 대단한 일을 한다고 이렇게까지 살아야 하나.'라는 생각에 혼란스럽고 속상합니다.

엊그제 아내에게 "만일 내가 회사에서 잘리면 어떡할래?"라고 물었더니 앞으로 아이들 대학 보내고 결혼시키려면 우리 형편에 열심히 벌어도 시원치 않을 텐데, 어떻게 남자가 그리 나약한 소리만 하냐며 잔소리를 해대더군요. 위로 한 마디 없는 아내에게 회사가 이렇다 저렇다 일일이 말할 수도 없고… 참 서럽습니다.

– 힘든 회사생활로 가장이라는 이름이 너무 버겁다는 공 과장

A 눈코 뜰 새 없이 바쁜 회사생활 속에서 올해는 인사평가를 잘 받아야 하기에 상사의 눈치까지 보느라 많이 버거우시지요? 그런데 집에서는 이렇게 고생하는 자신의 노고를 알아주기보다 아이의 장래와 교육만을 생각하는 아내의 잔소리까지 들어야 하는 상황이니 '세상에 내가 설 곳은 어딘가?' 하는 외로움과 허무감이 물밀듯이 밀려오지 않을까 싶습니다. 그런데도 우리 시대의 아빠들은 공 과장님처럼 대부분 자신의 마음을 표현하기보다는 그저 참고 견디면서 오늘도 긴장 속에 스스로를 가두고 살아갑니다.

어째서 스스로가 힘든 줄 알면서도 힘들다는 것을 표현하지 못한 채 살아가고 있을까요? 그것은 일과 가정, 이 2가지를 다 잘 해야 한다는 '과도한 책임감' 때문입니다. 하지만 업무를 하다보

면 일과 가정을 항상 만족시킬 수는 없을 것입니다. 스스로에게 부여한 과도한 책임감은 회사 내에서 일과 관계에 대한 긴장으로 이어집니다. 또한 가족들에게는 필요 이상의 과도한 죄책감과 미안함에 결과적으로는 가족관계 역시 불편해져버립니다.

이러한 악순환의 고리에서 빠져나오려면 공 과장님 자신이 항상 '강한 아빠, 완벽한 아빠가 좋은 아빠이자 좋은 가장'이라는 선입견에서 벗어날 수 있어야 합니다. 가족에게 자신의 불편함을 내보이는 것이 남자답지 못한 모습이라고 꺼릴수록 가족들과의 감정 교류는 차단되고, 친밀감은 약해질 수밖에 없습니다. 또한 가족들도 아버지를 이해할 수 있는 경험이 부족하게 될 것이며, 그것이 누적되다보면 공 과장님의 경우처럼 가족들과 공감대를 형성하는 게 더욱 어려워집니다. 아빠도 때로는 나약할 수 있고 가족들의 손길이 필요한 존재임을 가족들과 나눌 수 있어야 합니다.

물리적으로 많은 양의 시간을 가족들과 함께할 수 없다고 자책하기보다는 순간순간 가족들과 함께하는 시간의 질을 높이는 것이 중요합니다. 주어진 시간이 많지 않더라도 그 시간을 잘 활용해 가족들과의 공감대를 적극 마련해보시기 바랍니다.

다음으로 직장에서 인사평가가 좋지 않다고 해서, 더 나아가 회사에서 잘린다 해서 가장으로서의 책임을 다하지 못한 것이라고 자책하지 마셨으면 합니다. 지금까지 남부끄럽지 않게 열심히 살아왔다면 위축되지 말고 적극적으로 생각하세요. 오히려 지금

껏 애써 달려온 자신에게 애썼다고 격려해주고 지지해주셨으면
합니다. 열심히 한다고 모든 사람이 성과가 좋고 다 성공하는 것
은 아니잖아요. 물론 좋지 않은 결과로 마음은 안타깝고 속상할
수 있지만, 그렇다고 가족들에게 비난받고 죄책감을 느낄 일은
아니라고 생각합니다. 가족을 지켜나가야 할 몫은 공 과장님 혼
자에게만 있는 것이 아니라 가족들이 함께 나누어 가질 수도 있
는 부분임을 기억하실 필요가 있습니다.

마지막으로 그동안 일과 가족 모든 면에서 완벽한 역할을 하
기 위해 스스로를 힘들게 내몰았다면 가끔씩은 자신에게도 '휴
식'의 시간을 마련해줄 필요가 있습니다. 지금처럼 계속 이렇게
살아가야 하는가 하는 허무감과 서러움이 더욱 크게 느껴질 때
야말로 스스로에게 보상을 줄 때임을 잊지 마시기 바랍니다. 공
과장님은 어느 회사의 누구, 누군가의 아빠이자 누군가의 남편이
기 이전에 '나 자신'이기도 하니까요. 그러니 자신만의 취미, 즐
거움을 느낄 수 있는 활동을 찾아보세요. 가끔 가보지 않았던 길
도 거닐어보고, 아내와 산책도 하면서 소소한 일상의 모습도 즐
겨보시기 바랍니다.

가끔은 자신에게 부여된 책임과 역할에서 벗어나 일상의 소소
함 속에서 온전한 나로서 충분히 자신을 경험해야 심리적 여유
도 함께 찾아옵니다. 그리고 그 여유로 더 큰 도약을 할 수 있는
힘도 생깁니다.

가족들은 역할과 의무로서 무장된 완벽한 아빠와 함께 있기보

다는 행복한 남편, 즐거움이 많은 아빠와 함께하길 더 원하고 있을지도 모릅니다. 지금은 해줄 수 있는 것이 많지 않은 것에 대한 안타까움과 미안함이 있을 수 있지만, 그럼에도 현재 상황에서 해줄 수 있는 것에 대해 집중하고 가족과의 행복을 만들어갈 때가 아닌가 싶습니다.

Summary

- 스스로가 힘든 줄 알면서도 힘들다고 표현하지 못한 채 살아가는 이유는 일과 가정, 이 2가지를 다 잘해야 한다는 '과도한 책임감' 때문입니다.
- '강한 아빠, 완벽한 아빠가 좋은 아빠이자, 좋은 가장'이라는 선입견에서 벗어날 수 있어야 합니다.
- 가족을 지켜나가야 할 몫은 오직 어느 한 사람에게만 있는 것이 아니라 가족들이 함께 나누어 가질 수도 있는 부분임을 명심하시기 바랍니다.

**아버지와의 어긋난 관계를
꼭 회복해야 할까요?**

Q 안녕하세요. 누군가에게 딱히 하소연 할 곳도 없고, 그렇다고 마음속에 담고만 있자니 속이 터질 것 같아 이렇게 글을 씁니다. 사춘기 때 아버지의 외도와 방탕한 생활로 어머니를 비롯한 저희 3남매는 참으로 힘들게 살았습니다. 아버지는 자기중심적이셔서 어머니와 저희 남매는 늘 아버지의 무시와 권위 속에서 두려움에 떨며 살았습니다. 다행히 어머니의 정성 어린 보살핌으로 저는 좋은 대학을 나와 남들이 부러워할 만한 좋은 회사에 다닐 수 있었습니다.

이제 저도 어엿한 한 아이의 아빠가 되었지만, 마음속에는 아버지에 대한 원망이 사라지지 않는군요. 가끔 '아버지'라는 단어만 떠올라도 두려움과 분노가 마음속에서 끓어오르는 것을 느낍니다. 서울로 취업을 해 결혼할 때를 제외하고 거의 6년 동안 아버지 얼굴을 보지 못했습니다. 그런데 아버지가 어느덧 나이가 들어 병상에 누워 계십니다. 어머니는 "그래도 아버지인데 한 번쯤 내려와야 되지 않겠니?"라고 권하시지만, 제게는 이름뿐인 아버지라 발길이 잘 떨어지지 않네요. 지금에 와서 아버지를 만나는 게 과연 어떤 도움이 될까요?

– 아버지와의 어긋난 관계를 회복해야 하는지 고민인 곽 차장

A 어린아이에게 '사랑받고 인정받고 싶은 욕구'처럼 강렬한 것도 없을 것입니다. 그런데 어린 시절 곽 차장님의 아버지는 밖으로만 돌아다니시고, 아버지라는 권위로 어린 자식들을 짓눌렀으니 어린 마음에 큰 상처가 남은 것은 당연합니다. 어린 시절에 상처받은 사랑에 대한 목마름은 또 다른 방향으로 자신을 내몰게 합니다. 지나치게 성공에 집착한다거나, 일에 자신을 매몰시키는 방식으로 말입니다.

그럼에도 불구하고 아직도 '아버지'라는 단어만 떠올리면 마음속에 분노가 끓어오른다는 것은 여전히 성인이 된 곽 차장님 마음속에 아버지에게 상처받고 불안으로 떨고 있는 어린아이가 있다는 의미입니다. 또한 오랫동안 아버지를 보지 않았는데도 아버지에 대한 불신과 미움이 남아 있다는 것은 아버지와 자신의 관계를 냉정하게 보려 하지 않으려 하는 데서 생긴 당연한 반응

입니다.

우선 열린 마음으로 아버지에 대해 생각하고 아버지를 대면해보려는 시도를 해보시기 바랍니다. 이때 비판적인 태도를 취할 수도 있지만, 더 나아가 이해해보겠다는 태도를 가지는 것이 중요합니다. 그래야 아버지의 진짜 이야기를 들을 수 있습니다. 처음에는 매우 불편하겠지만 과거에 곽 차장님이 이해할 수 없었던 것부터 차근차근 아버지에게 물어보시기 바랍니다. 아버지가 대답을 회피할 수도 있으나, 그렇다고 성급하게 굴지 말고 자연스러운 기회를 만들어 곽 차장님이 납득하기 어려웠던 일들에 대해 아버지와 이야기를 나눠보시기 바랍니다.

우리의 삶의 많은 것들은 결정에 달려 있다고 해도 과언이 아닙니다. 곽 차장님도 아버지가 되어봐서 아시겠지만 자녀에게 일일이 모든 것을 설명하지 못하고 그냥 무심코 지나가는 경우가 많습니다. 그때 아이는 아버지가 자신을 사랑하지 않는다는 결론을 내리고, 그 결론을 평생 간직하고 살아갑니다. 곽 차장님의 아버지도 곽 차장님에게 못다 표현한 마음속 메시지가 분명 있을 것입니다.

만일 곽 차장님께서 지금 병상에 계신 아버지에 대한 분노와 갈등을 풀지 못한다면 곽 차장님의 아버지는 이해나 화해의 기회를 가져보지 못하고 세상을 떠날 것이며, 곽 차장님 역시 무기력감과 미해결된 상처를 안고 평생을 살게 될 것입니다. 아버지가 먼저 곽 차장님에게 손을 내미는 것은 이제 기대하기 어려운 일일지도 모릅니다. 따라서 어린 시절의 고통의 기억을 뒤로하고 마음의 상처를 치유하는 첫걸음을 떼는 것은 온전히 곽 차장님의 몫이겠지요. 곽 차장님 마음속에 있는 아버지는 곽 차장님 자신일지 모릅니다. 그러므로 곽 차장님 안의 아버지를 사랑하는 법을 지금이라도 꼭 배우셔야 합니다. 그렇지 못하면 평생 자기 자신과 마음속 전쟁을 감수해야 할 수도 있습니다.

대화를 하고 싶어도 아버지가 세상을 떠나서 마음을 나눌 수 없는 사람들도 많습니다. 그런 사람들에 비하면 곽 차장님은 아버지가 살아계시니 얼마나 다행입니까? 이번 일이 곽 차장님 자신이 자유로워질 수 있는 좋은 기회가 될 수 있으니 놓치지 마시기 바랍니다.

Summary

• '아버지'라는 단어만 떠올리면 마음속에 분노가 끓어오른다는 것은 성인이 되었어도 여전히 마음속에 아버지에게 상처를 받아서 불안에 떨고 있는 어린아이가 존재하기 때문입니다.

• 아버지에게 비판적인 태도를 취할 수도 있지만, 더 나아가 이해하겠다는 생각을 가져보세요.

**갑자기 변해버린 딸 때문에
걱정이 많습니다**

Q 저는 초등학교 6학년 딸아이를 둔 아버지입니다. 다름이 아니라 최근 들어 딸아이의 행동이 이상해서 아버지로서 걱정이 되네요. 작년까지만 해도 굉장히 활발하고 말이 많은 아이였는데, 어느 때부터인지 말수도 없어지고 늘 무뚝뚝한 표정입니다. 무슨 말이라도 건네면 갑자기 소리를 지르는 것은 예사고, 죽어버리고 싶다는 말을 쉽게 내뱉기도 합니다.

그동안 회사 때문에 딸아이에게 신경을 못 써주었는데, 갑자기 변해버린 딸아이를 보니 미안한 마음에 회사 일도 손에 잡히지 않아요. 딸아이가 무슨 말이라도 해주면 좋을 텐데 입을 꼭 다물고 있어 정말 속수무책입니다. 무슨 좋은 방법이 없을까요?

– 갑자기 변해버린 딸이 걱정이라는 진 팀장

A 어린아이인 줄만 알고 있었는데 어느새 눈에 띄게 변해버린 딸의 행동에 마음이 많이 쓰이셨겠네요. 사실 초등학교 6학년이라면 한창 또래집단과 어울리는 시기이므로 부모와의 의사소통이 조금씩 단절되기 시작하는 시기라고 할 수 있습니다. 그렇다고 부모의 입장에서 속수무책으로 마냥 변해버린 딸의 모습을 지켜만 볼 수도 없겠지요.

우선 이제는 성장한 아이의 수준에 맞추어 아이의 마음을 이해하려는 모습을 보여주셔야 합니다. 즉 달라진 아이의 모습에 대해 부모로서 조언이나 충고를 먼저 하기보다는 편안한 친구처럼 아이에게 다가설 준비를 하시는 것이지요. 이러한 준비를 위해서는 아이와의 관계의 질을 높일 수 있는 시간을 많이 가져야 합니다. 예를 들어 주말에 가족들과 여행을 간다거나 함께 운동을 한다거나 혹은 함께 공유할 수 있는 일들을 많이 만들어보는 것이지요. 그러면서 요즘 무슨 고민이 있는지, 아빠가 무엇을 해주면 좋겠는지 등을 물어보며 자연스럽게 대화를 하다보면 서로의 마음을 들여다볼 수 있는 기회가 생길 것입니다.

둘째, 아이의 변화된 모습 이전에 혹시 아버지로서 최근의 자신의 모습이나 가정에서 아내와의 관계는 어떠했는지 살펴보시기 바랍니다. 어쩌면 부모님이 살아가는 모습은 그 자체가 아이에게 삶의 거울이 될 수도 있습니다. 사춘기 시절에는 부모에 대한 불만을 말로 표현하기보다는 갑작스러운 행동 변화를 통해 표출하는 경우도 더러 있습니다.

셋째, 주변의 다른 여러 가지 자원들을 활용해보시기 바랍니다. 예를 들어 딸의 친구들을 통해 학교생활이 어떤지, 아니면 엄마 또는 다른 형제들을 통해 요즘 딸의 심정이 어떤지를 전해 듣는 방법도 있습니다. 좀더 적극적으로 담임 선생님을 면담해보는 것도 좋겠지요.

어쨌든 딸이 이전과 다른 행동을 보인다는 것은 자기를 알아달라는 무언의 메시지일 수 있습니다. 그러므로 더욱 따뜻한 애정으로 아이를 감싸주고, 아이에게 믿음을 안겨주는 것이 무엇보다도 필요하다고 생각됩니다. 사랑과 믿음이 회복되면 아이들은 자연스럽게 눈을 맞추고 입을 열기 시작합니다.

Summary

- 달라진 아이의 모습에 대해 부모로서 조언이나 충고를 먼저 하기보다는 편하게 다가설 필요가 있습니다.
- 딸이 이전과 다른 행동을 보인다는 것은 자기를 알아달라는 무언의 메시지일 수 있습니다. 그러므로 더욱 따뜻한 애정으로 아이를 감싸주고, 아이에게 믿음을 안겨주는 것이 무엇보다 필요합니다.

우리가 미처 몰랐던
행복의 민낯

김 과장은 행복해지고 싶어하고, 행복하기 위해 열심히 일을 합니다. 그런데 정작 40대 중반이 된 그는 행복하다고 느끼지 못하고 있습니다. 꼬박꼬박 돈이 들어오는 직장이 있고, 아파트 평수도 과거에 비하면 넓어졌고, 아내와 예쁜 자식도 있는데 요즘 따라 가슴 한편이 허전하게 느껴집니다. 도대체 왜 이런 걸까요?

주변을 둘러보면 우리들을 당장에라도 행복하게 해줄 것 같은 유혹의 손길들이 참 많습니다. 높은 연봉과 명예, 멋진 자동차, 명품가방, 세계일주 등등 이러한 외적인 조건이 나의 것이 되었을 때를 상상하면 흥분이 되고, 반면 그것을 얻지 못하면 세상에서 내가 가장 초라하고 불행하다는 생각을 하게 되지요. 그래서 사람들은 다 정복할 수 없다는 것을 알면서도 끊임없이 더 많은 것을 소유하고 싶어합니다. 그러나 이런 욕망 때문에 우리는 오히려 행복과 거리가 먼 여행을 떠나게 됩니다.

미국 노스웨스턴대학교의 필립 브릭먼(Philip Brickman) 교수는 '행복'

이라는 감정이 어떻게 변화되어 가는지를 조사했습니다. 한 집단은 지금의 화폐가치로 약 100억 원이라는 복권당첨금을 받은 사람들이었고, 다른 한 집단은 최근에 사고를 당해 몸이 마비된 사람들이었습니다. 누구나 예상할 수 있듯이 복권에 당첨된 집단의 행복감은 당첨 이전과 비교해 크게 증가했고, 반대로 사고를 당한 사람들의 행복도는 사고 전에 비해 큰 폭으로 감소했습니다.

하지만 시간이 흐른 뒤 다시 조사해봤더니 예상 외의 흥미로운 결과를 발견했습니다. 놀랍게도 복권에 당첨된 사람들의 행복감은 시간이 흐를수록 복권에 당첨되기 이전 수준으로 낮아졌고, 사고를 당한 사람들의 행복감은 시간이 지나자 사고가 나기 전과 비슷한 정도로 회복되었습니다. 즉 상당히 좋은 일이 있어도, 혹은 엄청날 정도의 나쁜 일이 있어도 어느 정도 시간이 지나면 사람들은 기존에 가지고 있던 감정 상태로 다시 돌아가는 것입니다.

행복의 감정은 상황에 쉽게 적응해버리는 속성이 있습니다. 그렇기 때문에 외적인 조건이나 감각적인 보상만으로 행복을 지속적으로 유지하는 데 한계가 있습니다. 결국 '적응'이라는 행복의 속성 때문에 격할 만큼의 기쁨도, 고통스러울 정도의 슬픔도 시간이 지나면서 행복감의 정도가 옅어지게 됩니다.

외적인 조건 자체가 지속적인 행복감을 주는 데 한계가 있다면 그토록 애써 행복을 밖에서 구하려는 우리들 자신을 다시 한 번 살펴볼 필요가 있습니다. 행복은 추구해야 할 목표가 아니라 우리들의 삶에서 순간순간 느끼고 경험하는 감정 그 자체인 것입니다. 또한 행복하지 않아서 불행한 것이 아니라 행복하지 않을지 모른다는 불안한 상상이 정작 지금 이 순간의 행복을 누리지 못하게 할 수 있습니다. 그러니까 행복과 불행은 우리들이 기대하는 것만큼 아주 행복하지도, 아주 불행하지도 않을 수도 있다는 말이지요.

다시 말해 현대인들이 불행한 것은 행복이라는 신비주의에 과도하게 빠져있기 때문일지 모릅니다. 모든 것이 마치 미래에 행복해지기 위해 오늘도 열심히 살아야 된다는 당위론처럼 말입니다. 물론 이 생각이 전적으로 틀렸다는 것은 아닙니다. 다만 우리가 기억해야 할 것은 행복은 먼 미래의 인생에서 성취되는 삶의 최종적인 이유나 목적이기보다는 그냥 살아가는 현재의 이 순간의 조건과 관계 속에서 경험하고 느끼는 감정이라는 것입니다.

행복은 저 멀리 도달해야 할 그 무엇이 아니라 일상의 삶에서 발견해 나가는 것입니다. 그렇기 때문에 행복한 삶을 살아가기 위해서는 창의성 발휘와 호기심 어린 시선이 중요합니다. 창의성 발휘와 호기심은 반복적인 삶이지만 이를 다른 시각으로 바라볼 수 있도록 하는 새로움과, 삶 속에서 긍정의 부분을 발견하게 하는 동기가 됩니다. 그럼으로써 행복한 사람의 일상은 누구에게나 똑같은 일상이 아니라 순간순간이 경이롭고 기대가 되는 순간이 되는 것입니다.

행복은 먼 미래의 인생에서 성취되는 삶의
최종적인 이유나 목적이기보다는
그냥 살아가는 현재의 이 순간의 조건과 관계 속에서
경험하고 느끼는 감정입니다.

『직장인을 위한 고민처방전』
저자와의 인터뷰

Q. 『직장인을 위한 고민처방전』을 소개해주시고, 이 책을 통해 독자들에게 전하고 싶은 이야기는 무엇인지 말씀해주세요.

A. 세상에 문제 없는 사람은 없습니다. 다만 세상이 너무 정신없이 돌아가다 보니 자신에게 문제가 있어도 무엇이 문제인 줄 모르거나, 문제인 줄 알면서도 두려워서 혹은 귀찮아서 아닌 척 묻어두고 살아가는 것이 대부분 우리 직장인들의 모습입니다. 하지만 마음속에 켜켜이 쌓아둔 문제들은 어디선가 또 다른 형태의 더 큰 문제를 만들어냅니다. 이를테면 직장 내 일과 인간관계에서 불편감이 심해지거나, 몸이 아프게 되는 등 우리들에게 또 다른 고통으로 다가옵니다.

문제는 나누고 해결하기 위해 있는 것입니다. 그런 의미에서 이 책은 직장인들이 차마 꺼내기 쉽지 않았던 불편한 이야기, 자신의 고민이 하찮은 것 같아 내놓을까 말까 망설이고 숨겨둔 갈등을 함께 나누어보고자 하는 의도에서 나온 것입니다. 이러한 나눔의 기회를 통해 보다 많은 직장인들이 자신의 문제를 살피고, 스스로를 위로하고 공감할 수 있기를 바랍니다. 또한 직장 내에서 우리가 마주하는 불편함에 위축되기보다는 당당히 불편한 문제를 직면할 수 있는 용기를 얻게 되기를 바랍니다.

Q. 직장에서 일만큼 중요한 것이 사람관계인 것 같습니다. 그런데 사람 사귀기가 생각보다 쉽지 않습니다. 이에 대해 한 말씀 부탁드립니다.

A. 직장 내에서 대인관계를 잘 만들어가는 것은 쉽지 않습니다. 왜냐하면 세상 사람들이 모두 내 마음 같지 않기 때문입니다. 그렇기 때문에 나와 다른 상대방을 이해하고 소통하기 위한 부단한 노력과 연습이 필요한 것이지요.

만일 관계가 너무 쉽다고 생각이 든다면 어쩌면 자신의 입장에서만 상황을 파악한 나머지 상대의 입장을 소홀히 하고 있는 것은 아닌지 살펴봐야 합니다. 반대로 관계가 너무 어렵다면 자신보다 타인 중심으로 관계에 임하고 있는 것은 아닌지 살펴봐야겠지요. 건강한 관계란 나와 타인의 다름을 인정하면서 나의 욕구와 타인의 욕구가 함께 나아갈 수 있는 상태라고 말할 수 있습니다.

Q. 회사에서 일은 잘하는 사람과 관계가 좋은 사람 중 관계가 좋은 사람이 더 많은 기회를 얻는 경우가 많습니다. 이에 대해 한 말씀 부탁드립니다.

A. 세상에 오롯이 혼자만 이룰 수 있는 것은 극히 드물지요. 그렇게 보면 관계가 좋다는 것은 나 이외에 타인을 인정할 수 있는 겸손한 마음이 있다는 것이며, 겸손함은 주변 사람들을 불러 모으고, 주변 사람들이 많다는 것은 그만큼 긍정의 에너지가 많다는 의미이기도 합니다. 결국 긍정의 에너지는 나뿐만 아니라 함께 있는 구성원들에게도 활력을 불어넣어줄 것이고 그 활력은 직장 내에서 보다 큰 성과로 이어진다고 볼 때, 회사에서 관계가 좋은 사람에게 더 많은 기회와 성과가 따를 수밖에 없다는 것은 자연스러운 이치일 것입니다.

Q. 직장에서는 억울함과 분노로 인해 화병이나 우울증이 생기는 경우가 많습니다. 이렇게 감정 관리를 하는 것이 쉽지 않습니다. 어떻게 하면 감정 관리를 잘할 수 있을까요?

A. 직장 내에서 불편한 감정을 표현하면 나약한 사람이고, 자기 관리를 잘 못하는 사람으로 치부되기 쉽습니다. 그래서 직장 내에서 감정을 잘 관리하기 위해서는 아파도 애써 아프지 않은 척하거나, 침착함을 잃지 않는 것이 최선이라고 생각합니다.

하지만 그렇지 않습니다. 감정은 다른 것과 달리 거짓말을 못합니다. 그러므로 아프면 아프다고 힘들면 힘들다고 이야기할 수 있는 여유를 스스로에게 만들어주어야 합니다. 감정은 좋고 나쁜 평가 이전에 그냥 마음속에 흘러가는 에너지 같은 것입니다. 우리는 직장 내에서 싫든 좋든 다양한 감정을 경험할 수밖에 없습니다. 그런데 고통스럽다고 무조건 억누른다면 진정 행복하고 기쁜 감정을 누릴 수 있는 기회도 줄어들고 맙니다. 그러니 자기 자신만이라도 스스로에게 아프면 아프다고 이야기해주고, 따뜻한 관심과 위로를 보내줄 수 있어야 합니다.

자신의 감정을 검열하기에 앞서 올라오는 순간순간의 감정을 온전히 느껴보세요. 오히려 감정을 그대로 인정하는 순간 걷잡을 수 없었던 감정들이 자연스럽게 흘러가는 것을 경험하게 될 것입니다. 그리고 자기의 내면 또한 훨씬 풍요로워짐을 느낄 수 있을 것입니다.

Q. 왕따는 초중고 시절부터 대학, 군대, 직장에까지 만연합니다. 어떻게 하면 왕따를 당하지 않고 좋은 관계를 유지할 수 있을까요?

A. 직장 내에서 인간관계가 중요하다는 통념에 사로잡힌 나머지 강박적으로 인간관계에 의존할 필요는 없습니다. 그렇다고 다른 사람들과 영향을 주고받지 않은 채 직장생활을 할 수도 없는 노릇입니다. 그렇기 때문에 관계 속에서 자기균형이 필요합니다. 왕따를 당하지 않고 관계에서 적절한 균형을 유지한다는 것은 타인과 나와의 차이를 인정하고 존중하는 데

서 출발합니다. 적절한 선에서 타인과 타협하고 협상을 하고자 하는 자세로 임한다면 관계에서 특별히 우려할 만한 일은 거의 일어나지 않을 것입니다.

Q. 일반 직원들은 직장 선배나 상사에 의한 스트레스도 상당히 많이 받습니다. 스트레스를 적게 받는 방법이 있나요?

A. 상사로부터 스트레스를 덜 받고자 하는 마음이 강해질수록 역설적이게도 스트레스가 더 강하게 자신을 엄습해올 수 있습니다. 그러니 상사와의 관계에서 스트레스는 늘 있기 마련이라는 것을 먼저 인정하고 출발하세요.

상사와의 관계에서 발생하는 스트레스를 자신에게 도움이 되는 상황으로 활용할 줄 아는 지혜가 필요합니다. 직장 내에서 누구나 피하고 싶은 악명 높은 상사가 아닌 이상 자신이 상사의 업무 성과에 기여할 수 있는 사람임을 보여주고, 어떻게 하면 자신의 역할이 상사에게 도움이 될지 상사의 입장에서 이야기를 들어줄 준비가 되어 있어야 합니다. 상사와 부하직원의 입장 차이, 업무 스타일의 차이는 늘 있기 마련입니다. 아랫사람이 상사를 전적으로 이해하지 못하듯, 상사 역시 아랫사람의 입장을 완벽히 이해할 수 없습니다. 상사가 나에게 동의해주는 것을 목표로 두기보다는 오히려 상사와의 입장 차이를 좁히기 위한 노력을 한다면 미처 내가 계발하지 못했던 모습을 키워나갈 수 있는 성장의 기회가 될 것입니다.

Q. 선배나 상사들도 후배나 부하직원의 눈치를 보느라 스트레스를 많이 받는다고 합니다. 이때는 어떻게 극복하면 될까요?

A. 대체로 상사는 '늘 주도해야 하고 모범을 보여줘야 한다.'라는 생각을 가지는 경우가 많습니다. 부하직원보다 늘 앞장서야 하고 더 괜찮아야 된다는 압박은 오히려 상사 자신을 고립시킬 수 있고, 구성원들 사이에 긴장감과 위화감을 불러일으키기 쉽습니다. 상사는 늘 모범답안을 제시하는 백과사전이 아닙니다. 오히려 구성원들로부터 도움을 이끌어낼 수 있는 능력, 구성원들이 가지고 있는 잠재력을 조직의 성과로 이어주는 능력이 상사에게 더 중요할 수 있습니다. 선배나 상사라는 이유로 모든 것을 다 도맡아 하려고 할수록 조직 내 효율성이 떨어질 뿐만 아니라 상사 자신도 쉽게 지칠 수 있다는 것을 명심해야 합니다.

Q. 치열한 경쟁과 성과를 강조하는 회사 분위기에 직장인들은 점점 좌절감을 느끼고, 스트레스로 힘겨워합니다. 이럴 때 직장인들이 힐링할 수 있는 방법이 있다면 소개해주세요.

A. 힐링은 그동안 피곤하고 긴장되었던 마음을 푼다는 의미로 볼 수 있습니다. 다시 말해 자신을 이완되고 편안한 상태로 돌려놓는 것이죠. 바삐 돌아가는 직장생활 속에서 잠시 멈추어 긴장과 이완의 균형 잡힌 리듬을 회복하려면 의식적인 노력이 필요합니다. 예를 들어 1시간 정도 강도 높은 일을 했다면,

잠시 따뜻한 차 한 잔을 마신다거나 의자에서 일어나 스트레칭으로 몸을 푼다거나 하는 것도 효과가 있죠. 이런 것은 사실 우리 몸이 저절로 원하는 동작이라 새삼 말할 것도 없습니다. 그러니까 좀 더 적극적인 방법을 의식적으로 실행할 필요가 있습니다. 자기만의 시간 갖기, 호흡 명상, 산책 혹은 추억 되살려보기 등도 간단한 것 같지만 마음을 위로해주는 효과는 생각보다 큽니다. 그래도 효과가 가장 큰 것은 결국 사람과의 관계 속에서 사랑과 신뢰의 감정을 회복하는 것입니다.

Q. 직장에서의 소통의 문제 때문에 수많은 갈등들이 생깁니다. 조직 내에서의 소통의 걸림돌은 무엇이고, 소통을 높이는 방법은 무엇인가요?

A. 의사소통의 장벽은 사람 사이의 차이와 다양성을 인정하지 않는 선입견이나 아집, 권위의식, 경쟁의식 등 여러 이유에서 발생합니다. 특히 단지 다른 것을 맞다 틀리다라는 이분법으로 평하고 잘못을 지적하게 되면 점점 사람들은 자신의 의도를 숨기면서 지낼 수밖에 없지요. 그렇기에 조직은 구성원들의 다름을 인정하고 포용하기 위해 함께 노력해야 합니다. 이때 중요한 것은 구성원들이 공감할 수 있는 개방성입니다. 개방성은 업무 정보의 투명성과 정서적 공감을 함께 아우르는 말입니다. 조직 안에서 원활하게 소통이 이루어지려면 구성원 각자가 자신의 목소리를 편안하고 안전하게 내놓을 수 있는 개방성 안에서 다양한 의사소통 채널을 제공해줘야 합니다.

Q. 이 시대 많은 직장인들에게 꼭 해주고 싶은 이야기가 있다면 한 말씀 부탁드립니다.

A. 직장인들은 성과에 대한 압박과 미래의 변화에 대한 불안 속에서 현재의 나를 돌볼 겨를도 없이 앞만 보고 움직입니다. 단지 현재의 고통과 어려움을 버텨 내기만 하면 더 나은 행복이 기다릴 것이라는 희망을 안고 말입니다. 그런데 막상 원하는 것을 얻었어도 행복을 느끼지 못하는 경우가 많습니다.

중요한 것은 자신의 내면을 잘 아는 것입니다. 자신의 진정한 인생의 꿈이나 목표, 필요한 부분이 무엇인지 마음속으로 확인하면서 현재의 삶이 마음속에 그린 인생의 경로와 어느 정도 일치하는지 확인하는 것이지요. 직장생활도 결국 우리가 바라는 의미 있는 인생을 살아가는 한 과정임을 기억하세요.

스마트폰에서 이 QR코드를 읽으시면
저자 인터뷰 동영상을 보실 수 있습니다.

* 원앤원북스(www.1n1books.com)에서 상단의 '미디어북스'를 클릭하시면 이 책에 대한 더욱 심층적인 내용을 담은 '저자 동영상'과 '원앤원스터디'를 무료로 보실 수 있습니다.
* 이 인터뷰 동영상 대본 내용을 다운로드받고 싶으시다면 원앤원북스 홈페이지에 회원으로 가입하시면 됩니다. 홈페이지 상단의 '자료실–저자 동영상 대본'을 클릭하셔서 다운받으시면 됩니다.

왜 성공한 사람들은 기본에 집중할까?

힘들수록 기본으로 돌아가라

강상구 지음 | 값 13,000원

화려한 스펙과 수많은 기술들을 익혀야 한다고 주장하는 지금이야말로 기본으로 돌아가야 한다고 역설하는 책이다. 왜 기본으로 돌아가야 하는지 3가지 이유를 들어 설명하며, 기본으로 돌아가기 위한 핵심 지침 8가지를 소개한다. 또한 신입사원, 팀장, 간부 등 각자 위치에 따라 지켜야 할 기본이 무엇인지 알려준다. 이 책을 통해 기본을 다지고, 기본에 충실한 사람이 되기를 바란다.

우정의 가치를 말하는 불멸의 스테디셀러

키케로의 우정에 대하여

키케로 지음 | 강현규 엮음 | 정윤희 옮김 | 값 13,000원

우리 인생에 진정한 친구는 왜 필요하며, 어떤 친구가 진정한 친구인가에 대한 통찰이 담겨 있는 책이다. 동서고금의 수많은 우정론 중에서도 키케로의 고전은 가장 위대한 저술로 평가받는다. 그는 우정이 미덕을 바탕으로 서로 조화를 이루며, 안정적이고 신뢰를 가질 때만 가능한 것이라고 말한다. 이 책을 읽으면서 인생의 가장 소중한 보석인 우정의 본질에 대해 깨달을 수 있는 기회를 가질 수 있을 것이다.

철학자 채석용이 전하는 소통의 독서법

독서를 좋아하는 사람이라면 꼭 알아야 할 50가지

채석용 지음 | 값 15,000원

책을 재미있게 읽을 수 있는 독서법을 소개하는 책이다. 이 책에서 제시하는 재미있는 독서법의 핵심은 '소통'이다. 여기서 말하는 책과의 소통이란 책에게 질문을 던지고 대답을 찾는 것을 의미한다. 즉 책을 읽다가 궁금한 점이 생기면 바로바로 적어두었다가 책 속에서 해답을 찾으면서 읽는 것이 바로 소통의 책 읽기다. 책과 소통하고 책을 통해 세상과 소통한다면 책 읽기는 더이상 지루한 의무가 아닌 재미난 놀이가 될 수 있다.

이기적인 세상에서 똑똑하게 관계 맺는 법

발타자르 그라시안의 사람을 얻는 기술

발타자르 그라시안 지음 | 정영훈 엮음 | 김세나 옮김 | 값 14,000원

스페인의 대철학자 발타자르 그라시안의 뛰어난 통찰력과 인간관계의 본질에 대한 직설적인 조언을 담은 자기계발서다. 이 책은 쇼펜하우어가 편역한 독일어 원서에서 '인간관계'에 대한 내용들만 따로 추려낸 후 현대적 감각에 맞게 목차를 완전히 재구성했다. 그렇기에 겉만 번지르르한 관념적인 인생 조언이 아니라 인간관계를 맺는 데 도움이 되는 생생하고 구체적인 수칙들이 담겨 있다.

사람을 움직이는 소통의 힘

관계의 99%는 소통이다

이현주 지음 | 값 14,000원

직장 생활에서 바람직한 인간관계를 맺기 위해 필요한 소통 방법을 다룬 지침서다. 많은 기업에서 직장 내 관계에 대한 교육과 상담을 활발히 해온 저자는 이 책을 통해 올바른 소통 방법을 알려준다. 이 책은 인간관계를 기반으로 한 소통을 다루면서 우리가 알고 있었던, 혹은 눈치채지 못했던 대화법의 문제점을 부드럽게 지적한다. 이 책을 통해 그동안 소통 때문에 겪은 스트레스를 해소해보자.

혼자 있는 시간이 가르쳐주는 것들

혼자가 되면 보이는 것들

허균 지음 | 강현규 엮음 | 박승원 옮김 | 값 14,000원

이 책은 중국의 여러 책에서 은둔과 한적에 관한 내용을 담은 허균의 『한정록』을 현대적 감각에 맞게 재편집한, 혼자 있는 시간의 즐거움을 알려준다. 책 속에 녹아든 '한가로움'에 대한 통찰은 묵직하고, 한 편 한 편의 글들은 미려하기에 법정 스님을 비롯해 사회명사들의 필독서로 손꼽혀온 명저이기도 하다. 빠르게 변화하고 있는 세상에서 자신을 돌아볼 시간이 부족한 현대인들에게 이 책은 혼자 보내는 시간의 소중함을 깨닫게 해줄 것이다.

내 인생을 바꾸는 10분 관리의 기적

하루 10분, 새로운 시작

강상구 지음 | 값 14,000원

'하루 10분'이라는 짧은 시간으로 인생을 좀더 행복한 방향으로 바꾸는 생활 습관을 제시한 책이다. 이 책은 삶을 원하는 방향으로 흐르게 만드는 10분의 숨겨진 중요성을 강조하고 지금 당장 활용할 수 있는 일상 속 계획 세우기부터 구체적인 실천방안과 주의사항까지 가르쳐준다. 일상의 10분을 활용해 자신을 조금씩 바꿔나감으로써 1년 후에는 보다 나은 내가 될 수 있도록 시간 관리의 기술을 배워보자.

인생의 새로운 시작은 마흔부터다!

걱정 말아요, 마흔

김은미 지음 | 값 14,000원

중장년층이 행복한 노년을 보내기 위해 지혜롭게 살아가는 방법을 제시한 책이다. 어떻게 하면 후회하지 않는 삶을 살 수 있는가? 마흔은 변화를 꿈꿀 수 있고, 그 꿈을 시도해볼 수 있는 나이다. 이 책을 통해 마냥 불안하고 허무하고 막막하기만 했던 마흔이라는 나이에 지금까지의 삶을 성찰할 수 있는 기회를 마련하고, 삶에서 가장 중요한 것은 무엇인지 되짚어 보다 행복한 삶을 사는 방법을 찾아보자.

감동 스피치, 1분이면 충분하다

특별한 순간, 리더의 한말씀

임유정 지음 | 값 14,000원

이 책은 자기소개·프레젠테이션·회식·신년사·건배사 등 106가지 상황별 스피치 대본을 소개하는 스피치 활용서다. 어릴 적 몸으로 익힌 자전거 타기가 평생을 가듯이 '말'도 몸으로 익힌다면 어떤 상황에서도 말문이 막혀 머리가 하얘지는 경우는 없을 것이다. 이 책에 나온 대본을 여러 번 소리 내 연습해보자. 어느새 대본을 넘어 자신의 스토리를 덧붙인 멋진 스피치를 하는 자신을 발견하게 될 것이다.

이서영 아나운서가 전하는 스피치 A to Z

7일 만에 끝내는 스피치

이서영 지음 | 값 15,000원

이 책은 스피치 전문가이자 프리랜서 아나운서인 이서영 저자의 매력적인 스피치 노하우를 담았다. 특히 각종 스피치 현장에서 몸소 느끼며 경험해온 저자만의 생생한 노하우들을 내실 있게 풀어내 상대의 마음을 사로잡는 공감과 설득의 대화법을 소개한다. 자신의 가치를 높이면서도 당당히 상대방의 마음을 얻고자 한다면 이 책을 펼쳐보자. 어떤 커뮤니케이션 상황에서도 승승장구할 수 있는 스피치 노하우를 익힐 수 있을 것이다.

삶을 바꾸는 최고의 자기계발서!

벤저민 프랭클린 자서전

벤저민 프랭클린 지음 | 정윤희 옮김 | 값 15,000원

'미국 건국의 아버지' 중 한 사람이자 지금까지도 훌륭한 정치가와 과학자로서 그 명망을 떨치고 있는 벤저민 프랭클린의 자서전이다. 그는 남들에게 성실함을 인정받기 위해 살면서 누릴 수 있는 다양한 즐거움도 기꺼이 포기했고, 미국인들의 삶을 향상시키기 위해 발 벗고 나섰음에도 절대로 잘난 척하지 않았다. 그렇기에 200여 년이 지난 지금까지도 벤저민 프랭클린의 자서전은 전 세계적으로 가치 있는 훌륭한 작품으로 평가받고 있다.

하루 24시간을 어떻게 살 것인가

아놀드 베넷의 시간을 관리하는 기술

아놀드 베넷 지음 | 이선미 옮김 | 값 13,000원

이 책은 아놀드 베넷의 시간을 경영하는 방법에 대해 다루고 있다. 똑같은 시간이 주어짐에도 누군가는 업무 외에는 아무것도 하지 못해 지루한 삶을, 누군가는 업무뿐 아니라 자신이 하고 싶은 일까지 모두 해내는 풍요로운 삶을 산다. 이 두 삶의 차이는 효율적으로 시간을 사용하느냐 그렇지 못하느냐에 따른다. 이 책을 통해 자신의 시간을 점검해보길 바란다. 시간을 어떻게 경영해야 더욱 풍성한 삶을 살 수 있는지 알게 될 것이다.

신입사원이라면 어떻게 일해야 하는가

신입사원이 가장 알고 싶은 것들

도현정 지음 | 값 15,000원

회사 내에서 주목받는 핵심인력이 되기를 꿈꾸는 모든 신입사원들을 위한 업무 지침서로, 그 누구도 가르쳐주지 않았던 직장생활에 꼭 필요한 원칙과 기술을 A부터 Z까지 상세하고 친절하게 가르쳐준다. 아울러 다양한 에피소드들을 통해 회사생활을 하면서 할 수 있는 실수와 경험들을 제시함으로써 시행착오를 줄일 수 있게 도와준다. 저자가 전하는 조언들을 마음에 새겨 노력한다면 상사에게 인정받는 직원이 될 수 있을 것이다.

사람들의 호감을 얻는 스피치 스타일의 비밀

임유정의 나의 스피치 스타일을 바꿔라

임유정 지음 | 값 15,000원

라온제나 스피치 아카데미의 임유정 대표가 다수의 기업 강의와 수많은 수강생을 지도해오며 정립한 '스피치 스타일'이란 개념을 통해 개개인이 가진 기존의 스피치 스타일을 진단하고 짧은 시간 안에 완벽한 스피치 스타일을 이룰 수 있도록 돕는 최고의 스피치 실전 지침서다. 대한민국 제1호 '스피치 스타일리스트'인 그녀만의 특별한 콘텐츠와 차별화된 코칭 방법은 말하는 법을 싹 바꾸고 싶은 이들에게 구체적인 해답을 알려준다.

나를 사랑하고 믿는 법을 알려주는 진정한 의미의 자기계발서!

랄프 왈도 에머슨의 자기신뢰

랄프 왈도 에머슨 지음 | 마도경 편역 | 값 13,000원

미국 문화의 대표 사상가인 랄프 왈도 에머슨이 주장한 자기신뢰에 대한 가르침을 모아 엮었다. 자기 자신을 믿는 데서 자신만의 재능이 발휘될 수 있다고 주장한 에머슨은 몇 백 년이 지난 지금까지도 우리의 영혼을 치유하고 인생을 살아가는 지혜를 전파한다. 이 책을 읽으면서 자기신뢰에 대해 깊이 생각해보고, 한 인간으로서의 '자립'이 어떤 모습일지 그려볼 수 있다.

부에 대한 위대한 통찰

벤저민 프랭클린의 부의 법칙

벤저민 프랭클린 지음 | 강현규 엮음 | 정윤희 옮김 | 값 13,000원

인생에 대한 다양하고 지혜로운 충고들과 어떻게 부자가 될 수 있는지를 알려주는 금언집이다. 사람들은 누구나 '부자'가 되고 싶어하지만 부자가 되는 길은 어렵다고 생각한다. 이 책은 부자가 되는 방법은 생각보다 어렵지 않으며, 사소한 습관 하나를 바꾸는 것만으로도 부자에 한 걸음 더 다가갈 수 있다고 말한다. 지혜로운 충고들이 가득한 이 책과 함께라면 가난은 멀어지고 부자가 될 수 있을 것이다.

경영멘토 김경준의 직장인을 위한 인문학

지성과 실천력을 길러주는 인문학 이야기

김경준 지음 | 값 15,000원

이 책은 경영전문가인 김경준 원장이 수년간 기업을 경영한 경험을 바탕으로 풀어낸 다양한 인문학 이야기다. 저자는 자신의 현실적 경험과 관점으로 인문학적 지식을 이해하고 삶에 녹여내야 인문학이 진정한 자신의 것이 될 수 있다고 이야기한다. 자신만의 인문학적 관점으로 기업을 이끌었던 저자의 깊이 있는 통찰을 알고 싶다면, 어떻게 세상을 바라보고 일상생활에서 어떻게 인문학을 실천하는지 고민하는 독자라면 이 책을 읽기를 권한다.

카피라이터 탁정언의 컨셉특강

기회의 99%는 컨셉으로 만든다

탁정언 지음 | 값 16,000원

이 책은 10년간 독자들의 꾸준한 사랑을 받아온 『기획의 99%는 컨셉이다』의 완전 개정판이다. '컨셉은 기획의 알맹이'라는 기존 도서의 맥락을 그대로 이어가지만 전작과는 다르게 컨셉을 실무에 적용할 때 겪는 어려움에 대한 근본적인 물음을 다룬다. 컨셉 적용의 어려움과 의문점을 '컨셉의 전제'로 명쾌하게 풀어내며 컨셉 도출법과 사용법을 다양한 사례를 통해 소개하고 있다.

우리가 미처 몰랐던 과장의 재발견

과장이라면 어떻게 일해야 하는가

박봉수 지음 | 값 15,000원

이 책은 다양한 직무경험을 바탕으로 리더십·창의력·커뮤니케이션·프레젠테이션·협상 등에 대해 수년간 강의해온 저자가 낸 과장을 위한 성공적인 직장생활 매뉴얼이다. 과장이라는 직급에 집중해 이 직급에서는 무슨 역할을 해야 하는지, 어떤 방향성을 가지고 있어야 하는지 구체적으로 제시한다. 직장생활을 하면서 겪게 되는 크고 작은 선택·관계·업무태도·사람관리 등에 초점을 맞추어 성공적인 과장이 되는 데 필요한 요소들을 집중 분석했다.

직장인을 위한 조직생활 교과서

직원이라면 어떻게 일해야 하는가

김경준 지음 | 값 14,000원

이 책은 세계적인 경영컨설팅 회사 딜로이트 컨설팅의 대표이사인 저자가 자신의 샐러리맨 경험을 바탕으로 조직사회에서 어떤 마음가짐과 자세를 가져야 하는지를 들려주는 '조직사회 교과서'이자 '인생매뉴얼'이다. 더이상 직장이 안정된 생활을 보장해주지 않는 오늘날 현실에서 저자는 직장생활을 단순한 밥벌이의 수단이 아닌, 자신의 인생 CEO가 되기 위한 훈련과정으로 생각하도록 권한다.

어떤 팀장이 최고의 리더가 되는가

팀장이라면 어떻게 일해야 하는가

김경준 지음 | 값 14,000원

이 책은 대개 10년 이상의 업무 경험을 가지고 부의 창출에 결정적으로 기여하는 실제적 지식을 갖춘 팀장들이 변화와 혁신의 주역이 되어 조직 전체의 성과를 높일 수 있도록 하는 기본적 관점을 제공한다. 조직과 인간을 이해하는 통찰력, 팀원들에게 비전을 제시하고 현실적으로 인솔하는 리더십의 발현, 살벌한 기업현장에서 살아남기 위한 냉철한 인식 등 조직의 핵심으로 도약하기 위해 반드시 필요한 지침들이 잘 정리되어 있다.

잘되는 회사를 만들기 위한 경영 노하우

사장이라면 어떻게 일해야 하는가

김경준 지음 | 값 14,000원

이 책은 세계적인 경영컨설팅 회사 딜로이트 컨설팅의 대표이사인 저자가 거창한 경영혁신기법이나 교과서적인 경영이론 대신 어느 조직에서나 곧바로 적용 가능한 60가지 실천적 방안들을 군더더기 없는 특유의 직설화법으로 풀어낸 조직관리 지침서다. 이론 중심의 일반적 경영서와는 달리 실전 중심의 현장성 가득한 내용들을 다루고 있으며, 미래 자기사업을 꿈꾸는 사람들에게 큰 도움이 될 것이다.

철학이 담긴 인간관계의 바이블!

데일 카네기의 인간관계론

데일 카네기 지음 | 이선미 편역 | 값 13,000원

이 책은 아무리 고민하고 애를 써도 쉽게 풀리지 않는 꼬인 실타래와도 같은 인간관계에 대한 철학적이고도 명쾌한 해답을 제시한다. 늘 일에 쫓기고 시간이 없는 현대인들에게 이 책은 매우 쉽고 재미있게 읽히면서도 통찰력 가득한 데일 카네기의 인간관계 철학이 더욱 효과적으로 전달될 것이다. 복잡한 삶에서 접하는 많은 문제들을 해결하기 위한 데일 카네기의 조언은 그야말로 핵심을 관통하며 간결하고 직설적이다.

스마트폰에서 이 QR코드를 읽으면
'원앤원북스 도서목록'과 바로 연결됩니다.

독자 여러분의
소중한 원고를 기다립니다

⭐ 원앤원북스는 독자 여러분의 소중한 원고를 기다리고 있습니다. 집필을 끝냈거나 혹은 집필중인 원고가 있으신 분은 khg0109@hanmail.net으로 원고의 간단한 기획의도와 개요, 연락처 등과 함께 보내주시면 최대한 빨리 검토한 후에 연락드리겠습니다. 머뭇거리지 마시고 언제라도 원앤원북스의 문을 두드리시면 반갑게 맞이하겠습니다.